WISSEN KOMPAKT

VOLKSWIRTSCHAFT
verständlich – anschaulich – kompakt

Makroökonomische Niveauanalyse

2., überarbeitete und erweiterte Auflage

von

Prof. Dr. Joachim Güntzel

Duale Hochschule Baden-Württemberg, Ravensburg
(Baden-Wuerttemberg Cooperative State University)

Verlag Wissenschaft & Praxis

Bibliografische Information der Deutschen Nationalbibliothek

Die Deutsche Nationalbibliothek verzeichnet diese Publikation in der Deutschen Nationalbibliografie; detaillierte bibliografische Daten sind im Internet über http://dnb.d-nb.de abrufbar.

ISBN 978-3-89673-755-7

© Verlag Wissenschaft & Praxis
Dr. Brauner GmbH 2019
D-75447 Sternenfels, Nußbaumweg 6
Tel. +49 7045 930093 Fax +49 7045 930094
verlagwp@t-online.de www.verlagwp.de

Alle Rechte vorbehalten

Das Werk einschließlich aller seiner Teile ist urheberrechtlich geschützt. Jede Verwertung außerhalb der engen Grenzen des Urheberrechtsgesetzes ist ohne Zustimmung des Verlages unzulässig und strafbar. Das gilt insbesondere für Vervielfältigungen, Übersetzungen, Mikroverfilmungen und die Einspeicherung und Verarbeitung in elektronischen Systemen.

Druck und Bindung: Esser printSolutions GmbH, Bretten

Vorwort

Makroökonomik lässt sich als ökonomische Niveauanalyse kennzeichnen. Sie ist die unverzichtbare Ergänzung der Mikroökonomik, die wir als ökonomische Strukturanalyse charakterisiert hatten. Ein besonderer Fokus der Makroökonomik liegt dabei von Beginn an auf der Frage, wie die Wirtschaftspolitik zu einer möglichst positiven Entwicklung und Stabilisierung des gesamtwirtschaftlichen Prozessablaufs beitragen kann.

Die vorliegende zweite, ergänzte und erweiterte Auflage beinhaltet – neben der Schärferfassung des Titels und der Korrektur einiger Fehler in der ersten Auflage – vor allem drei Ergänzungen: Einen Abschnitt über gemessene und „gefühlte" Inflation, eine Neufassung der Ausführungen über das IS/LM-Modell einschließlich einiger Anmerkungen zur Post-Keynesianischen Makroökonomik und ein vollständig neues Kapitel über die Marx'sche Krisentheorie sowie über die zunehmende Bedeutung eines pluralistischen Ansatzes innerhalb der Makroökonomik. Damit soll insbesondere der zunehmenden Kritik der vergangenen Jahre seit der Finanzkrise 2008/2009 an der Vorherrschaft neoliberaler und neoklassischer Paradigmen in der Wirtschaftswissenschaft Rechnung getragen werden.

Mit diesem Buch sind weiterhin primär Studierende der Wirtschaftswissenschaften im Grundstudium angesprochen, insbesondere an der Dualen Hochschule Baden-Württemberg und an den Hochschulen für angewandte Wissenschaft. Studierenden anderer akademischer Institutionen und anderer Studiengänge, die einen verständlichen und überschaubaren Zugang zu dieser zweiten Kerndisziplin volkswirtschaftlichen Denkens suchen, kann das Buch ebenfalls Hilfestellung leisten.

Auch weiterhin gilt: Ein gewisser formaler Aufwand ist in der Volkswirtschaftslehre unvermeidbar, wenn sie mehr sein will als ein lockeres „Geplauder über Wirtschaft". Doch wurde der formale Aufwand auch dieses Mal im Interesse der Anschaulichkeit auf ein vertretbar erscheinendes Mindestmaß reduziert. Nicht zuletzt deshalb dürfte auch der allgemein interessierte Leser mit diesem Buch angesprochen werden. Nach wie vor versuche ich mich an die Empfehlung des Philosophen Ludwig Wittgenstein zu halten, dass alles, was überhaupt gedacht und gesagt werden kann, klar gedacht und gesagt werden kann. Leider lässt sich daraus jedoch nicht die Schlussfolgerung ziehen, dass es einfache Lösungen für komplizierte Probleme gäbe.

Ravensburg und Ludwigsburg, im Dezember 2018   Joachim Güntzel

Inhaltsverzeichnis

Vorwort 5
Inhaltsverzeichnis 7
Verzeichnis der Abbildungen 10
Verzeichnis der Tabellen 11

Teil I: Einführung: Kernthemen der Makroökonomie 13
1. Makroökonomische Niveauanalyse der Volkswirtschaft 13
   a. Fragestellungen der Makroökonomik 13
   b. Aggregation als methodischer Ansatzpunkt 15
   c. Mikrofundierung der Makroökonomik 18
   d. Nominale und reale Größen 21
   e. Geplante und ungeplante Größen 22
   f. Offene und geschlossene Volkswirtschaft 24
2. Makroökonomik der geschlossenen Volkswirtschaft:
   Drei Schlüsselphänomene 25
   a. Gütermarkt und Produktion: Das makroökonomische
      Aktivitätsniveau der Volkswirtschaft 25
      i. Wirtschaftskreislauf und Produktion 25
      ii. Inlandsprodukt und Nationaleinkommen 30
      iii. Empirische Ermittlung und Interpretation 35
   b. Geldmarkt und Inflation: Kaufkraft und
      Wertverlust des Geldes 38
      i. Negative Folgen der Inflation 38
      ii. Der Preisindex der Lebenshaltung 39
      iii. Zur Diskrepanz zwischen gemessener und „gefühlter"
           Inflation 42
   c. Arbeitsmarkt und Arbeitslosigkeit:
      Das Beschäftigungsniveau einer Volkswirtschaft 46
      i. Die Entwicklung des Arbeitsmarktes 46
      ii. Kenngrößen der Beschäftigungslage 48

**Teil II: Das angebotsorientierte Klassisch-Neoklassische Modell
der Makroökonomik** 51
3. Klassisch-Neoklassische Analyse des Gütermarktes 51
   a. Die Höhe der gesamtwirtschaftlichen Produktion 51
      i. Produktionsfunktion und gesamtwirtschaftliches
         Angebot 52
      ii. Funktionale Einkommensverteilung 58

iii. Die gesamtwirtschaftliche Nachfrage 60
b. Das Gleichgewicht am aggregrierten Güntermarkt:
   Das Saysche Theorem 61
c. Eine elementare Erklärung der Wachstumsdynamik 67
4. Klassisch-neoklassische Analyse des Arbeitsmarktes 71
   a. Systematik der Arbeitslosigkeit 71
   b. Die klassische Sicht auf den Arbeitsmarkt 73
      i. Der Reallohn als realer Faktorpreis für Arbeit 74
      ii. Reallohnstarrheit als Funktionsstörung des
          Arbeitsmarktes 77
      iii. Natürliche Arbeitslosigkeit als strukturelles Defizit
           des Arbeitsmarktes 79
5. Einbeziehung des Geldmarktes und
   Klassisch-Neoklassisches Gesamtmodell 84
   a. Begriffliche Grundlagen und Inflationsursachen 84
   b. Geldmarktgleichgewicht und die Quantitätstheorie
      des Geldes 86
   c. Die Logik des Klassisch-Neoklassischen Gesamtmodells 88
      i. Simultanes Gleichgewicht bei Vollbeschäftigung 88
      ii. Wirtschaftspolitische Folgerungen 93

**Teil III: Das nachfrageorientierte Keynessche Modell
der Makroökonomik** 95

6. Keynessche Analyse des Gütermarktes 95
   a. Die Rolle der gesamtwirtschaftlichen Nachfrage 95
   b. Die Höhe der gesamtwirtschaftlichen Produktion 98
      i. Einkommensabhängigkeit des Konsums 98
      ii. Das Gleichgewichts-Volkseinkommen 102
      iii. Der Multiplikator-Prozess 107
      iv. Das makroökonomische Gravitationszentrum 110
   c. Die Rolle der staatlichen Fiskalpolitik 112
   d. Das Gleichgewicht auf dem Gütermarkt: Die IS-Kurve 116
   e. Anpassungsreaktionen bei Ungleichgewicht 125
7. Keynessche Analyse des Geldmarktes 129
   a. Die Liquiditätspräferenzfunktion 130
   b. Das Gleichgewicht auf dem Geldmarkt: Die LM-Kurve 132
   c. Das IS/LM-Diagramm und seine Interpretation 141
      i. Interpretation und Leseart des Diagrammes 141
      ii. Schwierigkeiten der Interpretation 143

8. Einbeziehung des Arbeitsmarktes und
   Keynessches Gesamtmodell 145
   a. Lohnrigiditäten und Arbeitsangebot 145
   b. Produktionsvolumen und Arbeitsnachfrage 146
   c. Unfreiwillige Arbeitslosigkeit 148
   d. Die Logik des Keynesschen Gesamtmodells 149
      i. Simultanes Gleichgewicht bei Unterbeschäftigung 149
      ii. Wirkungen und Probleme kombinierter Geld- und
          Fiskalpolitik 152
   e. Neue Keynesianische Makroökonomik und
      Post-Keynesianische Makroökonomik 156
9. Zur wirtschaftspolitischen Anwendbarkeit der Modelle 159
   a. Grundsätzliche Anmerkungen 159
   b. Nachfrage- versus angebotsseitige Störungen 160
   c. Wirtschaftspolitische Handlungsempfehlungen 164
10. Der plurale Ansatz in der Makroökonomik 167
    a. Kennzeichen eines pluralen Ansatzes 167
    b. Vorteile eines pluralen Anatzes 168
    c. Die Marxsche Kapitalismuskritik als Beispiel 170
    d. Abschließende Bemerkungen 173
Literaturhinweise 175

Verzeichnis der Abbildungen

Abb. 1.1:	Mikro- und makroökonomische Analyseebene	14
Abb. 1.2:	Die makroökonomische Landkarte	17
Abb. 2.1:	Kreislauf mit zwei Sektoren	26
Abb. 2.2:	Kreislauf mit drei Sektoren	27
Abb. 2.3:	Kreislauf mit fünf Sektoren	29
Abb. 2.4:	Das Produktionskonto für ein Unternehmen	30
Abb. 2.5:	Das gesamtwirtschaftliche Produktionskonto	32
Abb. 2.6:	Produkt- und Einkommensbegriffe	35
Abb. 2.7:	Der Warenkorb des Preisindex der Lebenshaltung	40
Abb. 2.8:	Anstieg des Verbraucherpreisindex (Quelle: Statistisches Bundesamt)	41
Abb. 2.9:	Aktuelle Entwicklung des Verbraucherpreisindex	41
Abb. 2.10:	Gemessene und „gefühlte" Inflation	44
Abb. 2.11:	Inflationswahrnehmung und Berufstätigkeit	45
Abb. 2.12:	Inflationswahrnehmung und Alter	46
Abb. 2.13:	Entwicklung der Arbeitslosigkeit	47
Abb. 2.14:	Langfristige Entwicklung der Arbeitslosigkeit	48
Abb. 3.1:	Die makroökonomische Produktionsfunktion	53
Abb. 3.2:	Die Wirkung des technischen Fortschritts	54
Abb. 3.3:	Kompensation des technischen Fortschritts	56
Abb. 3.4:	Die makroökonomische Produktionsfunktion	57
Abb. 3.5:	Die gesamtwirtschaftliche Angebotsfunktion	57
Abb. 3.6:	Gesamtwirtschaftliche Nachfragefunktion	60
Abb. 3.7:	Das Saysche Theorem	61
Abb. 3.8:	Die Investitionsfunktion	63
Abb. 3.9:	Die makroökonomische Sparfunktion	65
Abb. 3.10:	Ausgleich von Sparen und Investieren (I)	65
Abb. 3.11:	Ausgleich von Sparen und Investieren (II)	66
Abb. 3.12:	Das gesamtwirtschaftliche Produktionspotenzial	68
Abb. 4.1:	Ausprägungen der Arbeitslosigkeit und Erklärungsansätze	72
Abb. 4.2:	Gleichgewicht am Arbeitsmarkt und Vollbeschäftigung	74
Abb. 4.3:	Nicht marktrelevantes Angebot bzw. Nachfrage	75
Abb. 4.4:	Klassische Hochlohnarbeitslosigkeit	76
Abb. 4.5:	Atypisches Arbeitsangebot (1)	78
Abb. 4.6:	Atypisches Arbeitsangebot (2)	79
Abb. 5.1:	Klassisch-Neoklassisches Gesamtmodell	90
Abb. 5.2:	Erhöhung der Geldmenge	91
Abb. 5.3:	Zunahme des Arbeitsangebots	92
Abb. 6.1:	Zyklische Schwankungen der Wirtschaftsaktivität	96
Abb. 6.2:	Beispiel einer Konsum- und Sparfunktion	100
Abb. 6.3:	Das Gleichgewichts-Volkseinkommen	106
Abb. 6.4:	Der Multiplikator-Prozess	110
Abb. 6.5:	Das makroökonomische Gravitationszentrum	111
Abb. 6.6:	Staatsausgaben und Gleichgewichts-Volkseinkommen	113
Abb. 6.7:	Volkseinkommen als alleinige Anpassungsvariable	118
Abb. 6.8:	Volkseinkommen und Zins als gemeinsame Anpassungsvariablen	119
Abb. 6.9:	Keynessche Investitionsfunktion	121
Abb. 6.10:	Effekt einer Erhöhung der Grenzleistungsfähigkeit des Kapitals	122
Abb. 6.11:	Herleitung der IS-Kurve	124

Abb. 6.12:   Anpassungsprozesse bei Ungleichgewicht 126
Abb. 6.13:   IS-Kurve und Steigung der Sparfunktion 127
Abb. 7.1:   Liquiditätspräferenzfunktion 131
Abb. 7.2:   Gesamtwirtschaftliche Geldnachfrage (1) 132
Abb. 7.3:   Gesamtwirtschaftliche Geldnachfrage (2) 133
Abb. 7.4:   Autonomes Geldangebot und Geldnachfrage 134
Abb. 7.5:   Anpassung der Spekulationskassenhaltung 135
Abb. 7.6:   Anpassung der Transaktionskassenhaltung 135
Abb. 7.7:   Herleitung der LM-Kurve 138
Abb. 7.8:   Keynesscher Bereich der LM-Kurve 139
Abb. 7.9:   Rechtsverschiebung der LM-Kurve 140
Abb. 7.10:   IS/LM-Diagramm und Gesamtgleichgewicht 141
Abb. 7.11:   Ungleichgewichtskonstellationen 142
Abb. 8.1:   Keynessche Arbeitsangebotsfunktion 146
Abb. 8.2:   Keynessche Arbeitsnachfragefunktion 147
Abb. 8.3:   Arbeitsmarktgleichgewicht bei Unterbeschäftigung 148
Abb. 8.4:   Simultanes Gesamtgleichgewicht bei Unterbeschäftigung (1) 150
Abb. 8.5:   Simultanes Gesamtgleichgewicht bei Unterbeschäftigung (2) 151
Abb. 8.6:   Wirkungen expansiver Fiskal- und Geldpolitik 152
Abb. 8.7:   Makroökonomisches Krisenszenario (Beginn) 154
Abb. 8.8:   Makroökonomisches Krisenszenario (Fortsetzung) 155
Abb. 9.1:   Nachfragestörung im Keynesschen Gesamtmodell 161
Abb. 9.2:   Angebotsseitige Störung 162
Abb. 9.3:   Nachfrageseitige Störung 163

Verzeichnis der Tabellen

Tab. 6.1:   Beispiel einer Konsum- und Sparfunktion 99
Tab. 6.2:   Konstellationen zwischen Y und Y* 105
Tab. 6.3:   Dynamische Anpassung und Lundberg-Lag 108
Tab. 6.4:   Bewertung von Investitionsprojekten 118
Tab. 6.5:   Tabellarische Investitionsfunktion 119
Tab. 6.6:   Gleichgewichtige Y/z-Kombinationen am Gütermarkt 120
Tab. 7.1:   Tabellarische Liquiditätspräferenzfunktion 136
Tab. 7.2:   Gleichgewichtige Y/z-Kombinationen am Geldmarkt 137

Teil I: Einführung: Kernthemen der Makroökonomie

1. Makroökonomische Niveauanalyse der Volkswirtschaft

a. Fragestellungen der Makroökonomik

Eine ausschließlich mikroökonomische Erklärung der volkswirtschaftlichen Realität stößt früher oder später an ihre Grenzen. So sind etwa, seit es kapitalistische Marktwirtschaften gibt, wirtschaftliche Einbrüche und gravierende Krisen ein beständig wiederkehrendes Phänomen. Man kann in derartigen Ereignissen wichtige oder mitunter sogar wünschenswerte Reinigungskrisen sehen, die – auf der Angebotsseite – uneffizient arbeitende Unternehmen bestrafen und – auf der Nachfrageseite – disziplinierend wirken und eine Volkswirtschaft vor überhöhten Ansprüchen im Hinblick auf Einkommen und Arbeitsplatzsicherheit bewahren. Doch gleichwohl stellt sich die Frage nach den Bestimmungsfaktoren und Mechanismen, die hierbei im Hintergrund wirken. Dies umso mehr, als in besonders schwerwiegenden Fällen der legitime Wunsch in Wirtschaft, Politik und Gesellschaft besteht, nach einer wirtschaftspolitisch unterstützten Bewältigung solcher Krisen zu suchen. Im Gegensatz zur Mikroökonomik, welche die Struktur der volkswirtschaftlichen Güterproduktion und ihre Anpassung an veränderte Nachfrage- und Angebotsbedingungen erklären will, liegt der Makroökonomik deshalb ein anderer Blickwinkel zu Grunde. Dies soll die folgende Abbildung veranschaulichen (siehe nächste Seite).

Im Kern des volkswirtschaftlichen Prozesses geht es um die Produktion von Gütern zur Befriedigung von Bedürfnissen. Während bei der mikroökonomischen Betrachtung das einzelne Individuum in den Blickpunkt gerückt wird und der Versuch unternommen wird, ausgehend von dieser Individualebene Rückschlüsse auf den volkswirtschaftlichen Selbststeuerungsmechanismus zu ziehen (**ökonomische Strukturanalyse**), geht die Makroökonomik von mehr oder weniger homogenen Gruppen ökonomisch gleichartiger Wirtschaftssubjekte aus und fasst diese zu so genannten Aggregaten zusammen. Diese sind dann Grundlage der Frage nach den Bestimmungsgründen, welche für das konkrete Niveau, die mittelfristigen Schwankungen und das langfristige Wachstum der Güterproduktion verantwortlich sind (**ökonomische Niveauanalyse**).

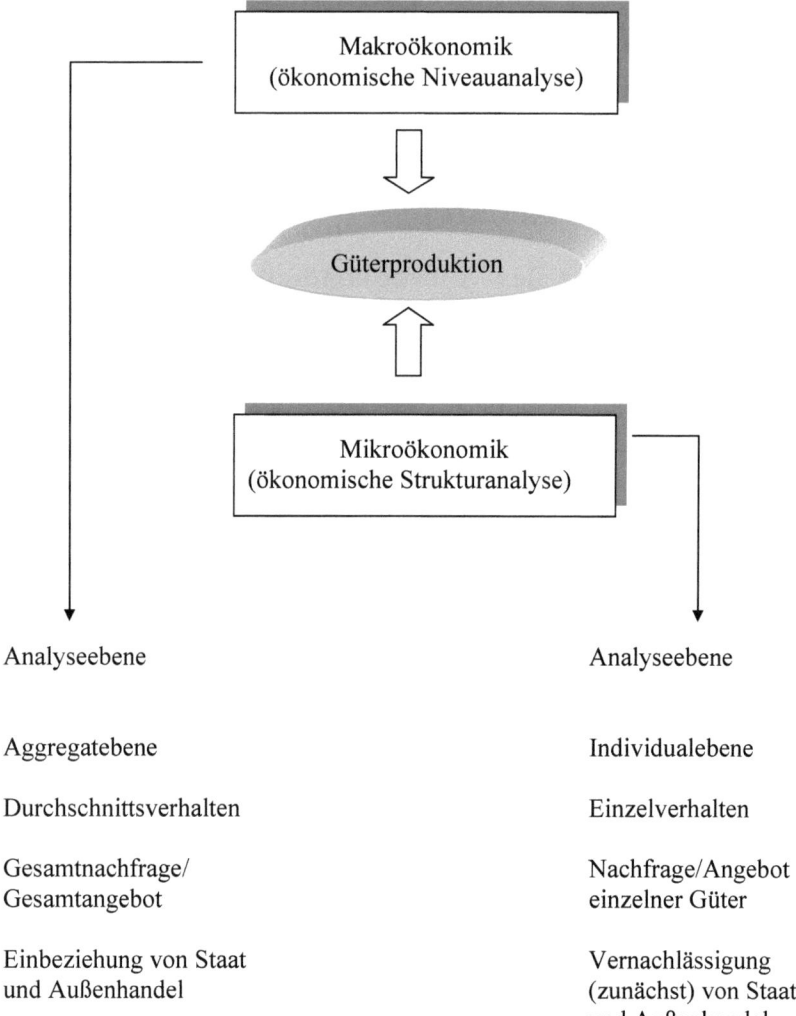

Abb. 1.1: Mikro- und makroökonomische Analyseebene

Die Mikroökonomik interessiert sich also vornehmlich dafür, wie es zu einer bestimmten Zusammensetzung der volkswirtschaftlichen Güterproduktion kommt. Insbesondere wird der Frage nachgegangen, wie eine Volkswirtschaft organisiert sein muss, um die Produktionsstruktur bestmöglich an die Struktur der Nachfrage anzupassen. Die Produktionsressourcen sollen so eingesetzt werden, dass sie einen maximalen Beitrag zur Reduzierung von Knappheiten und zur Befriedigung von Bedürfnissen leisten. Gelingt dies, so spricht man von einer optimalen Allokation der Ressourcen. Geleistet werden soll dies über den dezentralen Koordinationsmechanismus des Marktes und durch den auf ihn wirkenden Preismechanismus. Ziel ist es letztlich, die **marktwirtschaftliche Selbststeuerung** zu erklären und mögliche Störungen sowie Therapien zu deren Beseitigung aufzuzeigen.

Die Makroökonomik hat anderes im Blick. Sie fragt nach der Gesamthöhe der volkswirtschaftlichen Güterproduktion und nach den Mechanismen, die für deren Zustandekommen verantwortlich sind. Ebenso werden die Schwankungen sowie die langfristige Entwicklung der Wirtschaftsaktivität untersucht und ihre Wechselwirkungen mit anderen zentralen Bereichen der Wirtschaft, vor allem dem Arbeitsmarkt und der Preisniveaustabilität untersucht. Ziel ist es hier, die Ergebnisse des **gesamtwirtschaftlichen Prozessablaufs** zu erklären und mögliche Ansatzpunkte zur wirtschaftspolitischen Beeinflussung und Verbesserung dieser Ergebnisse aufzuzeigen.

b. Aggregation als methodischer Ansatzpunkt

Es leuchtet ein, dass die Unterschiede in den Fragestellungen der Mikro- und der Makroökonomik unterschiedliche methodische Vorgehensweisen erforderlich machen. So wird man in der Makroökonomik von einem durchschnittlichen Verhalten des entsprechenden **Aggregates** (alle Unternehmen bzw. alle Konsumenten zusammengefasst) ausgehen und darauf vertrauen, dass Abweichungen in die eine oder andere Richtung sich im Endergebnis in etwa ausgleichen. Zum Vergleich: In der Mikroökonomik setzen wir ein einzelnes, gewissermaßen idealtypisches Wirtschaftssubjekt voraus und machen Verhaltensannahmen, die auf der Voraussetzung der Maximierung einer ökonomischen Zielgröße basieren.

Auch in der Makroökonomik betrachtet man die Nachfrage- und die Angebotsseite. Doch während wir in der Strukturanalyse der Volkswirtschaft immer Nachfrage oder Angebot eines einzelnen Gutes auf dem entsprechenden Markt im Auge hatten, richtet sich in der makroökonomischen Niveauanalyse der Blick auf das so genannte Gesamtangebot bzw. die Gesamtnachfrage, beispielsweise auf dem Gütermarkt. Im Rahmen einer Niveauanalyse werden also nicht nur die Wirtschaftssubjekte zu großen Gruppen zusammengefasst, sondern auch die Märkte einer Volkswirtschaft. In der später zu erörternden makroökonomischen Theorie ist dies als erstes der **gesamtwirtschaftliche Gütermarkt**, auf dem alle materiellen und immateriellen Güter gehandelt werden. Die Struktur dieser Güterproduktion steht, wie bereits erwähnt, nicht im Zentrum des makroökonomischen Interesses. Vielmehr wird zu erklären versucht, welche Faktoren für die Gesamthöhe dieser Produktion sowie für deren Schwankungen und langfristiges Wachstum verantwortlich sind. Die beiden weiteren aggregierten Makromärkte sind der **Arbeitsmarkt** sowie der **Geldmarkt**. Alle drei Märkte stehen in Wechselwirkungen miteinander; diese Wechselwirkungen aufzudecken und in einem schlüssigen theoretischen Gesamtmodell abzubilden, stellt einen wesentlichen Kern makroökonomischer Theoriebildung dar.

Bei einer derart hoch verdichteten Betrachtungsweise, die quasi die ganze Volkswirtschaft auf einige kompakte Größen sowie Beziehungen zwischen diesen Größen reduziert und sie „von oben" betrachtet, sind jedoch Risiken unvermeidbar. So können leicht wesentliche Zusammenhänge übersehen werden, was dann die Aussagekraft der entsprechenden Modelle in Frage stellt. Zudem wird man kaum darauf verzichten können, den Einfluss des Staates und die außenwirtschaftlichen Verflechtungen zu einem viel früheren Zeitpunkt mit zu berücksichtigen, als dies in der Mikroökonomik der Fall ist. Somit liegt der Schluss nahe, dass Mikro- und Makroökonomik sich nicht konträr gegenüberstehen, sondern als die entgegen gesetzten Enden eines methodischen Spektrums betrachtet werden müssen: Es gibt Übergänge und Verbindungen zwischen ihnen, und eine abgerundete volkswirtschaftliche Analyse, die Einäugigkeit vermeiden will, kann auf keine der beiden Perspektiven verzichten. Welche Methodik in einem gegebenen Fall angemessener ist, muss auf Grundlage der jeweiligen Fragestellung entschieden werden.

Es kommt ein weiterer Punkt hinzu. Man kann das Geschehen auf den makroökonomischen Märkten in unterschiedlicher zeitlicher Perspektive untersuchen. Wählt man eine langfristig ausgerichtete Sichtweise, spricht man von **Klassisch-Neoklassischer Makroökonomik**. Sie vertraut in hohem Maße auf die Funktionsfähigkeit eines marktwirtschaftlichen Systems und lässt sich letztlich bis auf die grundlegenden Arbeiten von Adam Smith (1776) zurückführen. Es gab jedoch auch immer Einwände gegen eine solch optimistische Sicht der Dinge. Fundamentale Kritik am marktwirtschaftlichen System übte vor allem Karl Marx (1843). In methodischer Hinsicht gab jedoch das Werk vom John Maynard Keynes (1936) der Makroökonomik entscheidende Impulse. Die **Keynesianische Makroökonomik** stellte der langfristig ausgerichteten Sichtweise der Klassisch-Neoklassischen Makroökonomik eine kurzfristige Perspektive gegenüber und zeigte, dass viele der optimistischen Folgerungen der Klassiker in dieser Sichtweise zumindest zweifelhaft, wenn nicht hinfällig, sind. Diese Zweiteilung der Makroökonomik – hier kurzfristige Keynesianische Sicht, dort langfristige Klassisch-Neoklassische Sicht – prägt die Makroökonomik bis auf den heutigen Tag. Überdies gibt es eine Reihe von zeitgenössischen Weiterentwicklungen der Makroökonomik, die teils die eine, teils die andere Sichtweise übernehmen oder auch Elemente aus beiden „Modellwelten" verwenden. Dies erschwert die Übersicht erheblich. Zur besseren Orientierung soll folgende **makroökonomische Landkarte** dienen:

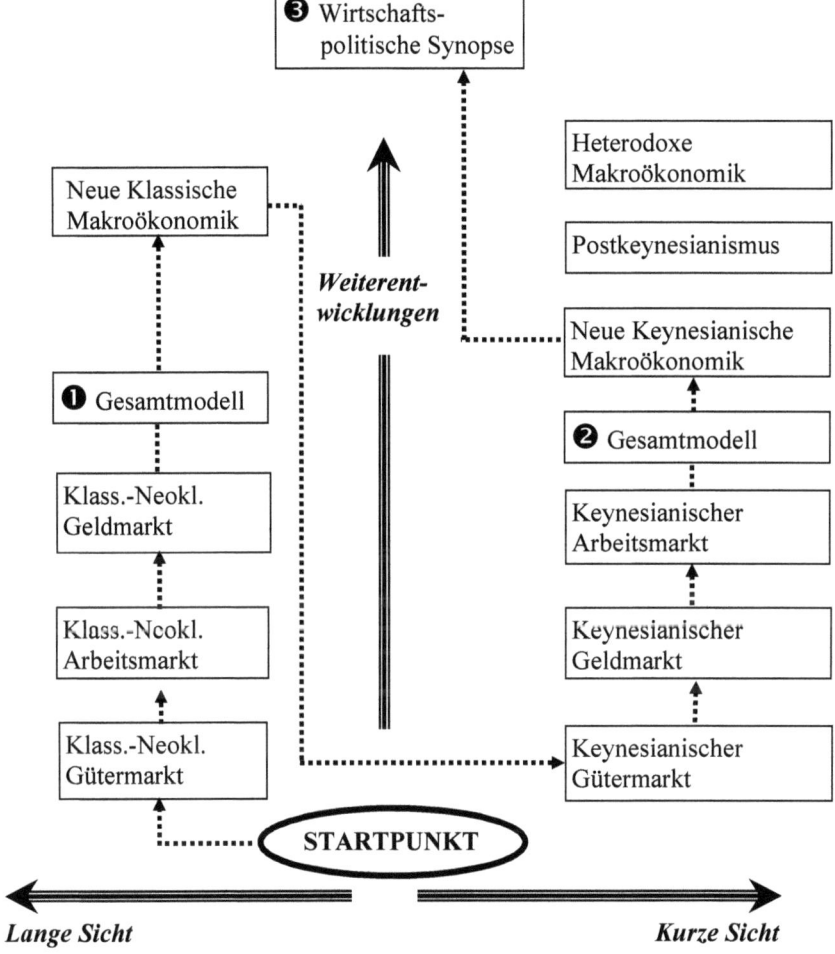

Abb. 1.2: Die makroökonomische Landkarte

Bei unserer makroökonomischen Wanderung folgen wir einer festgelegten Route (wie bei einer echten Wanderung wären natürlich auch andere Routen möglich). Wir beginnen mit einem Schwenk nach links und nehmen die langfristige Sicht ein. Der Reihe nach betrachten wir den Klassisch-Neoklassischen Gütermarkt, den Arbeitsmarkt und den Geldmarkt und fügen alle drei zum Klassisch-Neoklassischen Gesamtmodell (Zielpunkt 1) zusammen. Zudem werfen wir einen sehr kurzen Blick auf die Weiterentwicklung der Neuen Klassischen Makroökonomik (Dies geschieht allerdings bereits im Arbeitsmarktkapitel). Dann kehren wir zum Ausgangspunkt zurück und gehen auf die rechte Seite, die die kurzfristige Sichtweise wiedergibt. Hier betrachten wir den Keynesianischen Gütermarkt, den Geldmarkt und den Arbeitsmarkt und fügen alles zum Keynesianischen Gesamtmodell zusammen (Zielpunkt 2). Von hier betrachten wir kurz eine wichtige Weiterentwicklung, nämlich die neue Keynesianische Makroökonomik. Dem Postkeynesianismus und der so genannten Heterodoxen Makroökonomik können wir keine weitere Beachtung schenken. Schließlich erreichen wir den Zielpunkt 3, die wirtschaftspolitische Synopse. Hier fragen wir uns auch, welche wirtschaftspolitischen Folgerungen sich aus den jeweiligen Modellen ergeben.

c. Mikrofundierung der Makroökonomik

Um die Risiken der makroökonomischen Aggregation möglichst gering zu halten, wird es schon seit längerem für wünschenswert erachtet, der Makroökonomik eine mikroökonomische Fundierung zu geben. Darunter versteht man die Forderung, makroökonomische Verhaltensgleichungen sollten nach Möglichkeit auf einer mikroökonomisch beschreibbaren, **entscheidungslogischen** Grundlage beruhen. Dies führt in der Praxis der makroökonomischen Modellbildung häufig dazu, mit einem repräsentativen Konsumenten und einem repräsentativen Unternehmen zu arbeiten, denen Nutzen- bzw. Gewinnmaximierung unterstellt wird. Teil einer solchen makroökonomischen Modellbildung wird dann in aller Regel eine mathematisch formulierte Nutzenfunktion sowie eine Gewinnfunktion sein, die jeweils einem Maximierungskalkül unterzogen werden. Hierzu ein Beispiel:

Ein zentrales Element einer auf einfacher Durchschnittsbetrachtung basierenden Makroökonomik ist die Keynessche **Konsumfunktion:**

$$C = C(Y) \qquad \text{mit } 0 < C'(Y) < 1$$

Legt man einen linearen Verlauf dieser Funktion zugrunde, so ergibt sich:

$$C = C^a + c'Y \qquad \text{mit } C^a > 0 \text{ und } 0 < c' < 1$$

Hierbei ist C^a das Absolutglied der Funktion (der so genannte autonome Konsum) und c' deren Steigung (die marginale Konsumneigung).

Wir werden diese Funktion im Zusammenhang mit der Keynesianischen Analyse noch ausführlicher untersuchen. Sie besagt, dass die Höhe des privaten Konsums in einer Volkswirtschaft von der Höhe des Volkseinkommens abhängig ist und mit steigendem Einkommen zunimmt. Die Konsumsteigerung fällt jedoch geringer aus als die Einkommenszunahme. Diese Funktion ist nicht weiter entscheidungslogisch fundiert und verzichtet somit auf eine Mikrofundierung. Dessen ungeachtet hat sie sich immer wieder empirisch (also verglichen mit den Daten der Realität) recht gut bewährt und hat darüber hinaus den Vorteil, einfach handhabbar und in nahezu unbegrenzter Vielfalt variierbar zu sein. Diese so genannte absolute Einkommenshypothese nach Keynes hat nur einen Fehler: In der genannten Form basiert sie – mangels einer entscheidungslogischen Fundierung – bestenfalls auf Plausibilitätsüberlegungen.

Vergleichen wir dies mit dem Ansatz aus einem makroökonomischen Modell (dem so genannten Neokeynesianischen Modell), das auf einer Mikrofundierung des Konsumverhaltens basiert. Hier liegt ein repräsentativer Konsument zugrunde, der über folgende Nutzenfunktion verfügt:

$$U = U\left[C, (1-A), \frac{\Delta M^{HH}}{P}\right]$$

Der Nutzen eines Konsumenten hängt ab vom realen Konsum C, seiner Freizeit $1 - A$ (wobei A die Arbeitszeit repräsentiert und die Summe aus Freizeit und Arbeitszeit auf 1 normiert ist), sowie der mit dem Preisniveau P deflationierten (also realen) Ersparnis ΔM^{HH}, die der Einfachheit halber als zusätzliche Geldhaltung des Haushalts – daher der Index HH – interpretiert wird. Gemäß unserem ökonomischen Grundverständnis versucht dieser repräsentative Haushalt nun, seine Nutzenfunktion zu maximieren, wobei er sich mit einer Budgetrestriktion konfrontiert sieht:

$$P \cdot C + \Delta M^{HH} = A \cdot l_n + \pi$$

Die Summe aus Konsumsumme $P \cdot C$ und Geldersparnis ΔM^{HH} muss also der Summe aus Arbeitseinkommen (Arbeitszeit A multipliziert mit dem Reallohnsatz l_n) und Gewinneinkommen π entsprechen. Wenn wir die Budgetrestriktion nach der Geldersparnis des Haushalts auflösen, ergibt sich:

$$\Delta M^{HH} = A \cdot l_n + \pi - P \cdot C$$

Die Nutzenfunktion modifiziert sich damit (durch Einsetzen dieses Ausdrucks) zu

$$U = U\left[C, (1-A), \frac{A \cdot l_n + \pi - P \cdot C}{P}\right] = V(C, 1-A)$$

Auf diese Weise ist es zunächst gelungen, die Budgetrestriktion quasi in die Nutzenfunktion zu integrieren; wir nennen die modifizierte Nutzenfunktion V(C, 1 − A) deshalb eine Nutzenfunktion mit **absorbierter Budgetbeschränkung**. Der Haushalt wird versuchen, seine Konsummenge und seine Arbeitszeit (das Gegenstück zur Freizeit 1 − A) so zu wählen, dass der Nutzen U maximiert wird. Im Ergebnis werden beide Größen, Konsum und Arbeitszeit, vom Reallohn abhängen, da der Reallohn die entscheidende Variable ist, wenn es um die Festlegung eines bestimmten Arbeitsangebots durch einen repräsentativen Haushalt geht. In dieser Betrachtung ist der Konsum also nicht vom Einkommen abhängig, sondern der Haushalt wählt die zu seiner gewünschten Konsummenge notwendige Arbeitszeit und erzielt damit das für den Konsum erforderliche Einkommen.

Ist die Keynessche Konsumfunktion damit hinfällig geworden? Nein, denn nun folgt der entscheidende Schritt auf dem Weg zur Mikrofundierung der Konsumfunktion: Der Haushalt kann auf dem Arbeitsmarkt einer **Rationierung** unterliegen. Dies bedeutet, er kann sein gewünschtes Arbeitsvolumen A nicht realisieren (mangels ausreichender Arbeitsnachfrage von Seiten der Unternehmen), sondern nur ein geringeres Volumen A^{fix}:

$$A^{fix} < A$$

Damit wird die modifizierte Nutzenfunktion mit absorbierter Budgetbeschränkung V (C, 1 − A^{fix}) zu einer Funktion mit nur noch einer Veränderlichen, da A^{fix} und damit auch (1 − A^{fix}) durch eine von außen vorgegebene Rationierung auf einen konstanten Wert fixiert wird. Was kann der Haushalt nun noch maximieren? Er kann die zur jeweiligen Rationierungsschranke A^{fix} passende Konsummenge bestimmen; somit ergibt sich eine Konsumfunktion der Form:

$$C = (\alpha, A^{fix})$$

Dabei reflektiert die Größe α die Tatsache, dass die Rationierungsschranke A^{fix} verschiedene Werte durchlaufen kann, nämlich von null (wobei der Haushalt keinerlei Arbeitseinkommen erzielt und somit auch der Konsum gleich null ist) bis hin zu A^{fix} (α), wobei dies der Arbeitsmenge entspricht, die der Haushalt ohne Rationierung realisieren würde. Eine Rationierung oberhalb des Wertes von α ist also ohne Relevanz für den repräsentativen Haushalt. Mit steigender Rationierungsschranke A^{fix} nimmt der Konsum zu.

Der letzte Schritt besteht in der Überlegung, dass ein bestimmtes, rationiertes Arbeitsangebot immer auch mit einem bestimmten Einkommen verbunden ist:

$$Y = \frac{l_n}{P} A^{fix} + \frac{\pi}{P}$$

Damit lautet unsere mikrofundierte Konsumfunktion letztlich:

$$C = (\alpha, Y)$$

In dieser Konsumfunktion ist α enthalten – das bedeutet, dass sie unter der Voraussetzung einer Rationierung des Haushalts am Arbeitsmarkt gilt (was nichts anderes bedeutet als unfreiwillige Arbeitslosigkeit). Sieht sich der Haushalt hingegen mit keiner Rationierung am Arbeitsmarkt konfrontiert, so hängt der Konsum nicht vom Einkommen ab (denn dieses kann dann wieder über das Arbeitsangebot des Haushalts frei gewählt werden), sondern vom Reallohn – wie es sich weiter oben aus der Maximierung der Nutzenfunktion herleiten ließ.

Die Mikrofundierung macht die Makroökonomik also nicht unbedingt einfacher. Ob ihr Erklärungsgehalt dadurch letztlich erhöht wird, muss an dieser Stelle nicht entschieden werden und mag daher dahin gestellt bleiben. Eines jedoch wird durch eine geeignete entscheidungslogische Mikrofundierung erreicht: Die Makroökonomik wird weniger angreifbar, entzieht sich dem Vorwurf, „über den Wolken" zu schweben und sieht sich dem Zwang ausgesetzt, ihre Modellaussagen mit dem rational nachvollziehbaren Verhalten einzelner Wirtschaftssubjekte in Übereinklang zu bringen.

Freilich könnte man aber die Frage stellen, ob das Ergebnis eines derartigen Vorgehens denn noch Makroökonomik darstellt, oder nicht vielmehr eine Mikroökonomik ist, die sich als Makroökonomik ausgibt und Individualverhalten einfach auf die Makroebene überträgt. Und in der Tat berühren diese Fragen den Kern einer methodologischen Diskussion, die die Makroökonomen schon seit längerem beschäftigt und noch nicht als abgeschlossen betrachtet werden kann. Man darf somit gespannt sein, wie sich die Makroökonomik in zehn oder zwanzig Jahren präsentieren wird.

d. Nominale und reale Größen

Unter einer nominalen Größe versteht man eine Größe, die in laufenden Preisen ausgedrückt ist. Nehmen wir an, jemand arbeitet vier Stunden und bekommt einen Stundenlohn von 25 € (der Einfachheit sehen wir von Steuerzahlungen ab). Seine Lohnsumme von 100 € ist dann eine nominale Größe, also eine reine

Geldgröße. Nehmen wir weiter an, es gibt einen Warenkorb, in dem sich z.B. Brot, Apfelsaft, Käse und Wurst, Obst und Gemüse und einige weitere Güter befinden. Der Warenkorb mag 100 € kosten. Die reale Lohnsumme unseres Arbeiters kann dann mit genau dem Wert dieses Warenkorbs angegeben werden, also mit 100 €.

Ein Jahr später jedoch kostet der Warenkorb schon 110 €, die Lohnsumme beträgt jedoch weiterhin 100 €. Real betrachtet, also in tatsächlich vorhandener Kaufkraft ausgedrückt, verdient unser Haushalt dann weniger als 100 €, nämlich (100 € / 110 €) · 100 = 90,91 €. Diese Bereinigung einer nominalen Größe vom Einfluss steigender Preise nennt man **Deflationierung.** Allgemein ausgedrückt:

$$X_r = \frac{X_n}{P} \cdot 100$$

P steht dabei für das in der Volkswirtschaft herrschende Preisniveau. Es wird i.d.R. mit einem Preisindex der Lebenshaltung gemessen; dieser hat für ein festgelegtes Basisjahr den Wert 100.

In makroökonomischen Modellen verzichtet man meistens auf die Multiplikation mit 100; sie dient lediglich dazu, die resultierende reale Größe in derselben Maßeinheit auszudrücken wie die zugrunde liegende nominale Größe. Insbesondere am Arbeitsmarkt wird von der Relevanz realer Größen (v.a. der Reallohn) ausgegangen. Eine nominale Lohnsteigerung etwa wird stets in Relation zur im gleichen Zeitraum stattfindenden Steigerung des Preisniveaus beurteilt. Man spricht davon, dass Arbeitnehmer und Arbeitgeber frei von **Geldillusion** sind.

e. Geplante und ungeplante Größen

Wenn in der Makroökonomik von aggregierten Größen wie Investition oder Ersparnis die Rede ist, so meint man damit in aller Regel **geplante**, d.h. von den jeweiligen Wirtschaftssubjekten freiwillig getätigte ökonomische Aktivitäten. Dies deckt sich mit unserem Verständnis, wie wir es beispielsweise aus der Mikroökonomik in Bezug auf die Begriffe Angebot und Nachfrage kennen. Auch dort setzte man ganz selbstverständlich voraus, dass diese zentralen ökonomischen Aktivitäten freiwillig erfolgen und Gleichgewicht somit stets eine Übereinstimmung von geplantem Angebot und geplanter Nachfrage bedeutet.

In der Makroökonomik können allerdings auch **ungeplante** Größen auftreten. So wird etwa die innerhalb einer Wirtschaftsperiode nicht abgesetzte Warenproduktion in aller Regel in das Fertigwarenlager eingestellt und dort als

Lagerinvestition erfasst. Diese erfolgt dann allerdings nicht freiwillig, war also zu Beginn der Planungsperiode nicht beabsichtigt (sondern wurde nur mangels Absatz erforderlich). Wir reden daher in einem solchen Fall von ungeplanten Investitionen. Das Auftauchen derartiger ungeplanter Größen im Rahmen eines makroökonomischen Modells bedeutet, dass sich das System (noch) nicht im Zustand des Gleichgewichts befindet und folglich Anpassungsreaktionen der Wirtschaftssubjekte zu erwarten sind. Wenn nichts Näheres gesagt wird, bezeichnen alle makroökonomischen Aggregatgrößen, die wir verwenden, stets geplante Größen im hier erörterten Sinne. Sollten ungeplante Größen auftreten und eine Rolle spielen, so wird darauf gesondert hingewiesen.

Geplante Größen sind **ex ante** (im Vorhinein) festgelegte Größen. So planen etwa die Unternehmen für eine bestimmte Wirtschaftsperiode eine Gesamtabsatzmenge in Höhe von 10000 Stück. Die Nachfrager planen beim gegebenen Marktpreis jedoch nur eine Menge von 8000 Stück zu kaufen. Geplantes Angebot und geplante Nachfrage stimmen also nicht überein:

$$A^{gepl} > N^{gepl}$$

(10000 Stück)　　(8000 Stück)

Der Markt ist somit nicht im Gleichgewicht, es herrscht ein Überangebot. **Ex post** allerdings (im Nachhinein) stimmt die verkaufte Menge natürlich mit der gekauften Menge überein, denn in der gegebenen Marktsituation eines Käufermarktes entscheiden die Nachfrager darüber, wie hoch die abgesetzte Menge ausfällt (nämlich 8000 Stück). Das geplante Angebot spaltet sich somit in einen realisierten Teil (Absatz) und einen ungeplanten Teil (Lagerbestände L^{ungepl}) auf. Auf der Nachfrageseite hingegen stimmen die getätigten Käufe mit der geplanten Nachfrage überein:

$$\text{Absatz} = \text{Käufe}$$

(8000 Stück)　　(8000 Stück)

$$A^{gepl} = \text{Absatz} + L^{ungepl}$$

(10000 Stück)　　(8000 Stück)　　(2000 Stück)

$$N^{gepl} = \text{Käufe}$$

(8000 Stück)　　(8000 Stück)

Auf der Angebotsseite ist eine ungeplante Größe aufgetreten, die die Unternehmen negativ überrascht und ihre Planungen für die nächste Wirtschaftsperiode beeinflussen wird. Der Markt ist somit nicht im Gleichgewicht.

f. Offene und geschlossene Volkswirtschaft

Volkswirtschaften sind heute über eine Vielzahl von ökonomischen und nichtökonomischen Transaktionen mit anderen Volkswirtschaften (das sogenannte „Ausland") verflochten. Es kann sich dabei um Warenaustausch, Dienstleistungen, Finanz- und Kapitalströme, Devisenaustausch, mobile Produktionsfaktoren und internationale Produktionsstandorte usw. handeln. Wir sprechen davon, dass es sich hierbei um offene Volkswirtschaften handelt.

Gleichwohl ist es sinnvoll, für Zwecke der Analyse makroökonomischer Zusammenhänge zunächst einmal von dem vereinfachten Modell einer geschlossenen Volkswirtschaft auszugehen. Man ignoriert also vorerst die Vielzahl an internationalen Verflechtungen offener Volkswirtschaften und geht davon aus, dass eine geschlossene Volkswirtschaft keinerlei Transaktionen mit dem Rest der Welt tätigt. Der Grund dafür ist einleuchtend: Eine geschlossene Volkswirtschaft ist übersichtlicher und einfacher zu analysieren, da sie sozusagen „für sich selbst" steht. Die Ergebnisse, die man für ein solches Modell einer geschlossenen Volkswirtschaft erhält, sind unabhängig von den vielen denkbaren Konstellationen, welche die internationalen Verflechtungen annehmen können und führen von daher zu einem fundamentaleren Verständnis dessen, was makroökonomischen Vorgängen und Zusammenhängen zugrundeliegt.

Natürlich ist dies ein vereinfachtes Vorgehen, und man muss zu einem späteren Zeitpunkt die außenwirtschaftlichen Verflechtungen berücksichtigen. Dies geschieht in makroökonomischen Modellen der offenen Volkswirtschaft. Um die Ergebnisse dieser Modelle jedoch einordnen zu können, ist es gut, wenn man als Vergleichsmaßstab zuvor die Makroökonomik geschlossener Volkswirtschaften studiert hat. Durch einen Vergleich beider Referenzmodelle lassen sich anschließend die spezifisch außenwirtschaftlichen Einflüsse auf den Gesamtzustand einer Volkswirtschaft beurteilen. In diesem Buch steht daher die Makroökonomik der geschlossenen Volkswirtschaft im Mittelpunkt.

2. Makroökonomik der geschlossenen Volkswirtschaft: Drei Schlüsselphänomene

Die makroökonomische Niveauanalyse der Volkswirtschaft hat vor allem drei Schlüsselphänomene im Blick: **Produktion**, **Beschäftigung** und **Inflation**. Dementsprechend stehen der gesamtwirtschaftliche Gütermarkt (hier wird das Produktionsvolumen festgelegt), der Arbeitsmarkt (hier entscheidet sich die Beschäftigungslage) sowie der Geldmarkt (hier wird über die Geldwertstabilität entschieden) im Mittelpunkt des makroökonomischen Interesses. Außenwirtschaftliche Verflechtungen der Wirtschaft können ebenfalls berücksichtig werden, jedoch soll dies aus Vereinfachungsgründen zunächst ausgeklammert werden. In diesem Kapitel geht es zunächst um die Frage, wie diese Schlüsselphänomene empirisch erfasst werden. Der erste Themenkreis gilt naheliegenderweise der gesamtwirtschaftlichen Güterproduktion. Ziel ist es zu beschreiben, wie eine systematische zahlenmäßige Abbildung der Produktionstätigkeit gelingt. Ausgangspunkt ist die Darstellung der ökonomischen Aktivitäten in einem Kreislaufschema und die darauf aufbauende Erfassung im gesamtwirtschaftlichen Produktionskonto.

a. Gütermarkt und Produktion: Das makroökonomische Aktivitätsniveau der Volkswirtschaft

In den folgenden Abschnitten geht es um die Frage, wie das Ergebnis der gesamtwirtschaftlichen Aktivität, also das Produktionsergebnis in Gestalt von materiellen und immateriellen Gütern, zahlenmäßig erfasst werden kann. Dazu werden wir zunächst die Idee eines wirtschaftlichen Kreislaufs näher betrachten und daraus den Aufbau des gesamtwirtschaftlichen Produktionskontos herleiten. Daran lesen wir dann das sogenannte Bruttoinlandsprodukt als umfassendes Maß für die inländische Produktionstätigkeit ab. Dieses grenzen wir gegenüber dem Nationaleinkommen (früher als Sozialprodukt bezeichnet) ab. Schließlich werden wir der Frage nachgehen, welche statistischen Ermittlungsmethoden für die praktische Gewinnung der notwendigen Daten zur Verfügung stehen und wie die Aussagekraft der so gewonnenen Produktionskennziffern zu beurteilen ist.

i. Wirtschaftskreislauf und Produktion

Der gedankliche Ausgangspunkt zur Erfassung der gesamtwirtschaftlichen Aktivität liegt in der Vorstellung eines wirtschaftlichen **Kreislaufs**. Man kann in dieser Idee, die etwa zwei Jahrzehnte älter ist als Adam Smith's Bild der „unsichtbaren Hand" des marktwirtschaftlichen Preismechanismus von 1776, durchaus den Beginn eines volkswirtschaftlichen Systemdenkens sehen. François Quesnay, Leibarzt am französischen Hof, entwickelte 1758 mit seinem Tableau Économique die Grundgedanken, aus denen sich die moderne Kreislaufanalyse und letztlich die systematische Erfassung der gesamtwirtschaftlichen Aktivität herausbildete. Der Ansatz jeglicher Kreislaufbetrachtung besteht darin, gleichartige Wirtschaftssubjekte zu großen Gruppen – so genannten Sektoren oder Polen – zusammenzufassen und die wirtschaftlichen Transaktionen aufzuzeichnen, die sich zwischen diesen Sektoren abspielen. Wir beschränken uns im Folgenden auf wesentliche Aspekte der Kreislaufanalyse, die für die weiteren Überlegungen unverzichtbar ist. Für ausführlichere Darstellungen sei auf die weiterführende Literatur im Anhang verwiesen.

Das einfachste denkbare Kreislaufmodell unterscheidet lediglich zwei Sektoren, die privaten **Haushalte** und die **Unternehmen**. Die Haushalte bieten den Unternehmen ihre Faktorleistungen (hier: ausschließlich Arbeit) an und beziehen dafür ein Faktoreinkommen. Der Strom der Faktorleistungen (der **reale Strom**), der vom Haushaltssektor in den Sektor Unternehmen fließt, muss also wertmäßig dem Strom der Faktoreinkommen in umgekehrter Richtung (dem **monetären Strom**) entsprechen. Da dies für korrespondierende reale und monetäre Ströme stets gilt, kann man in komplexeren Kreislaufbildern der Übersichtlichkeit halber auf eine der beiden Arten von Strömen verzichten und sich darauf beschränken, nur monetäre Ströme einzuzeichnen.

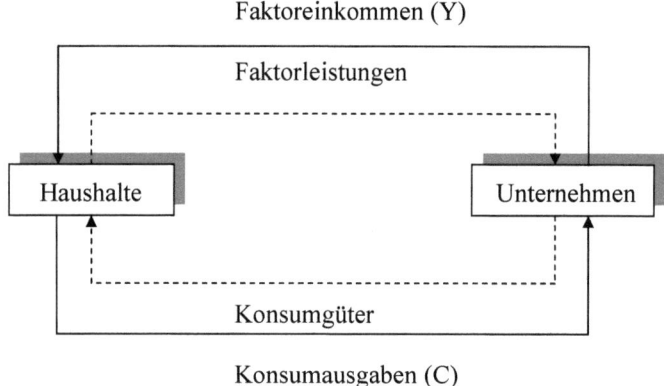

Abb. 2.1: Kreislauf mit zwei Sektoren

Obwohl dieser denkbar einfachste Wirtschaftskreislauf sicher kein sehr zutreffendes Bild der ökonomischen Realität liefert, kann man an ihm doch einiges ableiten, was für die Kreislaufanalyse allgemeine Gültigkeit besitzt. Dazu gehört vor allem das **Kreislaufaxiom**: Für einen geschlossenen Kreislauf – also einen, der sich vom Gesamtvolumen her nicht ändert, weder aufgebläht wird noch schrumpft –, muss das Kreislaufaxiom erfüllt sein: Für jeden Sektor muss die Summe der hinein fließenden Ströme gleich der Summe der abfließenden Ströme sein. In Gleichungsform ausgedrückt:

(1) Y = C
(2) C = Y

Gleichung (1) gilt somit für den Sektor Haushalte, Gleichung (2) für den Sektor Unternehmen.

Berücksichtigt man, dass die Haushalte einen Teil ihres Einkommen nicht für den Konsum verwenden, sondern sparen und die Unternehmen wiederum ihren Kapitalstock durch Investitionen (also neue Produktionsanlagen) erhöhen und dafür am Kapitalmarkt Finanzmittel leihen, so ergibt sich ein dreipoliger Kreislauf. In diesem erweiterten Kreislaufschema wird ein weiterer Sektor aufgenommen, der als **Vermögensänderungssektor** bezeichnet wird. Dieser Sektor ist allerdings ein rein funktioneller Sektor (im Gegensatz zu den Sektoren Haushalte und Unternehmen, die als institutionelle Sektoren bezeichnet werden). Mit diesem Sektor wird lediglich eine Funktion – nämlich die Aufnahme von privaten Ersparnissen (Zufluss) und die Finanzierung von Investitionen (Abfluss) – bezeichnet. Die Institutionen, die diese Funktion normalerweise erfüllen, die Banken und Kreditinstitute also, sind hingegen im Unternehmenssektor erfasst.

Ein dreipoliger Kreislauf hat damit folgendes Aussehen:

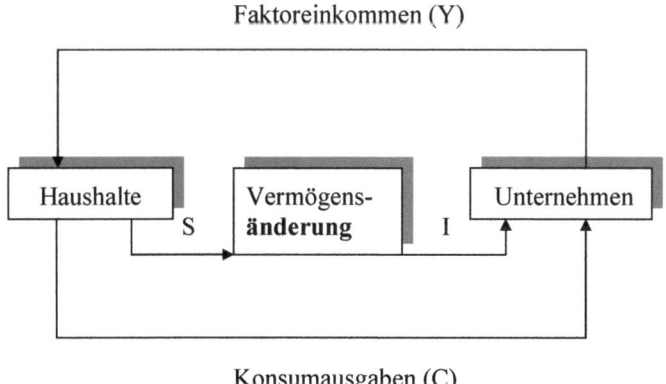

Abb. 2.2: Kreislauf mit drei Sektoren

Die Kreislaufgleichungen lauten nun:

(1) $Y = C + S$
(2) $C + I = Y$
(3) $S = I$

Die ersten beiden Gleichungen gelten wie zuvor für den Sektor Haushalte (1) bzw. Unternehmen (2) und bringen wieder das Kreislaufaxiom zum Ausdruck. Gleichung (3) ergibt sich aus der Zusammenfassung der ersten beiden Gleichungen und drückt die so genannte **Ex-Post-Identität** von Sparen und Investieren aus, also die Tatsache, dass sich in einem dreipoligen Kreislauf Sparen und Investieren im Nachhinein betrachtet (ex post) stets die Waage halten müssen.

Dies ist jedoch nicht im Sinne eines Gleichgewichtes zu verstehen. Um dies nachzuvollziehen, stellen wir uns vor, die Unternehmen würden am Ende einer Wirtschaftsperiode (z.B. ein Quartal) feststellen, dass sie einen Teil ihrer Produktion nicht absetzen konnten. Diese nicht verkauften Güter werden sie naheliegenderweise in ihr Fertigwarenlager aufnehmen, also Lagerinvestitionen tätigen. Diese Lagerinvestitionen waren jedoch zu Beginn der Wirtschaftsperiode nicht geplant, denn die Unternehmen wollten ihre Produkte ja verkaufen. Die Investitionen der Unternehmen setzen sich also zusammen aus einem Teil, der geplant war (etwa Erweiterung der Produktionsanlagen) und einem Teil, der nicht vorgesehen war, eben den ungeplanten Lagerinvestitionen:

$$I = I^{gepl} + I^{ungepl}$$

Da das Kreislaufaxiom in jedem Fall gelten muss, können wir also schreiben:

$$S = I^{gepl} + I^{ungepl}$$

Von der Möglichkeit ungeplanter Ersparnis (so genanntem Zwangssparen) wollen wir aus Vereinfachungsgründen hier absehen. Soll die Gleichheit zwischen S und I, die sich auf Grund des Kreislaufaxiom zwangsläufig als Ex-Post-Identität ergibt, also im Sinne eines Gleichgewichtszustandes am Gütermarkt zu verstehen sein, so dürfen keine ungeplanten Investitionen auftreten. Dann stimmen geplante Ersparnis und geplante Investition überein und der Gütermarkt befindet sich im Gleichgewicht:

$$S^{gepl} = I^{gepl}$$

Es ist also streng zu trennen zwischen der Gleichheit von Investition und Ersparnis im Sinne der Kreislaufanalyse (ex post) und der Gleichheit von geplanten Investitionen und geplanter Ersparnis im Sinne des Gleichgewichts am Gütermarkt (ex ante).

Das Kreislaufschema lässt sich um zwei weitere institutionelle Sektoren erweitern, den **Staat** und das **Ausland**. Bei der Einbeziehung des Staates wollen wir – abermals aus Vereinfachungsgründen – nur die von den Haushalten und Unternehmen gezahlten Steuern, Staatsausgaben für Güter (C^{St}), die Einkommenszahlungen für öffentliche Bedienstete (Y^{St}) sowie ein eventuelles Haushaltsdefizit des Staates berücksichtigen (das als Zunahme der Forderungen von privaten Wirtschaftssubjekten gegenüber dem Staat erfasst wird, eingezeichnet als Strom vom Sektor Vermögensänderung zum Sektor Staat). Das Ausland wird mit den beiden Strömen Exporten und Importen – jeweils verknüpft mit dem Unternehmenssektor – und im Falle eines Importüberschusses mit einem Strom vom Sektor Ausland zum Vermögensänderungssektor erfasst. Denn bei einem Importüberschuss gibt das Land mehr für seine Importe aus als es für seine Exporte erzielt und bildet daher gegenüber dem Rest der Welt eine Schuldnerposition auf; es „borgt" sich sozusagen Kapital aus dem Ausland, welches deshalb einen Teil der inländischen Vermögensänderung für sich in Anspruch nimmt.

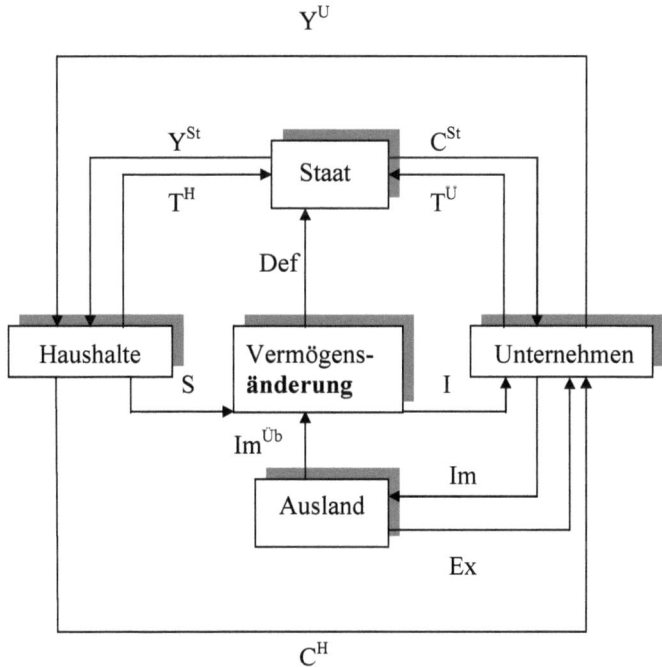

Abb. 2.3: Kreislauf mit fünf Sektoren

Wir verzichten darauf, die jeweiligen Kreislaufgleichungen zu formulieren, da das Kreislaufschema noch stark vereinfacht ist. Um einen vollständigen fünfpoligen Kreislauf zu erhalten, müssten weitere Ströme erfasst werden, etwa staatliche Investitionen, Abschreibungen (des Staates und der Unternehmen), eventuelle Ersparnisbildung des Staates und der Unternehmen, Subventionszahlungen an die Unternehmen sowie Transferzahlungen an die Haushalte.

ii. Inlandsprodukt und Nationaleinkommen

Mit der Kreislaufanalyse ist die Basis gegeben, um die gesamtwirtschaftliche Aktivität messen zu können. Dies geschieht auf gesamtwirtschaftlichen Konten. Das für unsere Zwecke wichtigste ist das gesamtwirtschaftliche **Produktionskonto**, dem wir uns nun zuwenden.

Als Ausgangspunkt hierfür dient uns allerdings das Produktionskonto für ein einzelnes Unternehmen, welches dann schrittweise aggregiert wird. Ein Produktionskonto als Teil der Volkswirtschaftlichen Gesamtrechnung ist eine systematische Gegenüberstellung von mit Geldeinheiten bewertetem Input und Output innerhalb des Produktionsprozesses. Es ist also streng zu unterscheiden vom Begriff der Produktionsfunktion, in die zwar auch Input und Output eingehen, jedoch als reine Mengengrößen. Grundsätzlich folgt ein einzelnes Produktionskonto folgendem Aufbau:

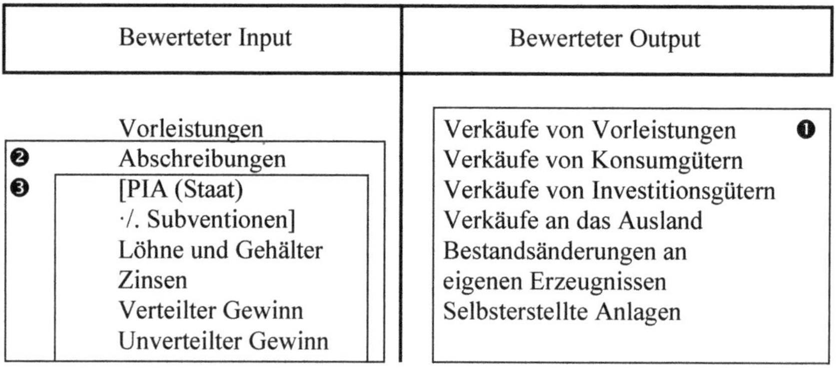

Bewerteter Input	Bewerteter Output
Vorleistungen ❷ Abschreibungen ❸ [PIA (Staat) ./. Subventionen] Löhne und Gehälter Zinsen Verteilter Gewinn Unverteilter Gewinn	Verkäufe von Vorleistungen ❶ Verkäufe von Konsumgütern Verkäufe von Investitionsgütern Verkäufe an das Ausland Bestandsänderungen an eigenen Erzeugnissen Selbsterstellte Anlagen

Abb. 2.4: Das Produktionskonto für ein Unternehmen

Auf der Inputseite sind zuerst die Käufe von Vorleistungen erfasst. Dabei handelt es sich um zugekaufte Produkte anderer Unternehmen (Zulieferer), die in den Herstellungsprozess des eigenen Produktes eingehen. Den Wertverschleiß der Produktionsanlagen, der durch den Prozess der Leistungserstellung verursacht wird, erfassen die Abschreibungen. Der Posten Produktions- und Importabgaben an den Staat (PIA (Staat)) minus Subventionen gibt die preisverzerrenden Effekte der damit benannten staatlichen Eingriffe wider – etwa durch die indirekten Steuern (z.B. Mehrwertsteuer). Schließlich wird die Entlohnung der Produktionsfaktoren in Form von Löhnen (Arbeit), Zinsen (Fremdkapital) und Gewinnen (Eigenkapital) aufgeführt. Der verteilte Gewinn fließt den Kapitalgebern und Eigentümern zu, der unverteilte Gewinn verbleibt im Unternehmen und kann beispielsweise für spätere Investitionen genutzt werden.

Auf der Outputseite wird der Wert der gesamten Produktion erfasst. Diese kann in unterschiedlichen Arten von Güterverkäufen bestehen, aber auch in nicht verkauften Gütern (die mit Herstellungskosten bewertet werden) und schließlich aus selbst erstellten Anlagen, also Anlagen, die beispielsweise ein Maschinenbauer nicht verkauft, sondern in seinem eigenen Produktionsprozess einsetzt. Auch selbst erstellte Anlagen werden mit Herstellungskosten bewertet. Bildet man die Summe der rechten Seite des Produktionskontos (siehe Kasten 1), so erhält man den **Produktionswert**, also den Wert der gesamten Produktion des betreffenden Unternehmens. Dieser ist – bis auf die genannten Ausnahmen – mit Marktpreisen bewertet. Zieht man von dieser Summe den Wert der Vorleistungen ab, so verbleibt der Wert der Produktionsleistung, der tatsächlich auf die Tätigkeit des betrachteten Unternehmens zurückzuführen ist, denn die gekauften Vorleistungen sind der Produktionstätigkeit eines anderen Unternehmens zuzuschreiben. Die verbleibende Größe (siehe Kasten 2 auf der linken Seite des Produktionskontos) ist ein Maß für die wirtschaftliche Leistung des betrachteten Unternehmens bzw. für den Wert, der den bezogenen Vorleistungen durch die Produktionstätigkeit des Unternehmens hinzugefügt wurde. Sie wird daher als **Bruttowertschöpfung** bezeichnet (genauer: Bruttowertschöpfung zu Marktpreisen). In dieser Größe ist allerdings noch der Verschleiß der Produktionsanlagen enthalten. Will man ein Maß für die verbleibende Wertschöpfung des Unternehmens, die sich nach Berücksichtigung dieses Verschleißes ergibt, so muss man davon die Abschreibungen abziehen und erhält die **Nettowertschöpfung** (zu Marktpreisen). Sie steht im Wesentlichen für die Entlohnung aller am Produktionsprozess Beteiligten zur Verfügung. Wird sie noch um den verzerrenden Einfluss der Produktions- und Importabgaben an den Staat sowie der Subventionen bereinigt, so verbleibt die Nettowertschöpfung zu Faktorkosten (hier nicht berücksichtigt). Wir werden auf den letzt genannten Punkt gleich noch näher eingehen.

Ziel ist es, ein Maß für die gesamtwirtschaftliche Aktivität zu ermitteln, nicht nur für die Produktionsleistung eines einzelnen Unternehmens. Der nächste Schritt besteht deshalb darin, die Produktionskonten aller Unternehmen zu aggregieren und ein Konto für den Unternehmenssektor zu konstruieren. Dabei sind jeweils alle gleichartigen Posten auf der linken und der rechten Seite zu addieren. Bei der Aggregation zum Produktionskonto für den Unternehmenssektor fallen alle Vorleistungsströme zwischen inländischen Unternehmen heraus. Einzig Vorleistungskäufe aus dem Ausland (Importe) verbleiben, werden jedoch mit den Verkäufen an das Ausland auf der rechten Seite saldiert und dort als so genannter **Außenbeitrag** erfasst.

Des Weiteren ist die Produktionsleistung des Staates ebenfalls zu berücksichtigen (wobei staatliche Unternehmen allerdings bereits im Unternehmenssektor enthalten sind). Da staatliche Produktion weitgehend den Charakter von Dienstleistungen hat (man denke etwa an das Bildungs- oder das Gesundheitswesen sowie Infrastruktur) und nicht zu Marktpreisen an die Bürger verkauft wird, kann diese Produktion lediglich mit Herstellungskosten bewertet werden. Diese Herstellungskosten bestehen aus dem Geld, das der Staat für seine Leistungserstellung ausgibt und werden mit dem Begriff Staatsverbrauch belegt. Er geht auf der Outputseite des gesamtwirtschaftlichen Produktionskontos als Maß für die staatliche Produktionstätigkeit ein. Die Ausgaben des Staates für seine Bediensteten, für Zinszahlungen usw. hingegen werden auf der Inputseite mit den Daten für den Unternehmenssektor aggregiert. Somit bleibt nur noch zu klären, ob auch der Sektor Haushalte zur gesamtwirtschaftlichen Produktion beiträgt. Dies tut er ohne Zweifel, denn vieles was Haushalte in ihrem täglichen Leben tun, ist als Produktionsleistung zu werten (etwa die Produktion von Mahlzeiten, Hausarbeit, Kindererziehung). Allerdings geschieht dies weitestgehend unentgeltlich und ist deshalb im Produktionskonto nicht erfassbar. Bezahlte Hausarbeit hingegen wird erfasst, spielt jedoch im Gesamtergebnis nur eine marginale Rolle. Wir lassen den Sektor Haushalte daher unberücksichtigt. Das gesamtwirtschaftliche Produktionskonto hat folgende Gestalt:

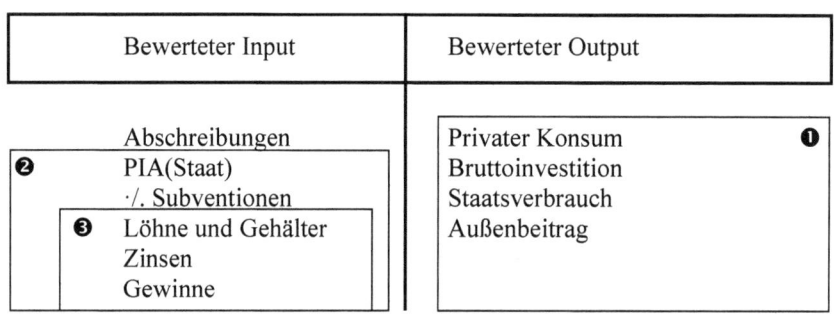

Abb. 2.5: Das gesamtwirtschaftliche Produktionskonto

Die Summe der rechten Seite des Produktionskontos (Kasten 1) ergibt das **Bruttoinlandsprodukt zu Marktpreisen**. Es stellt das umfassendste Maß für die wirtschaftliche Leistung des Inlandes dar. Das Bruttoinlandsprodukt zu Marktpreisen setzt sich aus den vier Komponenten Konsum, Investition, Staatsverbrauch und Außenbeitrag zusammen:

$$BIP = C + I^b + G + (Ex-Im)$$

Diese Komponenten entsprechen den grundsätzlichen Verwendungsmöglichkeiten: Die gesamtwirtschaftliche Produktionsleistung kann entweder konsumiert oder investiert werden, sie kann für Zwecke der staatlichen Dienstleistungserstellung genutzt oder dem Außenhandel zugeführt werden. Man bezeichnet obige Gleichung daher auch als **Verwendungsgleichung**.

Ein Teil dieser wirtschaftlichen Leistung muss jedoch verwendet werden, um den Verschleiß der Produktionsanlagen auszugleichen. Will man wissen, was nach der Bereinigung um diesen Verschleiß verbleibt, so zieht man die Abschreibungen ab und erhält das **Nettoinlandsprodukt zu Marktpreisen** (Kasten 2 auf der linken Seite des Produktionskontos). Dieses Maß enthält allerdings noch den preisverzerrenden Einfluss der staatlichen Tätigkeit. Produktions- und Importabgaben an den Staat, wie beispielsweise die indirekten Steuern (Mehrwertsteuer und spezielle Verbrauchsteuern), werden von den Unternehmen über den Preis an den Endverbraucher weitergegeben – man spricht hier von Überwälzung – und erhöhen somit die Marktpreise. Subventionen hingegen versetzen Unternehmen in die Lage, ihre Produkte am Markt billiger anzubieten als sie es sonst tun müssten und verzerren deshalb die Marktpreise nach unten. Dieser Einfluss ist störend für die Einschätzung der tatsächlich erbrachten wirtschaftlichen Leistung. Saldiert man die Produktions- und Importabgaben an den Staat und die Subventionen gegeneinander und zieht den resultierenden Posten vom Nettoinlandsprodukt zu Marktpreisen ab, erhält man schließlich das **Nettoinlandsprodukt zu Faktorkosten** (Kasten 3). Die Bezeichnung bringt zum Ausdruck, dass aus diesem Produkt die inländischen Produktionsfaktoren entlohnt werden. Das Nettoinlandsprodukt ist daher ein Maß für die im Inland erwirtschafteten Faktoreinkommen.

Damit wird ein weiterer Punkt deutlich: Produktion und Einkommensentstehung sind zwei Seiten einer Medaille. Für theoretische Zwecke – also Zwecke der modellgestützten Erklärung makroökonomischer Zusammenhänge – lässt es sich daher rechtfertigen, Produktion und Einkommen gleichzusetzen und zu schreiben:

$$Y = C + I + G + (Ex-Im)$$

Der Buchstabe Y bezeichnet deshalb zukünftig sowohl das gesamtwirtschaftliche Produktionsergebnis als auch das Volkseinkommen. Was gemeint ist, ergibt sich dabei aus dem jeweiligen Zusammenhang.

Wir verzichten auf den Zusatz „Brutto" bei den Investitionen, da in dieser Gleichung stets sämtliche Investitionen einbezogen sind, also auch die Ersatz- oder Reininvestitionen:

Bruttoinvestition	
Erweiterungsinvestition	Ersatzinvestition

Während **Ersatzinvestitionen** lediglich dem Erhalt des Produktionsapparates dienen und durch die Höhe der Abschreibungen erfasst werden, zielen **Erweiterungsinvestitionen** auf eine Ausweitung des Produktionsapparates und eine Erhöhung der Produktionskapazität. Durch sie erhöht sich der so genannte **Kapitalstock** einer Volkswirtschaft, also die Summe aller vorhandenen Kapitalgüter.

Die Summe der im Inland erwirtschafteten Faktoreinkommen, das Nettoinlandsprodukt zu Faktoreinkommen, ist nicht identisch mit der Summe der den Inländern im selben Zeitraum zufließenden Faktoreinkommen. Das liegt daran, dass es Inländer gibt, die einen Teil ihrer Faktoreinkommen aus dem Ausland beziehen und umgekehrt Ausländer, denen ein Teil der im Inland erwirtschafteten Faktoreinkommen zufließt. Dabei bezeichnet der Begriff „Inländer" bzw. „Ausländer" nur die Tatsache, wo eine Person ihren überwiegenden Aufenthalt (den Schwerpunkt der Lebensbeziehungen) hat. Der Begriff hat also in der Volkswirtschaftlichen Gesamtrechnung nichts mit der Staatsangehörigkeit eines Individuums zu tun. Differenzen zwischen Faktoreinkommen des Inlandes und Faktoreinkommen der Inländer entstehen zum Beispiel durch Grenzgänger (also etwa Menschen, die in Deutschland leben und in Österreich arbeiten und umgekehrt) sowie Vermögenseinkünfte aus im Ausland angelegtem Kapital. Um nun zu wissen, wie groß die Summe der den Inländern zufließenden Faktoreinkommen tatsächlich ist, muss man das jeweilige Nettoinlandsprodukt zu Faktorkosten korrigieren: Man zählt die Faktoreinkommen der Inländer aus dem Ausland dazu und zieht die Faktoreinkommen der Ausländer aus dem Inland davon ab. Das Resultat ist das **Nettonationaleinkommen zu Faktorkosten (Volkseinkommen)**. Da man diese Korrektur auch mit den anderen Inlandsprodukten durchführen kann, ergibt sich folgendes Schema:

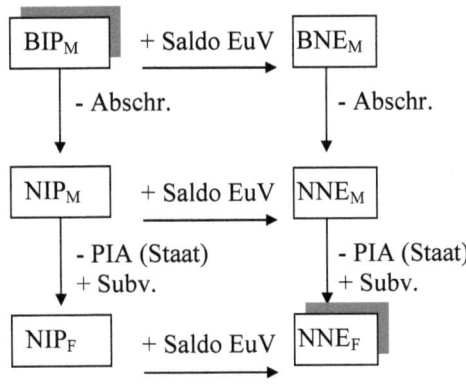

Abb. 2.6: Produkt- und Einkommensbegriffe

Bedeutungsmäßig hervorzuheben sind dabei insbesondere das Bruttoinlandsprodukt zu Marktpreisen als umfassendstes Maß für die wirtschaftliche Leistung eines Landes und das Nettonationaleinkommen zu Faktorkosten (Volkseinkommen) als Summe der den Inländern zugeflossenen Faktoreinkommen. Das Bruttonationaleinkommen zu Marktpreisen wurde früher als Bruttosozialprodukt bezeichnet und stellte das bekannteste und am häufigsten zitierte Maß dar. Dieser Rang wurde ihm mittlerweile vom Bruttoinlandsprodukt abgelaufen.

iii. Empirische Ermittlung und Interpretation

Für die empirische Ermittlung der besprochenen Maße stehen drei Wege offen: Die gesamtwirtschaftliche Produktion wird in den Bereichen der Volkswirtschaft erfasst, in denen sie entsteht (**Entstehungsrechnung**); das Volkseinkommen wird bei den Wirtschaftssubjekten erfasst, an die es verteilt wird (**Verteilungsrechnung**); oder es werden die vier Verwendungskomponenten erfasst und als deren Summe wiederum die gesamtwirtschaftliche Produktionsleistung ermittelt (**Verwendungsrechnung**):

Ermittlung der gesamtwirtschaftlichen Produktionsleistung		
über die Entstehung (Entstehungsrechnung)	über die Verteilung (Verteilungsrechnung)	über die Verwendung (Verwendungsrechnung)

Über die Verwendungsrechnung ist nicht viel zu sagen, denn hierbei werden lediglich, gemäß der Verwendungsgleichung des Bruttoinlandsproduktes, die vier Komponenten Konsum, Bruttoinvestition, Staatsverbrauch und Außenbeitrag ermittelt und als Summe eben das BIP zu Marktpreisen errechnet. Für jede der vier Komponenten stehen eigenständige statistische Quellen zur Verfügung, die ergänzt werden durch eine umfangreiche statistische Meldepflicht seitens der Unternehmen.

Bei der Verteilungsrechnung werden zunächst die den Produktionsfaktoren Arbeit und Kapital zufließenden Faktoreinkommen ermittelt:

Faktoreinkommen	
Bruttolöhne aus unselbständiger Arbeit (einschl. Sozialbeiträge der Arbeitgeber)	Einkommen aus Unternehmertätigkeit und Vermögen („Gewinneink.")

Zu den Einkommen aus Unternehmereinkommen und Vermögen (häufig auch als Gewinneinkommen bezeichnet) gehören außer den unternehmerischen Gewinnen auch Zinseinnahmen, Dividenden, Mieten und Pachten. Auch ein nennenswerter Teil der abhängig beschäftigten Bezieher von Lohneinkommen wird somit zumindest einige Einkünfte beziehen, die diesen Gewinneinkommen zugerechnet werden. Dies gilt es zu bedenken, wenn mittels der so genannten Lohnquote bzw. der Gewinnquote über Verteilungsfragen zwischen Arbeitnehmern und Unternehmern geurteilt wird:

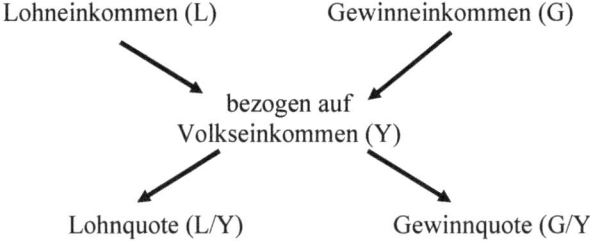

Häufig werden die jeweiligen Quoten als die Anteile der Faktoren Arbeit bzw. Kapital am gesamtwirtschaftlichen Ertrag gedeutet und ihre Bedeutung je nach politischer Position oder Interessenstandpunkt interpretiert. Wegen der angesprochenen Existenz einer Querverteilung sollte dies jedoch nur mit Umsicht geschehen. Auch ist zu berücksichtigen, dass es sich lediglich um Prozentanteile handelt. So können etwa die Lohneinkommen durchaus steigen, obwohl die Lohnquote zurückgeht, nämlich dann, wenn die Bezugsbasis (das Volkseinkommen) noch schneller zunimmt. Gleiches gilt natürlich auch für die Gewinnquote.

Der dritte Weg zur Ermittlung der gesamtwirtschaftlichen Produktionsleistung ist die Entstehungsrechnung. Dabei wird die Wirtschaft in fünf große Sektoren unterteilt und für jeden Sektor gemäß dem Schema des Produktionskontos die Bruttowertschöpfung erfasst. Aus der Summe der sektoralen Bruttowertschöpfungen lässt sich dann ebenfalls – nach Berücksichtigung einiger Korrekturen und Ergänzungen – das Bruttoinlandsprodukt ermitteln. Die Sektoren sind:

(1) Land- und Forstwirtschaft; Fischerei
(2) Verarbeitendes Gewerbe und Baugewerbe
(3) Dienstleistungsunternehmen
(4) Staat
(5) Private Haushalte und private Organisationen ohne Erwerbszweck

Den ersten Sektor nennt man häufig auch den primären Sektor, den zweiten Sektor den sekundären Sektor und die Sektoren (3), (4) und (5) werden als tertiärer Sektor bezeichnet. Im Verlauf der wirtschaftlichen Entwicklung hat sich immer wieder gezeigt, dass Volkswirtschaften dazu tendieren, ein bestimmtes Entwicklungsmuster hinsichtlich des Gewichts der einzelnen Sektoren an der gesamtwirtschaftlichen Produktionsleistung zu durchlaufen. Nach anfänglich hohem Gewicht des primären, später des sekundären Sektors, gelangt schließlich der tertiäre Sektor zu einem immer höheren Gewicht. Der primäre Sektor behält nur einen sehr geringen Anteil, und der sekundäre Sektor verliert gegenüber dem tertiären ebenfalls an Gewicht. Dieses Muster, das sich in vielen empirischen Untersuchungen immer wieder bestätigte, wird als **Drei-Sektoren-Hypothese** bezeichnet. Als Gründe werden häufig technologische Innovationen genannt sowie Verschiebungen der Nachfrage hin zu höheren Bedürfnissen, die eher durch Dienstleistungen als durch materielle Güter befriedigt werden (Tertiarisierung der Wirtschaft).

Abschließend soll darauf hingewiesen werden, dass bei der Interpretation der genannten Produkt- und Einkommensgrößen als Wohlstandsindikatoren Vorsicht geboten ist. Zwar ist die materielle Güterversorgung sicher ein nicht zu unterschätzender Teilaspekt des allgemeinen Wohlstandes einer Gesellschaft, aber eben nur ein Teilaspekt. Andere Aspekte müssen ebenfalls Berücksichtigung finden, will man Aussagen über Wohlstand im Sinne von Wohlbefinden, Lebensqualität und Zufriedenheit machen. Exemplarisch seien genannt: Umweltqualität, Arbeitsbedingungen und Arbeitszufriedenheit, Gesundheitszustand, Lärmbelästigung, Stress und Leistungsdruck, Verteilungsgerechtigkeit bzw. -ungerechtigkeit u.v.m. Ein umfassender Wohlstandsindikator muss versuchen, auch über derartige „weiche" Faktoren Informationen zu liefern. Auf die entsprechenden Bemühungen der amtlichen Statistik (z.B. Umweltökonomische Gesamtrechnung) und der ökonomischen Theorie (Glücksforschung) kann an dieser Stelle jedoch nicht näher eingegangen werden.

b. Geldmarkt und Inflation: Kaufkraft und Wertverlust des Geldes

Bei der Besprechung des gesamtwirtschaftlichen Produktionskontos wurde darauf hingewiesen, dass die meisten der erfassten Größen in Marktpreisen, d.h. in aktuellen (laufenden) Preisen ermittelt werden. Preise ändern sich jedoch, in jüngster Vergangenheit vor allem nach oben. Wenn sich viele Güterpreise (also nicht nur einzelne) erhöhen, so bezeichnet man dies als Preissteigerung oder **Inflation**. Inflation ist gleichbedeutend mit einem Verlust an Kaufkraft (siehe Abschnitt 1.d).

i. Negative Folgen der Inflation

Die Verpflichtung zur Bekämpfung der Inflation ergibt sich für die Europäische Zentralbank aus ihrem gesetzlichen Auftrag, der sie zur Sicherung der Währung verpflichtet. Ein nachhaltiger Verlust an Kaufkraft wäre kaum mit diesem Auftrag zu verbinden. Allerdings gibt es noch weitere Gründe, die für eine Begrenzung der Inflation auf ein erträgliches Maß sprechen. Immer wieder werden – nicht zuletzt von der EZB selbst – folgende Argumente angeführt:

- Inflation trifft die sozial schwächsten Bevölkerungsgruppen am stärksten. Sie können sich am wenigsten gegen die Folgen der Inflation absichern, etwa durch die „Flucht" in Sachwerte.

- Inflation verzerrt die Signalfunktion der relativen Preise. In einer makroökonomischen Umgebung, die durch kräftige und andauernde Preissteigerungen charakterisiert ist, können die Preissteigerungen auf einzelnen Märkten nicht mehr als Signale steigender Knappheiten interpretiert werden. Somit wird die für das Funktionieren der Marktwirtschaft überaus wichtige Allokationsfunktion der Preise nachhaltig beschädigt.

- Hohe inländische Inflationsraten können die internationale Wettbewerbsfähigkeit der heimischen Industrie spürbar beeinträchtigen und somit zu verschlechterten Exportchancen auf den Weltmärkten führen.

ii. Der Preisindex der Lebenshaltung

Die empirische Messung der Inflation erfolgt mit dem Preisindex der Lebenshaltung. Das Grundprinzip eines Preisindex besteht darin, die preisliche Veränderung einer großen Zahl von Gütern über längere Zeiträume hinweg zu erfassen und sie in einer einzigen Maßzahl zu verdichten. Dabei werden die einzelnen Preise mit Mengen gewichtet (weil nicht jeder Preis für den durchschnittlichen Konsumenten dieselbe Bedeutung hat – etwa der Preis für Ferraris verglichen mit dem Brotpreis). Die Gewichtungsmengen werden bei einem Index nach der Laspeyres-Methode für mehrere Jahre konstant gehalten, um die reine Preisentwicklung zu erfassen und diese nicht mit den Auswirkungen veränderter Konsumgewohnheiten zu vermischen. Allerdings muss bei dieser Methode, die dem Index der Verbraucherpreise als geläufigstem Inflationsindikator zugrunde liegt, das Mengengerüst (die Gewichtungsmengen) von Zeit zu Zeit neu definiert werden, weil neue Güter hinzugekommen sind oder bisher erfasste nicht mehr dieselbe Bedeutung wie in früheren Jahren haben.

Die Formel für einen Laspeyres-Index lautet:

$$I_L = \frac{\sum_1 p_{i1} q_{i0}}{\sum_1 p_{i0} q_{i0}} \cdot 100 \quad \text{(für i = 1 bis n)}$$

Hierbei steht p_i für den Preis des jeweiligen Gutes i und q_i für das Mengengewicht, mit dem es in den Index eingeht. Die aktuelle Zeitperiode wird mit 1 bezeichnet, die so genannte Basisperiode (also der Startzeitpunkt der Indexberechnung) hingegen mit 0. Der Index hat somit für die Basisperiode (aktuell das Jahr 2005) den Wert 100 und steigt danach, bedingt durch die Preissteigerung, immer weiter. Den jährlichen prozentualen Anstieg dieses Index bezeichnet man als **Inflationsrate**. Die Gesamtheit aller Mengengewichtungen wird häufig als Warenkorb bezeichnet und stellt sich aktuell wie folgt dar (siehe Abbildung unten). Das größte Gewicht kommt den Bereichen Wohnen und Energieversorgung zu, gefolgt von den Bereichen Verkehr sowie Freizeit, Unterhaltung und Kultur.

Wie bereits erwähnt, muss das Mengengerüst des Preisindex von Zeit zu Zeit aktualisiert und an neue Verbrauchsgewohnheiten angepasst werden. Dies hat zur Folge, dass mit jedem neuen Basisjahr eigentlich eine neue Messreihe beginnt und längerfristige Vergleiche über Zeiträume mit mehreren Basisjahren hinweg nicht unproblematisch sind. Statistische Hilfsmaßnahmen wie Verkettungen von Indexzeitreihen und Umbasierungen helfen zwar weiter, müssen jedoch bei der Interpretation von so genannten langen Reihen beachtet werden.

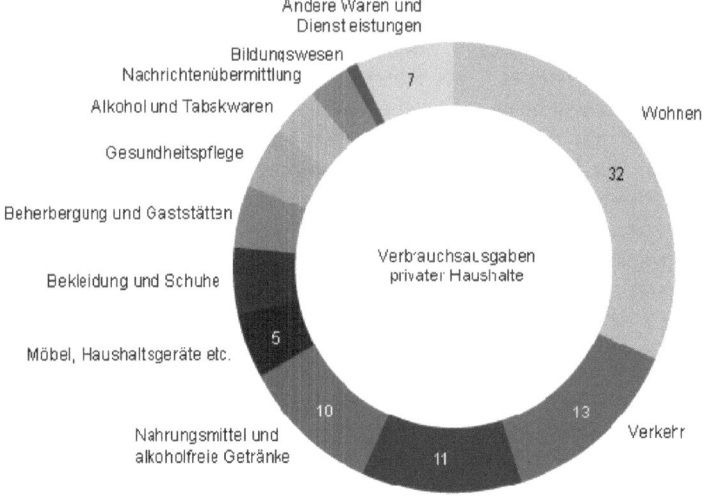

Abb. 2.7: Der Warenkorb des Preisindex der Lebenshaltung
(Quelle: Statistisches Bundesamt)

Die Entwicklung des Verbraucherpreisindex in der jüngeren Vergangenheit zeigt die folgende Abbildung. Erkennbar ist das Schwanken der Inflationsrate um die 2-Prozent-Linie des tolerierten Preisanstiegs. Für 2007/2008 ist der Preisanstieg deutlich höher als in den Jahren davor; hier haben die starken Preissteigerungen bei Energie und Nahrungsmitten deutliche Spuren hinterlassen. Ab Ende 2008 und 2009 machen sich die Auswirkungen der Finanz- und Wirtschaftskrise in Gestalt stark sinkender Inflationsraten mit teils sogar deflationären Tendenzen bemerkbar. Danach sehen wir wieder ein typisches zyklisches Muster der Preissteigerungsrate.

Die aktuellste Entwicklung des Verbraucherpreisindex (bzw. dessen prozentuale Steigerungsrate) zeigt die Abbildung 2.9.

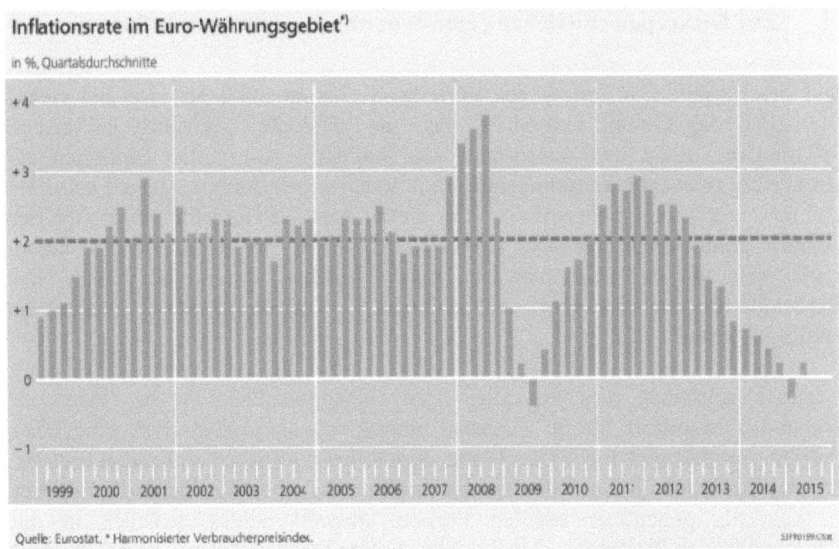

Abb. 2.8: Anstieg des Verbraucherpreisindex (Quelle: Statistisches Bundesamt)

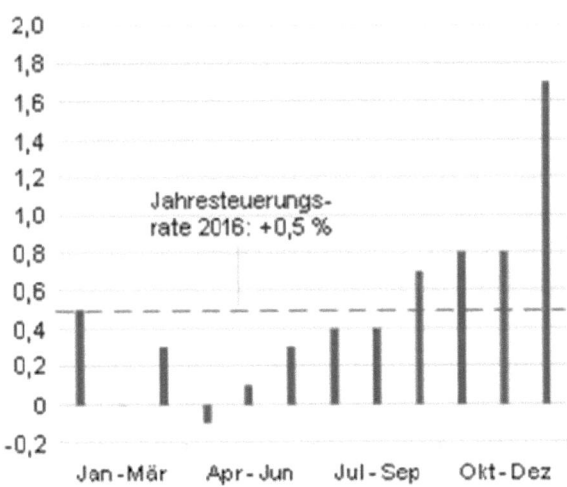

Abb. 2.9: Aktuelle Entwicklung des Verbraucherpreisindex
(Quelle: Statistisches Bundesamt)

iii. Zur Diskrepanz zwischen gemessener und „gefühlter" Inflation

Seit der Bargeld-Einführung des Euro am 1. Januar 2002 hat sich bei vielen Menschen das Gefühl eingestellt, dass die offizielle, statistisch gemessene Inflationsrate nicht dem entspricht, was subjektiv von vielen Befragten als tatsächlich relevante Teuerungsrate empfunden wird. Anders ausgedrückt: Es kommt – zumindest phasenweise – zu einem Auseinanderdriften zwischen der objektiv gemessenen und einer subjektiv „gefühlten" Inflationsrate. Besonders stark war dieses Phänomen in den Monaten unmittelbar nach der Bargeldeinführung des Euro zu beobachten. Worauf ist diese Diskrepanz zurückzuführen?

Experten schreiben dies vor allem den folgenden Faktoren zu (vgl. zum Folgenden Mehrhoff 2015): Zunächst einmal schenken Menschen steigenden Preisen grundsätzlich mehr Beachtung als stabilen oder sogar sinkenden Preisen. Die Aufmerksamkeit gegenüber steigenden Preisen scheint grundsätzlich stärker zu sein als gegenüber stabilen Preisen, obwohl beides natürlich in die Berechnung des Preisindex eingeht. Ein zweiter Faktor ist darin zu sehen, dass häufig getätigte Käufe und Anschaffungen stärker wahrgenommen werden. Preissteigerungen bei Benzin, Grundnahrungsmitteln oder beim öffentlichen Nahverkehr prägen unsere Wahrnehmung der Inflation daher stärker als andere Preise, die stabil geblieben sind oder eventuell sogar rückläufig waren. Dieses Argument trifft sinngemäß auch auf Ausgaben zu, die eher selten getätigt werden oder die mittels automatischen Bankeinzugs beglichen werden. Denken wir etwa an die monatliche Miete, die automatisch per Lastschrift beglichen wird. Selbst wenn diese Miete über viele Monate oder sogar mehrere Jahre konstant bleibt, wird sich dies nur wenig oder gar nicht auf die subjektive Einschätzung der Inflationsrate auswirken, obwohl den Mietausgaben in den Budgets sehr vieler Haushalte ein außerordentlich hohes Gewicht zukommt. Zahlungen hingegen, die jedes Mal „an der Ladenkasse" getätigt werden, dringen unmittelbar in das Bewusstsein ein – vor allem wenn es hier zu Preissteigerungen kommt. Dies kann natürlich zu einer verzerrten Wahrnehmung der Inflation führen.

Daneben gibt es jedoch noch einen weiteren Faktor, den man als „persönliche Inflation" bezeichnen kann: „Der Harmonisierte Verbraucherpreisindex (HVPI) basiert auf einem aus bestimmten Waren und Dienstleistungen bestehenden Warenkorb. Dieser ist repräsentativ für alle privaten Haushalte. Diejenigen Haushalte, die eine überdurchschnittliche Inflation erleben, sind sich dieser Tatsache unter Umständen stärker bewusst als jene, die von einer unterdurchschnittlichen Teuerungsrate profitieren" (Mehrhoff 2015; Hervorhebungen im Original). Dies kann beispielsweise Autofahrer betreffen: Steigen die Benzinpreise stärker an als es der durchschnittlichen Preissteigerungsrate entspricht, so werden Menschen, die häufiger mit dem Auto unterwegs sind, von diesen Preissteigerungen natürlich deutlich stärker betroffen als andere, die weniger oder gar nicht mit dem Auto unterwegs sind. Autofahrer haben daher mitunter durchaus eine höhere persönliche Inflationsrate, die das Gefühl für die allgemeine, statistisch gemessene Inflation verzerrt. Die offiziell gemessene Inflationsrate ist deshalb zwar immer noch zutreffend, sie gibt die allgemeine Preisentwicklung auf einer durchschnittlichen Ebene korrekt wieder. Die individuelle Ebene der Betroffenheit durch steigende Preise weicht in einem derartigen Fall aber nach oben ab und beeinflusst unter Umständen die Wahrnehmung der allgemeinen Preissteigerung.

Auch die langfristigen Wahrnehmungen von Preissteigerungen spielen eine Rolle: „In die Inflationswahrnehmung der Menschen fließen jedoch manchmal auch Preise aus Jahren mit ein, die bereits länger zurückliegen. Über einen langen Zeitraum hinweg steigen Preise in der Regel deutlich an, selbst bei niedrigen jährlichen Inflationsraten. Liegt die Jahresänderungsrate des HVPI zum Beispiel bei 2 %, so wird sich nach zehn Jahren das allgemeine Preisniveau um fast 22 % erhöht haben. (,Früher war alles viel billiger.')" (Mehrhoff 2015, Hervorhebungen im Original).

Hier gilt es jedoch meines Erachtens eine weiteren Punkt zu berücksichtigen. Preissteigerungen wirken sich u.U. nur einmalig in der gemessenen Inflationsrate aus, haben jedoch einen dauerhaft spürbaren Einfluss auf die Höhe der getätigten Ausgaben. Ein Beispiel: Steigt der Preis eines Konsumgutes, das von den Haushalten monatlich einmal gekauft wird, um sagen wir 5 % an, so wirkt sich diese Preissteigerung natürlich in der statistisch gemessenen Inflationsrate des betreffenden Monats entsprechend aus. Die Inflationsrate steigt also, je nachdem welches Gewicht dem betreffenden Gut im Warenkorb zukommt. Bleibt in den Folgemonaten der Preis dieses Gutes konstant, so zeigt die Inflationsrate natürlich keinen weiteren Anstieg mehr an. Die Haushalte sind aber nach wie vor – Monat für Monat – von dem um 5 % gestiegenen Preis betroffen (vorausgesetzt, es gibt keine Substitutionsmöglichkeit auf günstigere Güter) und nehmen dies deshalb auch weiterhin als Inflation wahr. Sie sind sozusagen statistisch nur einmal von der Preissteigerung betroffen worden, monetär hingegen wiederholt sich die Betroffenheit mit jedem Güterkauf aufs Neue. Man könnte dies als das kontinuierliche monetäre Echo einer singulären statistischen Inflation bezeichnen. Dieser Faktor ist m.E. von einer bloßen Erinnerung an früher gestiegene Preise zu unterscheiden.

Schließlich ist auch die Wirkung von Qualitätssteigerungen zu erwähnen. Steigende Güterpreise sind nicht nur auf Inflation, sondern auch auf verbesserte Güterqualitäten zurückzuführen (Beispiel: Navigationsgerät und Klimaanlage als Teil der Serienausstattung eines Fahrzeugs, während dies früher nur gegen Aufpreis als Sonderausstattung zu haben war). Solche Qualitätsverbesserungen müssen aus der Inflationsrate herausgerechnet werden, was die reine Preissteigerung niedriger macht als den von den Konsumenten wahrgenommenen Preisanstieg.

Einen Eindruck vom Ausmaß der Diskrepanz zwischen gemessener und „gefühlter Inflation vermittelt die folgende Abbildung 2.10. Die Daten basieren auf den monatlichen Verbraucherumfragen der EU-Kommission und zeigen die Einschätzung der Inflation (dicke Linie: Salden der Verbraucherumfrage) im Vergleich zur statistisch gemessenen Inflation (senkrechte schmale Säulen; für weitere Einzelheiten, insbesondere zur Berechnung der Salden siehe Mehrhoff 2015). Danach zeigt sich, dass insbesondere in den ersten beiden Jahren unmittelbar nach der Bargeldeinführung des Euro die „gefühlte Inflation deutlich über der statistisch gemessenen Preissteigerungsrate lag. Danach stellte sich ab 2004 eine gewisse Normalisierung ein. Es fällt allerdings auch auf, dass es immer wieder einzelne Phasen gibt, in denen die „gefühlte" Inflation etwas über der gemessenen liegt – so etwa im ersten Halbjahr 2014. Betrachtet man den gesamten Zyklus von Ende 2009/Anfang 2010 bis etwa Anfang 2015, dann drängt sich ein weiterer Eindruck auf: Offenbar reagieren die Verbraucher mit ihrer „gefühlten" Inflation mit einer gewissen zeitlichen Verzögerung auf die offizielle Inflationsrate. Hier scheint offenbar ein gewisser Wahrnehmungs-Lag zu existieren.

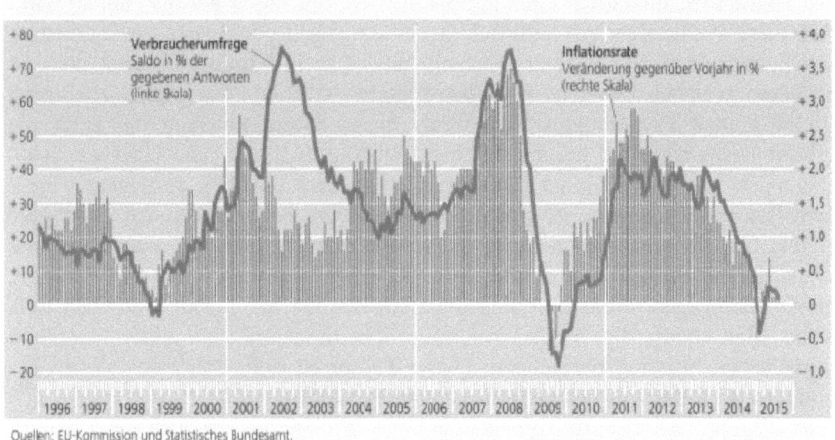

Abb. 2.10: Gemessene und „gefühlte" Inflation
(Quelle: Sachverständigenrat zur Begutachtung der gesamtwirtschaftlichen Entwicklung, Jahresgutachten 2005/2006)

Weiterhin ist es interessant, die Rolle der Berufstätigkeit zu betrachten (siehe die folgende Abbildung 2.11). Hier zeigt sich, dass Arbeitslose die höchste Inflationswahrnehmung haben, gefolgt von Teilzeitbeschäftigten. Vollzeitbeschäftigte haben die niedrigste Inflationswahrnehmung.

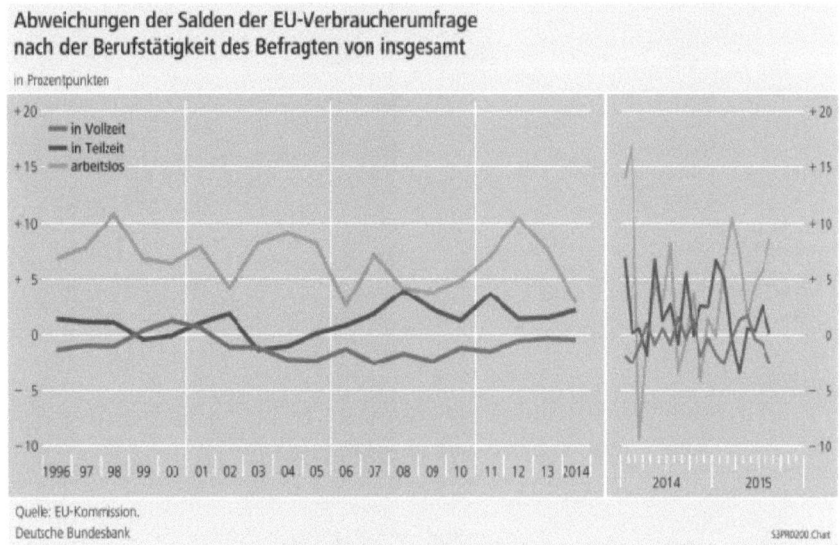

Abb. 2.11: Inflationswahrnehmung und Berufstätigkeit

Abschließend sei noch auf die Rolle hingewiesen, die das Alter der Befragten bei der Wahrnehmung der Inflation spielt (siehe Abbildung 2.12): Generell gilt, dass mit zunehmendem Alter der Befragten auch die Inflationswahrnehmung steigt. Allerdings ergab sich hier interessanterweise etwa zur Jahresmitte 2010 eine kurzzeitige Angleichung über alle Altersgruppen hinweg (um danach allerdings wieder auseinanderzudriften).

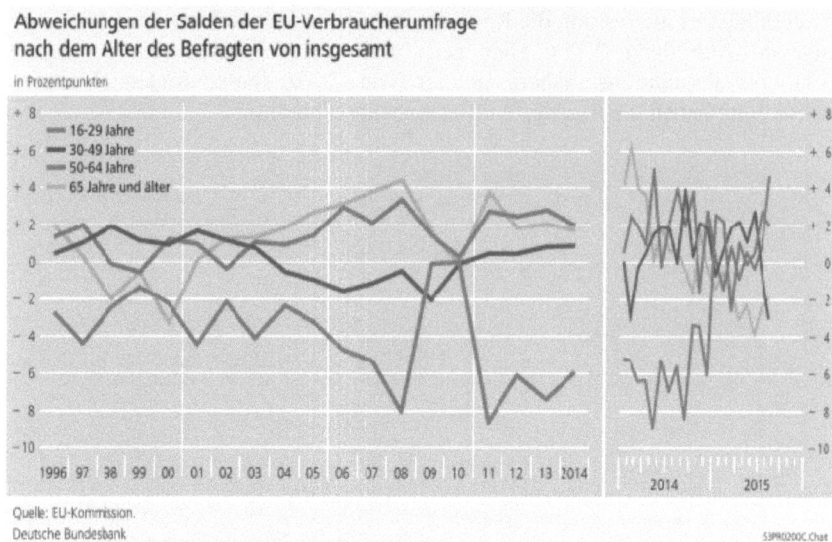

Abb. 2.12: Inflationswahrnehmung und Alter

c. Arbeitsmarkt und Arbeitslosigkeit: Das Beschäftigungsniveau einer Volkswirtschaft

Das Interesse der Makroökonomik am Arbeitsmarkt hat eine lange Tradition. Das Auf und Ab der Beschäftigungslage hat nicht nur ökonomische Konsequenzen, wie sie beispielsweise in den Ausgaben für die Unterstützung Arbeitsloser oder bei den Steuereinnahmen direkt messbar werden. Auch schwerer zu beziffernde soziale Folgewirkungen bis hin zur Frage der Akzeptanz eines ganzen Wirtschaftssystems können sich hier auftun. Es ist also verständlich, dass das Arbeitsmarktgeschehen eines der makroökonomischen Kernthemen darstellt.

i. Die Entwicklung des Arbeitsmarktes

Die folgende Abbildung vermittelt einen empirischen Eindruck von der jüngsten Entwicklung der Arbeitslosigkeit in Deutschland. Der kräftige Rückgang der Arbeitslosenquote seit 2009 darf freilich nicht darüber hinweg täuschen, dass die Arbeitslosigkeit immer noch spürbar ist und bei einer sich abzeichnenden konjunkturellen Abkühlung über kurz oder lang auch wieder steigen dürfte.

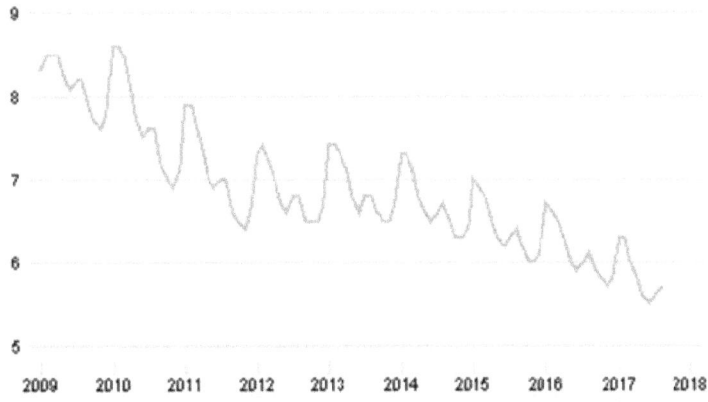

Abb. 2.13: Entwicklung der Arbeitslosigkeit
(Quelle: Statistisches Bundesamt)

Ein besonderes Charakteristikum in der Entwicklung der Arbeitslosigkeit in Deutschland verdeutlicht die folgende Abbildung. Deutlich wird vor allem die wellenartige Entwicklung, die eng mit den konjunkturellen Bewegungen der deutschen und der Weltwirtschaft verknüpft ist, sowie der langfristige Aufwärtstrend: Konjunkturelle Einbrüche habe die Arbeitslosigkeit stets kräftig ansteigen lassen, so z.B. Anfang der achtziger Jahre, Anfang der neunziger Jahre und ab 2001. Im jeweils folgenden Aufschwung ist es allerdings nicht mehr gelungen, das Niveau der Arbeitslosigkeit wieder auf den Stand vor der Rezession zu reduzieren. Im Ergebnis hat sich über die Jahrzehnte ein immer höherer „Sockel" an Arbeitslosigkeit aufgebaut, der von der Theorie häufig auf vielfältige strukturelle Faktoren zurückgeführt wird.

48   MAKROÖKONOMISCHE SCHLÜSSELPHÄNOMENE

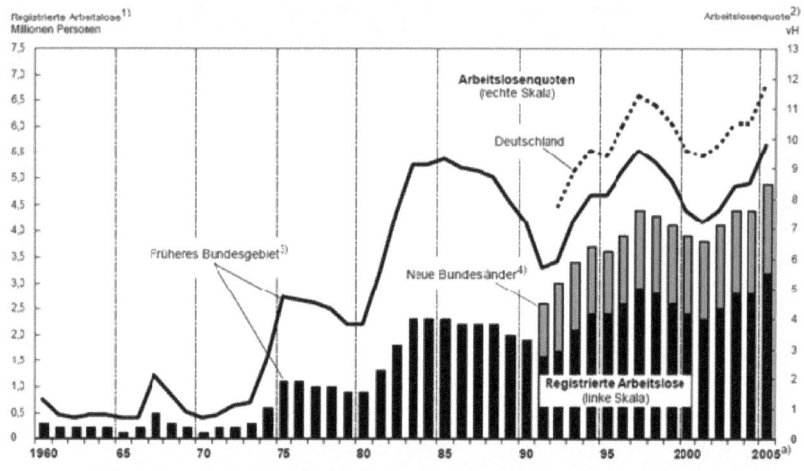

Abb. 2.14: Langfristige Entwicklung der Arbeitslosigkeit
(Quelle: Sachverständigenrat zur Begutachtung der gesamtwirtschaftlichen Entwicklung, Jahresgutachten 2005/2006)

ii. Kenngrößen der Beschäftigungslage

Die wichtigste und bekannteste Kennziffer zur Beschreibung der Lage auf dem Arbeitsmarkt ist die Arbeitslosenquote. Sie wird als einfacher Quotient errechnet:

$$ALQ = \frac{AL}{E + AL}$$

Dabei bezeichnet AL die Zahl der bei der Bundesagentur für Arbeit gemeldeten Arbeitslosen, E ist die Zahl der (zivilen) Erwerbstätigen. Die Summe aus der Zahl der Erwerbstätigen (abhängig Beschäftigte und Selbständige einschließlich mithelfender Familienangehöriger) und der registrierten Arbeitslosen ergibt die Zahl der Erwerbspersonen:

$$EP = E + AL$$

Würde man im Nenner der Arbeitslosenquote nur die Zahl der abhängig Beschäftigten einbeziehen, die Selbständigen also außen vor lassen, ergäbe sich rechnerisch eine höhere Arbeitslosenquote. Weiter gibt es einen Unterschied in der Definition der Arbeitslosen nach der Bundesanstalt der Arbeit und der Zahl der so genannten Erwerbslosen nach der International Labour Organisation ILO. Die Bundesagentur erfasst als arbeitslos, wer sich bei ihr als arbeitssuchend meldet, in keinem Beschäftigungsverhältnis von mehr als 14 Wochenstunden steht, eine sozialversicherungspflichtige Beschäftigung von mindestens 15 Wochenstunden sucht und für eine Vermittlung zeitnah zur Verfügung steht. Erwerbslos nach der ILO-Definition ist hingegen, wer keine Beschäftigung von mehr als einer Stunde wöchentlich ausübt, eine Beschäftigung von mindestens einer Wochenstunde sucht und sich in den letzten vier Wochen aktiv um Arbeit bemüht hat und innerhalb von zwei Wochen dem Arbeitsmarkt zur Verfügung stehen würde.

Die ILO-Definition ist also in gewissem Sinne strenger: Personen, die mehr als eine, aber nicht mehr als 14 Wochenstunden beschäftigt sind, gelten – bei sonst gleichen Voraussetzungen – nach der ILO-Definition nicht als erwerbslos. Nach der Definition der Bundesagentur sind sie jedoch arbeitslos, wenn die sonstigen Bedingungen erfüllt sind. Daher fällt die Zahl der Arbeitslosen in Deutschland regelmäßig höher aus als die Zahl der Erwerbslosen bzw. die entsprechenden Quoten. Dies muss bei internationalen Vergleichen berücksichtigt werden. Da in anderen Ländern oft eher das Erwerbslosigkeitskonzept der ILO zugrunde gelegt wird, sollten auch nur diese Zahlen direkt miteinander verglichen werden.

Freilich ist aber auch die Definition der Bundesagentur für sich betrachtet nicht ganz problemlos. So ist damit zu rechnen, dass es neben der offiziell erfassten Arbeitslosigkeit auch noch einen gewissen Teil an nicht erfasster Arbeitslosigkeit gibt, die so genannte stille Reserve. Hierzu zählen etwa Personen in Arbeitsmarktmaßnahmen, die dem Arbeitsmarkt nur vorübergehend entzogen sind, nicht gemeldete Arbeitslose, die etwa wegen eines fehlenden Anspruchs auf Arbeitslosengeld oder Resignation auf eine Meldung bei der Bundesagentur verzichten oder Bezieher von Altersrenten wegen Arbeitslosigkeit. Der Umfang dieser stillen Reserve wird regelmäßig auf etwa ein bis zwei Millionen geschätzt.

Weitere Kenngrößen zur Beschreibung der Lage auf dem Arbeitsmarkt sind etwa die Zahl der Erwerbstätigen, der Kurzarbeiter, die Zahl der offenen Stellen, sowie die Summe der Zugänge in und der Abgänge aus der Arbeitslosigkeit (zur Beurteilung der Fluktuation des Arbeitsgeschehens).

Teil II: Das angebotsorientierte Klassisch-Neoklassische Modell der Makroökonomik

3. Klassisch-Neoklassische Analyse des Gütermarktes

Die so genannte **Klassisch-Neoklassische Analyse** der Makroökonomik hat eine langfristig ausgerichtete Perspektive im Blick. Damit soll zum Ausdruck kommen, dass die Antworten, die die Klassisch-Neoklassische Analyse auf die wesentlichen Fragen der Makroökonomik bereithält, am ehesten in langfristiger Sichtweise Gültigkeit beanspruchen können. Was aber kennzeichnet diese lange Sicht der Makroökonomik?

Es ist vor allem eine **zentrale Annahme**, die hier von Bedeutung ist: Die Preise des Wirtschaftssystems sind frei beweglich (nach oben und nach unten) und sie streben ihren Gleichgewichtswerten entgegen. Diese Annahme spiegelt ein hohes Zutrauen in die Funktionsfähigkeit marktwirtschaftlich organisierter Systeme wider und setzt voraus, dass die elementaren Mechanismen der marktwirtschaftlichen Selbststeuerung, die wir im Rahmen der ökonomischen Strukturanalyse kennen gelernt haben, auch in makroökonomischer Betrachtung ihre Gültigkeit behalten.

a. Die Höhe der gesamtwirtschaftlichen Produktion

Für die klassische Volkswirtschaftslehre seit Adam Smith stand immer die Angebotsseite der Wirtschaft im Vordergrund. Schließlich wird hier, auf Seiten der Unternehmen, über den Einsatz der knappen Ressourcen entschieden: Hier wird festgelegt, wie viel Arbeitseinsatz zum Zwecke der Erstellung der gesamtwirtschaftlichen Produktionsleistung nachgefragt wird und welcher Auslastungsgrad des Produktionsfaktors Arbeit sich somit ergibt. Hier wird über den Aufbau des Produktionsapparates der Volkswirtschaft durch Investitionen entschieden und somit das Wachstumstempo der Wirtschaft diktiert. Hier werden technische und organisatorische Innovationen in die Produktion eingeführt und damit die Produktivität der Gesamtwirtschaft erhöht. Deshalb gilt der Untersuchung der Angebotsseite unser erstes Interesse. Das geeignete Instrument hierfür ist die makroökonomische Produktionsfunktion.

i. **Produktionsfunktion und gesamtwirtschaftliches Angebot**

Im Zentrum der Klassisch-Neoklassischen Analyse des Gütermarktes steht die **makroökonomische Produktionsfunktion**

$$Y = Y(A, K)$$

Sie wird durch zwei Eigenschaften gekennzeichnet, die man auch als „klassische Eigenschaften" bezeichnet. Sie hat für beide Produktionsfaktoren positive, aber abnehmende Grenzerträge bzw. Grenzproduktivitäten (der Boden wird als gegeben und unveränderlich betrachtet):

$$\frac{dY}{dA} > 0; \quad \frac{d^2Y}{dA^2} < 0$$

$$\frac{dY}{dK} > 0; \quad \frac{d^2Y}{dK^2} < 0$$

Ein zunehmender Einsatz der beiden Produktionsfaktoren führt also zu einem Anstieg des volkswirtschaftlichen Produktionsergebnisses, jedoch werden diese Zuwächse immer kleiner je mehr von einem Produktionsfaktor bereits eingesetzt wird. Erklären lässt sich diese Eigenschaft aus der Überlegung, dass ein Faktor, von dem immer mehr eingesetzt wird (bei Konstanz des anderen Faktors) zunehmend zum Überschussfaktor wird, der nur in Kombination mit dem immer knapper werdenden Engpassfaktor zu einem Produktionsergebnis führt. Der Engpassfaktor wird somit zum bestimmenden Element, der immer reichlicher vorhandene Faktor hingegen kann vergleichsweise weniger zum Gesamtergebnis beitragen.

Die zweite charakteristische Eigenschaft der makroökonomischen Produktionsfunktion ist die begrenzte Substituierbarkeit der Faktoren Arbeit und Kapital. Sie besagt, dass auf keinen der beiden Faktoren gänzlich verzichtet werden kann. Wird der Einsatz eines Faktors auf Null reduziert, ist auch das Produktionsergebnis Null.

Für makroökonomische Modellzwecke wird häufig auf partielle Faktorvariation zurückgegriffen und lediglich der Faktoreinsatz an Arbeit als veränderliche Größe betrachtet, der Einsatz des Faktors Kapital als fixiert angesehen. Änderungen des Kapitalstocks erfordern Investitionen und damit längere Zeiträume. Die Klassisch-Neoklassische Makroökonomik ist zwar, wie wir betonten, langfristig ausgerichtet, doch eine Erklärung der Höhe des gesamtwirtschaftlichen Produktionsvolumen muss stets auf den gegenwärtigen Zeitpunkt ausgerichtet sein; langfristige Ansätze, bei denen der kapazitätserweiternde Aspekt der Investition Berücksichtigung findet, sind Themen der Wachstumstheorie und werden noch angesprochen. Die unseren Betrachtungen zugrunde liegende Produktionsfunktion hat somit folgende Gestalt:

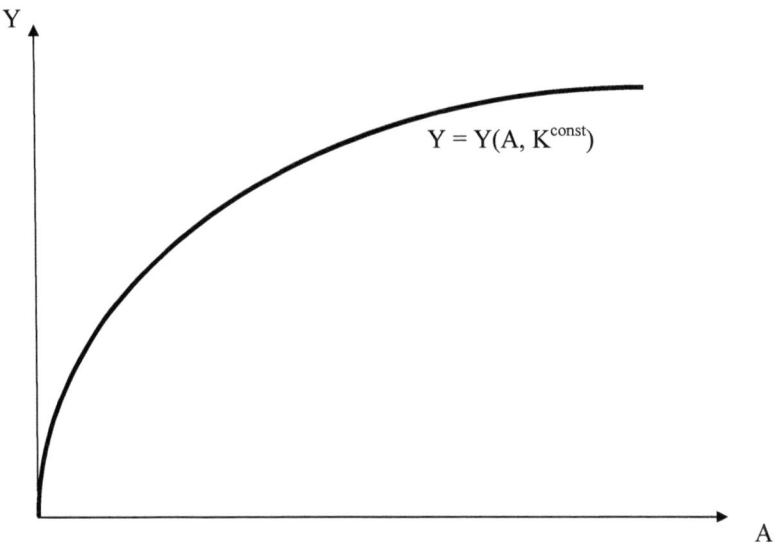

Abb. 3.1: Die makroökonomische Produktionsfunktion

Prägnante Kennziffern einer solchen Produktionsfunktion – neben den oben angeführten Grenzproduktivitäten der Faktoren – sind insbesondere:

$$Pr^A = \frac{Y}{A} \quad \text{(Arbeitsproduktivität)}$$

$$Pr^K = \frac{Y}{K} \quad \text{(Kapitalproduktivität)}$$

An diesen Kennziffern wird das Wirken des **technischen Fortschritts** erkennbar. Der technische Fortschritt macht sich ökonomisch stets in der Weise bemerkbar, dass mit demselben Faktoreinsatz wie bisher ein größerer Output hergestellt werden kann oder (alternativ) dasselbe Produktionsergebnis wie bisher mit geringerem Faktoreinsatz erstellt werden kann. Graphisch entspricht dies einer Verschiebung der Produktionsfunktion nach oben:

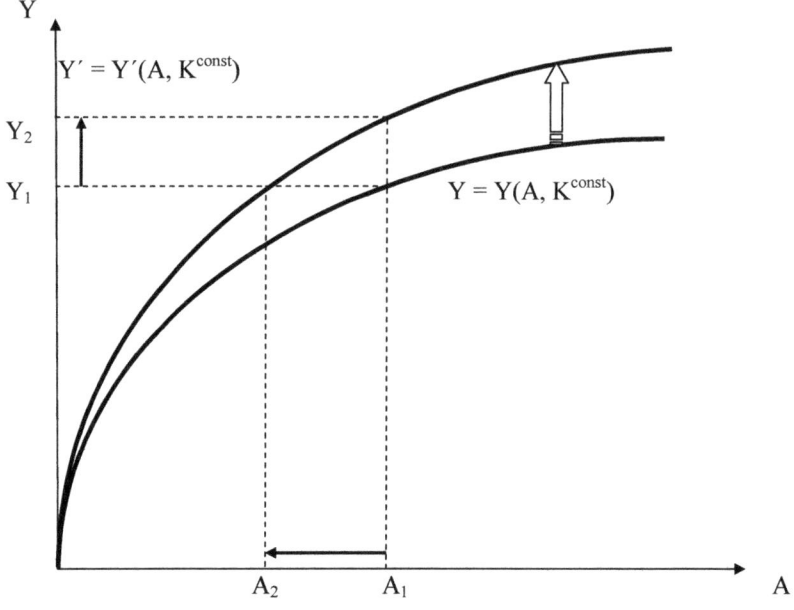

Abb. 3.2: Die Wirkung des technischen Fortschritts

Nach der Verschiebung der Produktionsfunktion ist die Produktivität des Faktors Arbeit höher als zuvor, denn es gilt:

$$\frac{Y_2}{A_1} > \frac{Y_1}{A_1}$$

Dasselbe gilt allerdings auch für den Faktor Kapital, denn bei gleich bleibendem Kapitaleinsatz ergibt sich

$$\frac{Y_2}{K^{const}} < \frac{Y_1}{K^{const}}$$

Solche Zusammenhänge gilt es zu berücksichtigen, wenn Produktivitätszunahmen (insbesondere des Faktors Arbeit) gelegentlich als Auswirkungen höherer Leistungsbereitschaft und gesteigerten Einsatzwillens der Arbeitnehmer interpretiert werden.

Wie ersichtlich, wird es durch die Wirkung des technischen Fortschritts möglich, mit dem ursprünglichen Faktoreinsatz A_1 die höhere Outputmenge Y_2 (anstelle von Y_1) zu produzieren. Zugleich ermöglicht es der technische Fortschritt jedoch ebenfalls, das bisherige Produktionsvolumen von Y_1 mit dem geringeren Faktoreinsatz A_2 (anstelle von A_1) herzustellen. Die erste Auswirkung wird als **Wohlstandssteigerungseffekt** des technischen Fortschritts bezeichnet, die zweite hingegen als **faktorsparender** Effekt, der hier als arbeitssparender Effekt in Erscheinung tritt. Es ist eine alte Streitfrage, welcher der beiden Effekte in der Realität überwiegt und ob der technische Fortschritt somit unter dem Strich eher arbeitsplatzschaffende oder arbeitsplatzvernichtende Wirkungen zeigt.

Obwohl diese Frage vielleicht nie endgültig zu klären ist, so lässt sich doch sagen, dass für die Auswirkungen des technischen Fortschritts in erster Linie die gesamtwirtschaftlichen Rahmenbedingungen für Wachstum und Investitionen mit entscheidend sind. In einem gesamtwirtschaftlichen Umfeld, das von starker Investitionsdynamik und hohen Wachstumsraten gekennzeichnet ist, fällt es leichter, die arbeitsplatzsparenden Wirkungen des technischen Fortschritts zu (über-)kompensieren. Wenn die Zunahme der Produktion

$$\Delta Y = (Y_2 - Y_1)$$

beträgt, dann wird die arbeitssparende Wirkung des technischen Fortschritts in Höhe von

$$\Delta A = (A_2 - A_1)$$

exakt kompensiert, denn dann wird für die Produktion von Y_2 genau das vor dem Einsetzen des technischen Fortschritts benötigte Arbeitsvolumen A_1 eingesetzt. Fällt die Zunahme der Produktion noch größer aus, gilt also

$$\Delta Y = (Y_3 - Y_1) > (Y_2 - Y_1),$$

dann wird für die Erstellung des nunmehr oberhalb von Y_2 liegenden Produktionsvolumens ein noch größeres Arbeitsvolumen als das ursprüngliche A_1 benötigt:

56 KLASSISCH-NEOKLASSISCHE ANALYSE DES GÜTERMARKTES

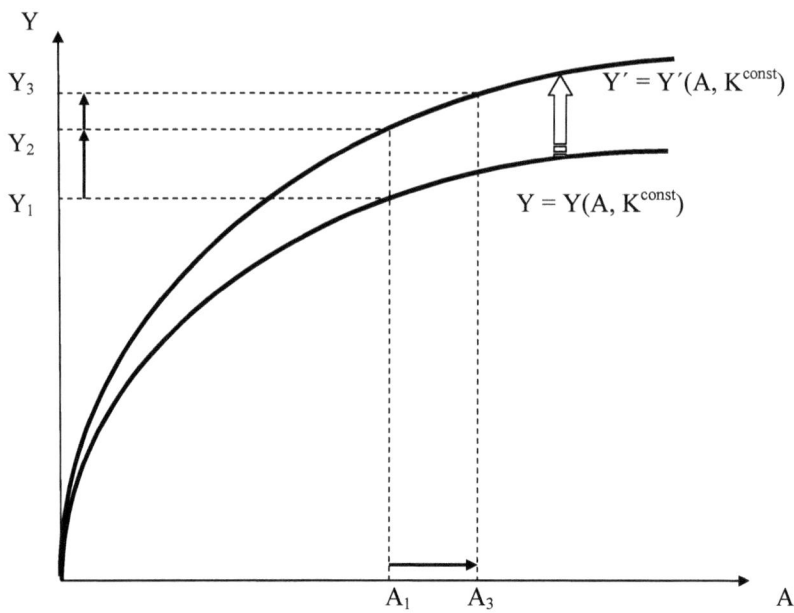

Abb. 3.3: Kompensation des technischen Fortschritts

Die Erklärung der Höhe des gesamtwirtschaftlichen Outputs im Rahmen des Klassisch-Neoklassischen Denkens beruht nun auf zwei Überlegungen: Für die Höhe der volkswirtschaftlichen Produktionsleistung ist zum einen der Bestand und die Qualität der Produktionsfaktoren verantwortlich. Dies kommt in der makroökonomischen Produktionsfunktion zum Ausdruck. Diese Funktion ist – bei fixiertem Kapitalbestand – gegeben und die Unternehmen entscheiden lediglich über den Einsatz des Produktionsfaktors Arbeit. Die Höhe des eingesetzten Arbeitsvolumens ergibt sich hierbei aus den Angebots- und Nachfragekonstellationen am Arbeitsmarkt, der im nächsten Kapitel thematisiert wird. Ist das Arbeitsvolumen A* erst einmal am Arbeitsmarkt bestimmt, so ergibt sich das Produktionsvolumen Y* am Gütermarkt über den Einsatz des Faktors Arbeit in die gegebene Produktionsfunktion:

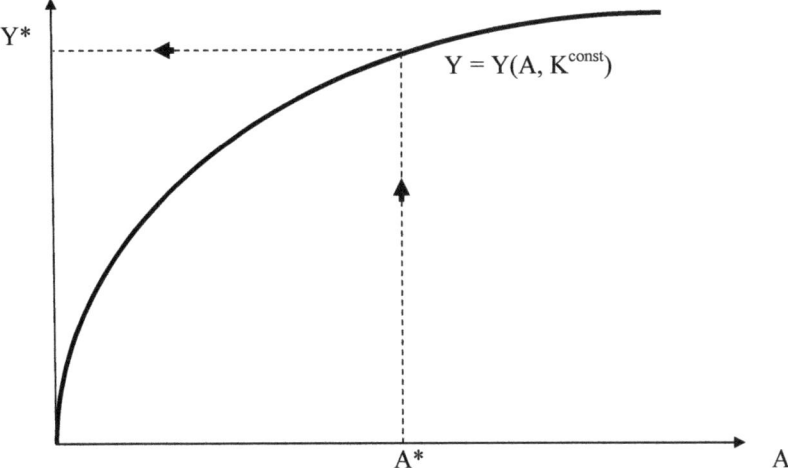
Abb. 3.4: Die makroökonomische Produktionsfunktion

Die zweite Überlegung führt zur **gesamtwirtschaftlichen Angebotsfunktion**. Danach hängt die Höhe des Outputs positiv von der Höhe des Preisniveaus ab. Begründen lässt sich diese Relation mit ähnlichen Argumenten, wie sie der mikroökonomischen Angebotsfunktion zugrunde lagen. Steigt das Preisniveau, so nehmen die Unternehmen für ihre Produkte mehr ein und haben – bei konstanten Kosten – einen stärkeren Anreiz zur Produktion. Die gesamtwirtschaftliche Angebotsfunktion (GAF) hat somit folgende Gestalt:

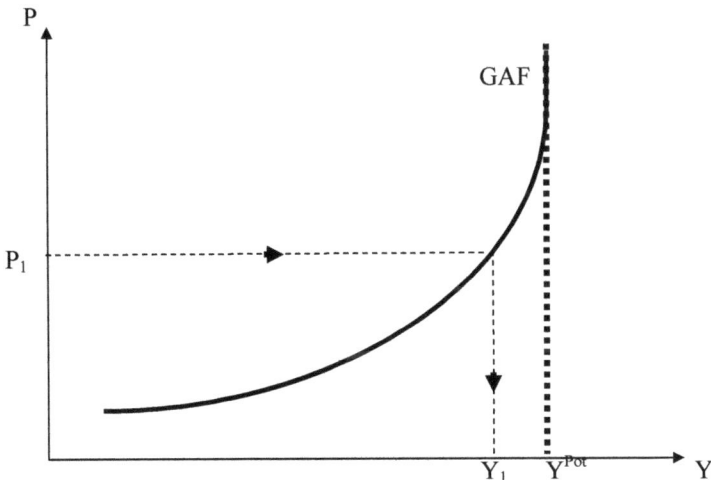
Abb. 3.5: Die gesamtwirtschaftliche Angebotsfunktion

Y^{Pot} bezeichnet dabei das potenzielle Produktionsvolumen oder Produktionspotenzial. Es entspricht derjenigen Produktionsmenge, die eine Volkswirtschaft bei Vollauslastung ihrer Produktionsfaktoren erstellen kann. Ein bestimmtes Preisniveau P_1 führt zu einer entsprechenden Höhe des Angebots bzw. Produktionsvolumens Y_1, das sich aus der GAF ergibt. Je mehr sich allerdings das Produktionsvolumen der volkswirtschaftlichen Kapazitätsgrenze, dem Produktionspotential Y^{Pot}, annähert, umso stärker muss das Preisniveau zunehmen, damit noch weitere Produktionssteigerungen möglich sind. Überdies werden die möglichen Zuwächse immer kleiner, je mehr sich die Volkswirtschaft dieser Grenze nähert.

ii. Funktionale Einkommensverteilung

Eine weitere Fragestellung des Klassisch-Neoklassischen Modells betrifft die Verteilung des aus der gesamtwirtschaftlichen Produktion stammenden Volkseinkommens. Gemeint ist die so genannte **funktionale Einkommensverteilung**, das heißt die Bestimmung der Anteile, welche den beiden Produktionsfaktoren Arbeit und Kapital am gesamten Volkseinkommen zufallen.

Um diese Frage zu beantworten, wollen wir die Problemstellung zunächst etwas anders betrachten: Der Anteil eines Produktionsfaktors am gesamten Volkseinkommen wird – ceteris paribus – umso höher ausfallen, je mehr von diesem Faktor im Produktionsprozess eingesetzt wird. Wird beispielsweise im gesamtwirtschaftlichen Produktionsprozess 70% Arbeit und 30% Kapital eingesetzt und stimmt der Faktorkostensatz pro eingesetzter Einheit überein, dann beträgt der daraus resultierende Anteil des Faktors Arbeit am Volkseinkommen 70%, der des Faktors Kapital 30%. Senken die Unternehmen allerdings den Einsatz des Faktors Arbeit auf 65% und steigern dementsprechend den des Faktors Kapital auf 35%, so passen sich die entsprechenden Anteile der beiden Faktoren am Volkseinkommen analog an. Damit kann die Frage nach der Verteilung des Volkseinkommens auf die Produktionsfaktoren umformuliert werden in die Frage, wodurch die Nachfrage nach den beiden Produktionsfaktoren bestimmt wird. Diese Frage beantwortet die **Grenzproduktivitätstheorie** der Verteilung.

Nach mikroökonomisch begründbaren Überlegungen nimmt die Nachfrage nach einem Produktionsfaktor zu, so lange die zusätzlichen Erlöse (Grenzerlöse), die aus dem Einsatz dieses Produktionsfaktors stammen, seine zusätzlichen Kosten (Grenzkosten) übersteigen. Die Grenzerlöse sind definiert durch das Produkt aus Grenzertrag bzw. Grenzproduktivität multipliziert mit dem Preisniveau

$$P \cdot \frac{dY}{dA} \quad \text{bzw.} \quad P \cdot \frac{dY}{dK},$$

während die Grenzkosten des Faktors Arbeit durch den Stundenlohnsatz (l) und die Grenzkosten des Faktors Kapital durch den Zins (z) gegeben sind. Formuliert man nun die Gewinnfunktion der Unternehmen als

$$G = P \cdot Y - l \cdot A - z \cdot K$$

und bestimmt deren Maximum, so ergibt sich

$$\frac{\delta G}{\delta A} = P \cdot \frac{\delta Y}{\delta A} - l = 0$$

und

$$\frac{\delta G}{\delta K} = P \cdot \frac{\delta Y}{\delta K} - z = 0$$

Hieraus ergibt sich unmittelbar

$$\frac{\delta Y}{\delta A} = \frac{l}{P} = l^r$$

sowie

$$\frac{\delta Y}{\delta K} = \frac{z}{P} = z^r$$

Die Unternehmen haben also ihr Gewinnmaximum erreicht und damit die optimale Einsatzmenge des jeweiligen Produktionsfaktors realisiert, wenn seine Grenzproduktivität dem jeweiligen realen Kostensatz (dem Reallohn l^r bzw. dem Realzins z^r) entspricht. Da die Grenzproduktivität der Faktoren Arbeit und Kapital sich aus der in einer Volkswirtschaft geltenden Produktionsfunktion ergibt, ist die funktionale Verteilung des Volkseinkommens im Rahmen der Grenzproduktivitätstheorie der Verteilung durch rein produktionstheoretische Gegebenheiten bestimmt. Mit anderen Worten: Es existiert kein politisch beeinflussbarer Verteilungsspielraum. Insbesondere dieser letzte Punkt setzt die Klassisch-Neoklassische Verteilungstheorie immer wieder scharfer Kritik von Theoretikern und Politikern aus, die Verteilungsfragen in erster Linie als politisch zu gestaltende Problemfelder betrachten.

iii. Die gesamtwirtschaftliche Nachfrage

Das Gegenstück zur weiter oben eingeführten gesamtwirtschaftlichen Angebotsfunktion ist die gesamtwirtschaftliche Nachfragefunktion. Sie stellt einen Zusammenhang her zwischen dem Preisniveau in der Volkswirtschaft und der gesamtwirtschaftlichen Nachfrage:

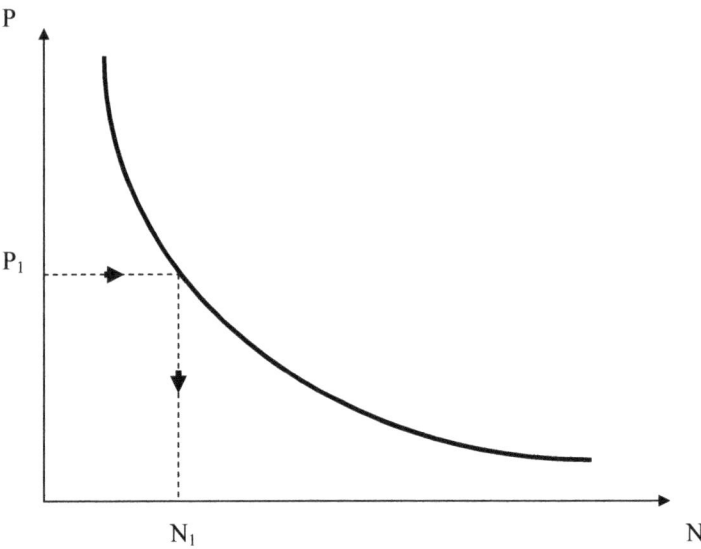

Abb. 3.6: Gesamtwirtschaftliche Nachfragefunktion

Gemäß der GNF führt eine bestimmte Höhe des Preisniveaus also zu einer entsprechenden Höhe der gesamtwirtschaftlichen Nachfrage. Begründen lässt sich diese Relation über den Zusammenhang zwischen Inflation (Anstieg des Preisniveaus) und der Kaufkraft eines gegebenen Einkommens. Wenn die Inflationsrate in der Volkswirtschaft positiv ist, sinkt die Kaufkraft eines bestimmten nominal festgeschriebenen Einkommens. Das jeweilige reale Einkommen Y^r (also der in Gütern gemessene Gegenwert des nominalen Einkommens) sinkt somit:

$$\frac{dP}{dt} > 0 \implies \frac{dY^r}{dt} < 0$$

Bei sinkendem Realeinkommen ist es den Haushalten allerdings auf Dauer nicht möglich, ihr Konsumniveau und damit ihre (reale) Güternachfrage auf dem bisherigen Niveau beizubehalten. Sie werden ihre Nachfrage nach Gütern und Dienstleistungen entsprechend einschränken.

b. Das Gleichgewicht am aggregrierten Gütermarkt: Das Saysche Theorem

Im Zusammenhang mit der Bestimmung der Höhe des Produktionsvolumens stellt sich eine wichtige Frage: Ist es eigentlich gewährleistet, dass das gesamtwirtschaftliche Angebot – denn als dieses kommt das Produktionsvolumen ja an den makroökonomischen Gütermarkt – auch auf eine entsprechend hohe gesamtwirtschaftliche Nachfrage trifft? Sollte das der Fall sein, so befindet sich der Gütermarkt in einem Gleichgewichtszustand, andernfalls wäre ein Ungleichgewicht gegeben. Dies hätte aber sicherlich Konsequenzen. Die Argumentation der Klassisch-Neoklassischen Theorie als Antwort auf diese Frage, findet sich im **Sayschen Theorem**. Es besagt im Kern, dass jedes Angebot, egal wie hoch es ist, zunächst zur Entstehung von gleich hohen Einkommen führt. Dabei spielt es keine Rolle, ob es sich um Lohn- oder Gewinneinkommen handelt. Einkommen aber dienen letztendlich in ökonomischer Sicht dem Konsum. In seiner elementaren Variante besagt das Saysche Theorem daher, dass alle Einkommen konsumiert werden und in Form von Konsumnachfrage wieder an den Markt kommen. Den Unternehmen werden daher alle Faktoreinkommen, die sie für die Erstellung der gesamtwirtschaftlichen Produktion aufwenden, wieder zufließen. Damit ist sichergestellt, dass Gesamtangebot und Gesamtnachfrage sich wertmäßig die Waage halten und der Gütermarkt sich im Gleichgewicht befindet:

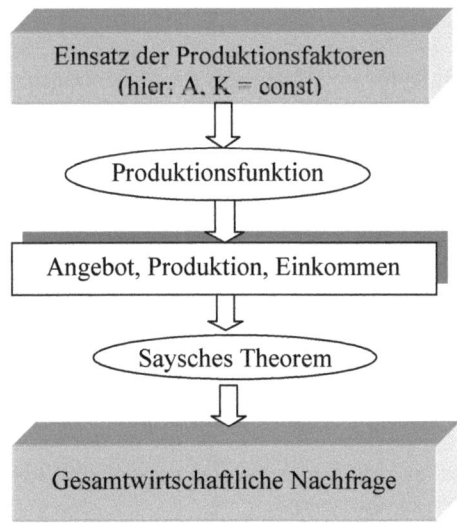

Abb. 3.7: Das Saysche Theorem

Nach dem Sayschen Theorem ist es also prinzipiell unmöglich, dass eine Volkswirtschaft dauerhaft unter zu geringer gesamtwirtschaftlicher Nachfrage leidet. Dies wird häufig verkürzt durch die Aussage zum Ausdruck gebracht, dass jedes Angebot sich seine Nachfrage selbst schaffe. Höchstens ein kurzfristiges und temporäres Ungleichgewicht am makroökonomischen Gütermarkt erscheint vorstellbar, stellt jedoch kein schwerwiegendes Problem dar.

Zwei Einwände können gegen das Saysche Theorem erhoben werden. Der erste Einwand lautet, dass die Gleichheit von Angebot und Nachfrage möglicherweise global – auf dem Niveau des aggregierten Gütermarktes – Gültigkeit haben mag. Doch schließt dies ja keineswegs aus, dass einzelne Teil-Gütermärkte unterhalb der Aggregatebene keine Übereinstimmung von Angebot und Nachfrage zeigen können, sich also in einem Ungleichgewicht befinden. Dies ist zwar prinzipiell zutreffend. Doch wird dadurch das Saysche Theorem nicht berührt, denn erstens behauptet es gar nicht, dass auf allen einzelnen Gütermärkten Gleichgewicht herrscht, sondern eben nur auf der aggregierten Ebene. Und zweitens sind Ungleichgewichte zwischen Angebot und Nachfrage auf einzelnen Märkten stets ein Problem des flexiblen Marktpreises, der gerade die Aufgabe hat, hier einen Ausgleich herbeizuführen.

Diese Argumentation des Sayschen Theorems hat jedoch eine empfindliche Schwachstelle: Gilt es auch dann, wenn die Haushalte nicht ihr gesamtes Einkommen für den Konsum verwenden, sondern einen Teil davon sparen? Die Berücksichtigung des Sparens eröffnet für den Gütermarkt ein grundsätzliches Problem: Einkommen, das nicht konsumiert sondern gespart wird, reduziert die Nachfrage und reißt damit am Gütermarkt eine Nachfragelücke auf. Wenn diese Nachfragelücke nicht anderweitig geschlossen werden kann, dann wäre es in der Tat so, dass eine Situation der allgemeinen Überproduktion und in der Folge eine Abwärtsspirale der gesamten volkswirtschaftlichen Lage möglich wäre; die Krise aufgrund eines gesamtwirtschaftlichen Nachfragemangels wäre keine vorübergehende Situation mit Ausnahmecharakter, sondern drohte zum Dauerzustand zu werden.

Bei der Suche nach einer Nachfragekategorie, die zur Stopfung des Nachfragelecks am Gütermarkt in Frage kommt, fällt der Blick als erstes und vor allem auf die unternehmerischen Investitionen. Zwar käme auch staatliche Nachfrage in Betracht, doch für klassisch-neoklassisch orientierte Ökonomen ist das keine ernsthaft zu erwägende Alternative, da der Staat sich ihrer Ansicht nach eher zurückhalten soll. Der Außenhandel schließlich entzieht sich weitestgehend einer aktiven Einflussnahme.

Fragt man nach der Eignung der Investitionen für die zur Diskussion stehende Rolle, so gilt es zunächst ihre Bestimmungsgründe näher zu betrachten. Nun ist ein einzelnes, konkretes Investitionsprojekt von einer Vielzahl von Faktoren abhängig, die sich sehr stark von den Faktoren eines anderen Investitionsprojektes unterscheiden mag. Doch eines haben alle Investitionsprojekte gemeinsam: Sie kosten Geld und sie sollen eine Rendite abwerfen. Da die Kosten einer Investition durch den Marktzins erfasst werden, stellt die Klassisch-Neoklassische Theorie einen Zusammenhang des Zinses mit dem gesamtwirtschaftlichen Investitionsvolumen her:

$$I = I(z) \quad \text{mit } dI/dz < 0$$

Diese **Investitionsfunktion** hat eine negative Steigung, das Investitionsvolumen nimmt also mit steigendem Zins ab:

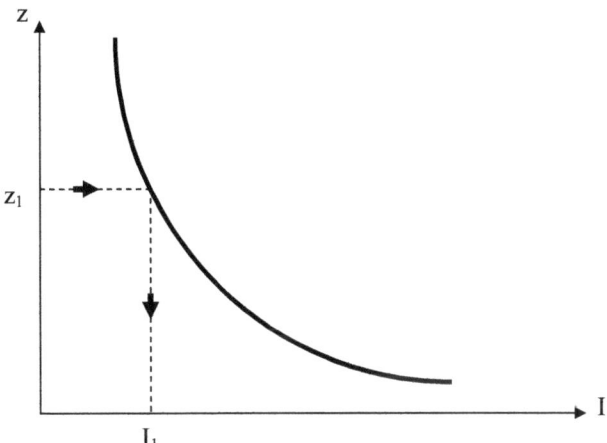

Abb. 3.8: Die Investitionsfunktion

Der Zusammenhang begründet sich auf einfachen, letztlich mikroökonomisch fundierten Überlegungen: Eine Investition ist demnach lohnend, so lange das Grenzwertprodukt des Kapitals (Grenzproduktivität mal Preisniveau) über dem Marktzins liegt, so lange also gilt:

$$P \frac{dY}{dK} > z$$

In diesem Fall wird das Investitionsvolumen zunehmen, da durch zusätzliche Investitionen die Gewinne der Unternehmen noch steigen. Sobald allerdings das Grenzwertprodukt des Kapitals dem Marktzins entspricht, ist das Gewinnmaximum erreicht, zusätzliche Investitionen würden die Gewinnsumme der Unternehmen wieder schmälern, da ihre Grenzkosten über dem Grenzwertprodukt des Kapitals liegen würden. Folglich wird das Investitionsvolumen so lange steigen, bis

$$P \frac{dY}{dK} = z$$

erreicht ist. Dies deckt sich im Übrigen mit der Grenzproduktivitätstheorie der Verteilung. Da aber z und P gegeben sind und überdies

$$\frac{dY}{dK} > 0 \quad \text{sowie} \quad \frac{d^2Y}{dK^2} < 0$$

gilt (klassische Eigenschaften der Produktionsfunktion), wird die Übereinstimmung des Grenzwertprodukts des Kapitals mit dem Zins umso früher erreicht, je höher der Zins ist. Folglich fällt das Investitionsvolumen bei höherem Zins geringer aus.

Nach Klassisch-Neoklassischer Auffassung ist auch das Sparen von der Höhe des Zinses abhängig, jedoch ist dieser Zusammenhang gleichgerichtet:

$$S = S(z) \quad \text{mit } dS/dz > 0$$

Diese makroökonomische **Sparfunktion** wird mit ökonomischen Anreizargumenten begründet. Sparen bedeutet gegenwärtigen Konsumverzicht. Dieser Konsumverzicht wird nur dann geleistet, wenn ein Anreiz dazu gegeben ist. Die Wirtschaftssubjekte müssen für den Konsumverzicht, der mit dem Sparen verbunden ist, also in irgendeiner Weise entschädigt werden. Diese Entschädigung ist ebenfalls in Form des Marktzinses gegeben. Der Marktzins stellt somit den Anreiz zum Sparen dar; je stärker dieser Anreiz ausfällt, umso höher sollte nach Klassisch-Neoklassischer Sicht auch die Reaktion – also das Sparen – ausfallen.

Somit ergibt sich graphisch die folgende Sparfunktion (siehe folgende Abbildung). Ein gegebener (Real-)Zins z_1 führt danach zu einer bestimmten Höhe der gesamtwirtschaftlichen Ersparnis S_1.

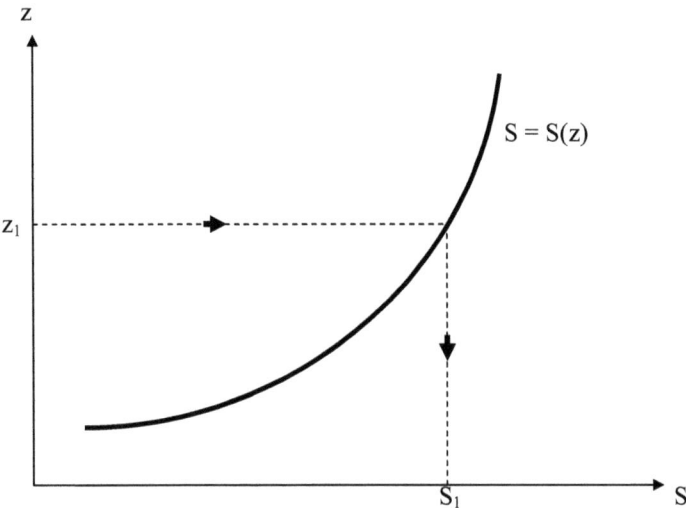

Abb. 3.9: Die makroökonomische Sparfunktion

Um die Nachfragelücke, die sich durch das Sparen am Gütermarkt auftut, schließen zu können, müsste es einen Mechanismus geben, der gewährleistet, dass die Investitionen stets die Höhe der gesamtwirtschaftlichen Ersparnis annehmen. Diese Aufgabe erfüllt im Klassisch-Neoklassischen Modell der Marktzins.

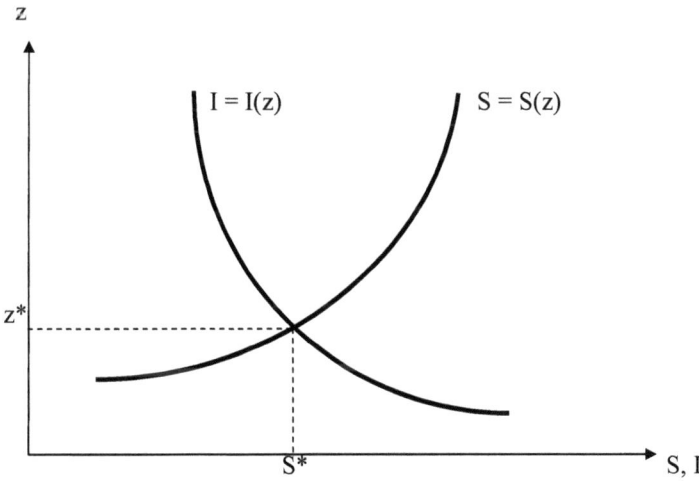

Abb. 3.10: Ausgleich von Sparen und Investieren (I)

Die obige Abbildung verdeutlicht diese Rolle des Zinses im Klassisch-Neoklassischen Modell. Investitionsfunktion und Sparfunktion schneiden sich beim Gleichgewichtszins z*. Bei diesem Zins entspricht die Höhe der gesamtwirtschaftlichen Ersparnis S* gerade der Höhe der Investitionen I*. Damit wird die (Konsum-)Güternachfrage, die dem Gütermarkt durch das Sparen entzogen wird, durch andere Nachfrage ersetzt, nämlich durch Investitionsgüternachfrage, die sich innerhalb des Unternehmenssektors selbst entfaltet. Der Ausgleich von Investition und Ersparnis erfolgt also über den Kapitalmarkt, da sich private Ersparnis als Kapitalangebot und Investitionstätigkeit als Kapitalnachfrage am Kapitalmarkt entfaltet. Der Gleichgewichtszins ist somit zu interpretieren als der jeweilige Kapitalmarktzins, der sich am Kapitalmarkt durch das Zusammenspiel von Angebot und Nachfrage einpendelt.

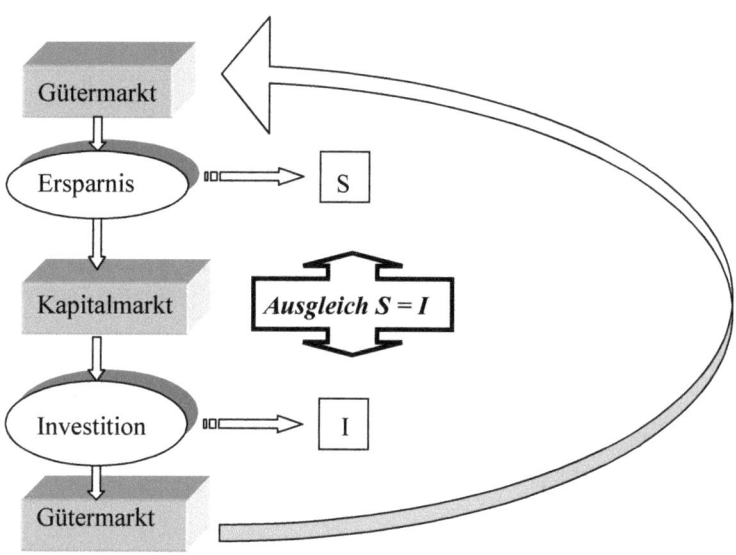

Abb. 3.11: Ausgleich von Sparen und Investieren (II)

Obige Abbildung soll nochmals die Interaktion zwischen Gütermarkt und Kapitalmarkt verdeutlichen. Das Problem entsteht ursprünglich am Gütermarkt dadurch, dass die Ersparnis einen Teil der gesamtwirtschaftlichen Nachfrage entzieht, es entsteht eine Nachfragelücke. Diese Ersparnis gelangt sodann als Kapitalangebot an den Kapitalmarkt. Gleichzeitig stellt die Investitionstätigkeit der Unternehmen Nachfrage am Kapitalmarkt dar. Kapitalangebot (S) und Kapitalnachfrage (I) werden durch den Zins zum Ausgleich gebracht:

S = I   (Gleichgewichtsbedingung in der wachsenden Wirtschaft)

Investitionen stellen allerdings ihrerseits nichts anderes dar als Nachfrage am Gütermarkt: Unternehmen kaufen von anderen Unternehmen bspw. Maschinen oder andere Produktionsgüter, um damit ihre eigenen Produktionsmöglichkeiten zu erweitern. Somit wird durch die Investition genau die Nachfragelücke am Gütermarkt geschlossen, die sich ursprünglich durch das Sparen aufgetan hat.

Was lässt sich nunmehr im Lichte des Klassisch-Neoklassischen Zinsmechanismus über das Saysche Theorem sagen? Für den Moment erscheint es gerettet, denn der Zinsmechanismus stellt – bei funktionierenden Kapitalmärkten – sicher, dass immer ein Ausgleich zwischen gesamtwirtschaftlicher Ersparnis und unternehmerischen Investitionen erreicht wird.

Wir können festhalten, dass innerhalb der Klassisch-Neoklassischen Analyse des Gütermarktes ein Gleichgewicht nicht nur möglich ist, sondern sich zwangsläufig einstellt. Wenn es gesamtwirtschaftliche Probleme gibt (wie etwa unfreiwillige Arbeitslosigkeit), so sind deren Ursachen nicht am Gütermarkt zu suchen, sondern auf anderen Makromärkten. Es liegt deshalb nahe, sich diesen anderen Märkten zuzuwenden. Doch zuvor wollen wir noch einen Blick auf die langfristige, trendmäßige Aufwärtstendenz der Wirtschaftsaktivität werfen, die uns unter dem Begriff Wirtschaftswachstum geläufig ist.

c. Eine elementare Erklärung der Wachstumsdynamik

Unter welchen Voraussetzungen ist es einer Volkswirtschaft möglich, ihr Produktionspotenzial langfristig zu steigern? Unter Potenzialwachstum versteht der Sachverständigenrat „die langfristige Entwicklung des Bruttoinlandsprodukts bei normaler Auslastung der vorhandenen Kapazitäten" (Jahresgutachten 2005/2006, S. 69). Diese Frage zielt also auf die Triebfedern des Wirtschaftswachstums. Die folgende Abbildung verdeutlicht die langfristige Entwicklung des Produktionspotenzials in Deutschland. Auffällig sind, neben dem deutlichen Aufwärtstrend, vor allem die immer wieder auftretenden Abweichungen des Bruttoinlandprodukts nach unten. Das bedeutet, dass die tatsächliche Produktion in der Regel mehr oder weniger deutlich unterhalb der potenziellen Produktion liegt, dass die Volkswirtschaft ihre Produktionskapazitäten also nur selten vollständig ausschöpft. An den zyklischen Schwankungen des Auslastungsgrades des Produktionspotenzials lassen sich unmittelbar die Konjunkturbewegungen der Gesamtwirtschaft ablesen.

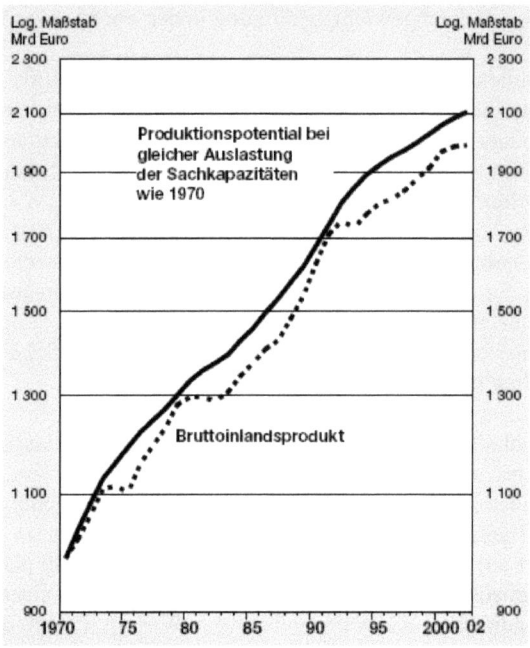

Abb. 3.12: Das gesamtwirtschaftliche Produktionspotenzial
(Quelle: Sachverständigenrat zur Begutachtung der gesamtwirtschaftlichen Entwicklung, Jahresgutachten 2003/400, S. 418)

Damit das Produktionspotenzial langfristig wachsen kann, muss nun entweder die quantitative Ausstattung der Volkswirtschaft mit den Produktionsfaktoren Arbeit und Kapital zunehmen (den Faktor Boden können wir außer Acht lassen), oder die Produktivität dieser Faktoren muss steigen. In einer einfachen Gleichung lässt sich dies so beschreiben (vgl. *Mankiw* 2003):

$$\frac{(Y_t - Y_{t-1})}{Y_{t-1}} = \frac{(A_t - A_{t-1})}{A_{t-1}} + \frac{(K_t - K_{t-1})}{K_{t-1}} + \frac{Pr_t - Pr_{t-1}}{Pr_{t-1}}$$

oder

$$wY_t = wA_t + wK_t + wPr_t$$

Das mögliche Wachstum einer Volkswirtschaft zu einem Zeitpunkt t wird bestimmt durch das Wachstum des Faktors Arbeit und des Faktors Kapital sowie durch das Produktivitätswachstum. Das Produktivitätswachstum ist aber, wie weiter oben festgestellt wurde, nichts anderes als der technische Fortschritt.

Es muss natürlich betont werden, dass diese (einfache) Analyse der Wachstumsdynamik einer Volkswirtschaft keine **Wachstumstheorie** im eigentlichen Sinne sein kann. Es handelt sich vielmehr um eine rein arithmetische Zuordnung von (empirisch gemessenen) Wachstumsraten auf die prinzipiell in Frage kommenden Verursachungsgrößen dieser beobachteten Wachstumsdynamik. Eine wachstumstheoretische Untersuchung dieses Prozesses müsste wesentlich mehr umfassen:

- Wovon hängt das langfristige Wachstum des Kapitalstocks einer Volkswirtschaft (also wKt) ab? Der entscheidende Faktor hierfür ist selbstverständlich die **Investitionstätigkeit** der Unternehmen, die wiederum von einer Vielzahl weiterer Faktoren beeinflusst wird. Exemplarisch – und ohne Anspruch auf Vollständigkeit sei auf die Bedeutung der gesamtwirtschaftlichen **Rahmenbedingungen** der Investitionstätigkeit (etwa: Steuersystem, Höhe der Unternehmensteuern, Abschreibungsregelungen, Löhne und Lohnnebenkosten; Investitions- und Innovationsklima, Markteinschätzungen, Entwicklung der Nachfrage und der Absatzmöglichkeiten, Standortüberlegungen und Vertriebskanäle u.v.m.) hingewiesen.

- Welche Faktoren bestimmen das langfristige Wachstum und vor allem die Qualität des Produktionsfaktors Arbeit (wAt)? Hier sind Themenbereiche wie Fertilitätsentscheidungen, Immigration und Auswanderung, Alterungsprozesse der Bevölkerung und damit verbundene Gefahren des Verlustes wertvoller Erfahrungen, Fragen der Qualifikation und Weiterbildung sowie die Qualität des Bildungssystems anzusprechen.

- Insbesondere die **Bevölkerungsökonomik** sowie die **Bildungsökonomik** stellen in diesen Zusammenhängen Erklärungsansätze und Gestaltungsoptionen zur Verfügung, die zu einer Stärkung der Wachstumskräfte einer Volkswirtschaft wichtige Beiträge leisten können.

- Die immense Rolle, welche Innovationen (hierbei steht wPrt im Zentrum des Interesses) für das Wachstum einer Volkswirtschaft spielen, ist spätestens seit Josef Alois Schumpeters Analysen zum Prozess der „schöpferischen Zerstörung" und der Rolle dynamischer Pionierunternehmer aus der Frühzeit des zwanzigsten Jahrhundert bekannt. Theoriebereiche wie die **Innovationsökonomik**, Theorien des technischen Fortschritts oder auch die **Evolutionsökonomik** leisten in neuerer Zeit erhebliche Beiträge zur Erforschung dieser äußerst komplex und vielschichtig ablaufenden dynamischen Entwicklungsprozesse in einer modernen post-industriellen Volkswirtschaft.

Festzuhalten ist somit, dass die oben erläuterte Gleichung zur Zurechnung des empirisch gemessenen Wirtschaftswachstums auf die zugrundeliegenden Wachstumsfaktoren für sich selbst betrachtet keine Erklärung dieser Wachstumsursachen geben kann. Genau diese Erklärung jedoch – und, wenn möglich, die politische Beeinflussung der Wachstumsursachen – muss Gegenstand einer Wachstumstheorie sein.

Gleichwohl ist die Gleichung nützlich, denn sie macht deutlich, auf welche Faktoren es für den Wachstumsprozess einer Volkswirtschaft letztlich ankommt. Sie kann somit auch den Blick dafür schärfen, eben diese Faktoren bei der Diskussion über Wachstumsprozesse und der Frage nach einer Stärkung der Wachstumskräfte nicht aus den Augen zu verlieren.

4. Klassisch-Neoklassische Analyse des Arbeitsmarktes

Für die Klassisch-Neoklassische Theorie ist der Arbeitsmarkt grundsätzlich ein Markt wie jeder andere auch. Das bedeutet, dass es ein positiv preisabhängig verlaufendes Arbeitsangebot, eine negativ preisabhängig verlaufende Arbeitsnachfrage sowie einen Gleichgewichtspreis gibt, der Arbeitsangebot und Arbeitsnachfrage zum Ausgleich bringt.

a. Systematik der Arbeitslosigkeit

Häufig wird das Phänomen Arbeitslosigkeit nach zwei Kriterien kategorisiert. Das erste Kriterium ist die zeitliche Dimension. Hier spricht man von einer kurzfristigen, einer mittelfristigen und einer langfristigen Erscheinungsform. Als zweites Unterscheidungskriterium dient der Aggregationsgrad, mit dem die Arbeitslosigkeit in Erscheinung tritt. Hierbei kann es sich um ein brachenspezifisches Phänomen handeln (geringer Aggregationsgrad) oder um ein branchenübergreifendes – also gesamtwirtschaftliches – Phänomen (hoher Aggregationsgrad). Durch die Kombination beider Kriterien erhält man somit sechs Formen der Arbeitslosigkeit.

Die folgende Übersicht vermittelt einen Überblick über die verschiedenen Erscheinungsformen des Phänomens Arbeitslosigkeit sowie den Erklärungsanspruch der beiden grundlegenden makroökonomischen Modellansätze. Bei den beiden kurzfristigen Formen (friktionelle und saisonale Arbeitslosigkeit) gibt es nur einen geringen oder gar keinen theoretischen Erklärungsbedarf. So ist branchenunabhängig stets eine gewisse Zahl von Personen auf der Suche nach einem neuen Arbeitsplatz, man spricht daher auch von Sucharbeitslosigkeit. Saisonale Arbeitslosigkeit hingegen tritt in bestimmten Brachen auf und hängt eng mit dem Wechsel der Jahreszeiten zusammen. Man denke etwa an das Baugewerbe oder die Gastronomie.

Die mittelfristige Form der Arbeitslosigkeit ist die vorrangige Erklärungsdomäne der Keynesianischen Analyse. Hier sind es vor allem Schwankungen der Nachfrage in der Gesamtwirtschaft oder in einzelnen Brachen, die für das Auftreten von Arbeitslosigkeit verantwortlich gemacht werden. Da solche Nachfrageschwankungen sehr häufig mit den konjunkturellen Zyklen in Verbindung stehen, nennt man diese Form der Arbeitslosigkeit konjunkturelle (auf gesamtwirtschaftlicher Ebene) bzw. strukturalisierte konjunkturelle Arbeitslosigkeit (wenn sie auf Branchenebene auftritt, z.B. in der Automobilindustrie).

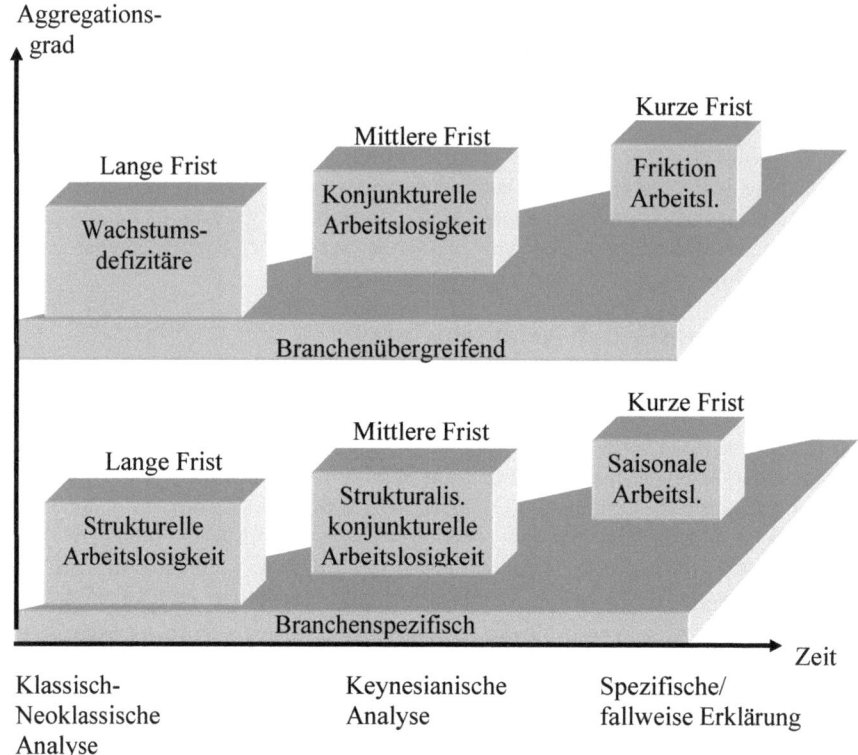

Abb. 4.1: Ausprägungen der Arbeitslosigkeit und Erklärungsansätze

Die Klassisch-Neoklassische Analyse hingegen, die im Folgenden im Mittelpunkt steht, verfolgt einen langfristig ausgerichteten Erklärungsanspruch. Die hier besprochenen Formen der Arbeitslosigkeit werden in aller Regel auf angebotsseitige Faktoren zurückgeführt.

Hier geht es zum einen um die so genannte strukturelle Arbeitslosigkeit, die durch den allgegenwärtigen strukturellen Wandel in der Wirtschaft verursacht wird. Hierbei gibt es immer einzelne Brachen, die durch Schrumpfungstendenzen und einem damit verbundenen Freisetzungsprozess von Arbeitskräften gekennzeichnet sind. Gleichzeitig werden andere Brachen expandieren und somit einen steigenden Arbeitskräftebedarf aufweisen. Da jedoch sehr häufig die in den schrumpfenden Branchen (z.B. Bergbau) freiwerdenden Arbeitskräfte nicht die notwendigen Qualifikationen und Fertigkeiten aufweisen, die in den expandierenden Branchen (z.B. Computertechnologie) benötigt werden, ist die strukturelle Arbeitslosigkeit durch ein gleichzeitiges Auftreten von Arbeitslosigkeit und offenen Stellen gekennzeichnet.

Die zweite Form der langfristigen Arbeitslosigkeit ist nicht auf einzelne Branchen beschränkt. Sie wird in aller Regel auf ein zu geringes gesamtwirtschaftliches Wachstum zurückgeführt und daher als wachstumsdefizitäre Arbeitslosigkeit bezeichnet. Das gesamtwirtschaftliche Wachstum fällt hier niedriger aus, als es für die Aufrechterhaltung von Vollbeschäftigung erforderlich wäre.

Im Folgenden wollen wir der Frage nachgehen, wie ein gut funktionierender Arbeitsmarkt in klassischer Sichtweise für Vollbeschäftigung sorgt und welche Störungen des Marktmechanismus, nach Ansicht der Vertreter der Klassisch-Neoklassischen Makroökonomik, den Ausgleich von Angebot und Nachfrage am Arbeitsmarkt verhindern.

b. Die klassische Sicht auf den Arbeitsmarkt

Für klassisch orientierte Ökonomen ist der Arbeitsmarkt im Prinzip ein Markt wie jeder andere auch. Es ist wichtig dies zu betonen, da gerade bei der Diskussion des Arbeitsmarktgeschehens häufig ökonomische und außerökonomische Argumentationen durcheinander geworfen werden. Dies ist zwar verständlich, da es am Arbeitsmarkt nicht um irgendwelche beliebigen Güter geht, sondern um menschliche Schicksale und Lebensentwürfe. Doch ein Verständnis der grundlegenden ökonomischen Zusammenhänge am Arbeitsmarkt wird durch eine solche Vermischung erschwert.

Die Kernbestandteile des Arbeitsmarktes sind jeweils eine typisch verlaufende Arbeitsangebots- und Arbeitsnachfragefunktion:

$$A^A = A^A(l_r) \qquad \text{mit } dA^A/dl_r > 0$$

sowie

$$A^N = A^N(l_r) \qquad \text{mit } dA^N/dl_r < 0$$

Dabei ist die Arbeitsangebotsseite durch die Arbeitnehmer vertreten, denn sie treten als die Anbieter ihrer Arbeitskraft in Erscheinung. Die Unternehmen sind dementsprechend auf der Seite der Arbeitsnachfrageseite zu finden. Denn Unternehmen setzen den Produktionsfaktor Arbeit im Produktionsprozess ein und treten daher als Nachfrager nach Arbeit auf.

Arbeitsangebot und –nachfrage sind beide in typischer Weise vom Reallohn abhängig: Das Arbeitsangebot nimmt mit steigendem Reallohn zu, die Arbeitsnachfrage hingegen ab.

i. Der Reallohn als realer Faktorpreis für Arbeit

Fügt man Arbeitsnachfrage und Arbeitsangebot zusammen, so ergibt sich die folgende Darstellung:

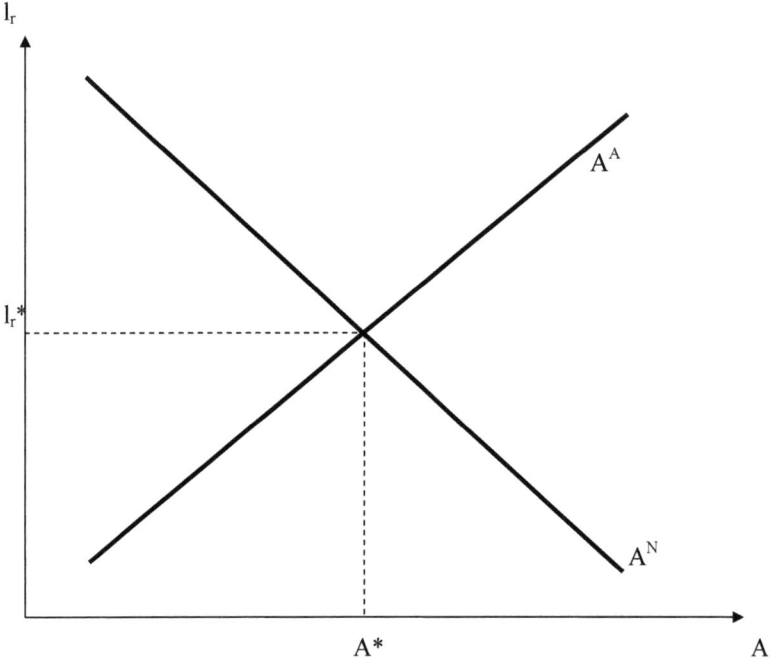

Abb. 4.2: Gleichgewicht am Arbeitsmarkt und Vollbeschäftigung

Angebot und Nachfrage am Arbeitsmarkt werden nach Klassisch-Neoklassischer Sicht durch den Gleichgewichtsreallohn l_r^* zum Ausgleich gebracht. Bei l_r^* wird das gleichgewichtige Arbeitsvolumen A^* realisiert, das zugleich die Höhe des Arbeitsangebots von Seiten der Arbeitnehmer als auch die Höhe der Arbeitsnachfrage von Seiten der Unternehmen wiedergibt. Der Arbeitsmarkt befindet sich somit in einem Gleichgewichtszustand. Dieser Zustand entspricht zugleich einer Situation der **Vollbeschäftigung** am Arbeitsmarkt: Alle Arbeitssuchenden, die bereit sind zum Gleichgewichtslohnsatz l_r^* zu arbeiten, finden auch einen Arbeitsplatz. Damit gibt es in diesem Gleichgewichtszustand am Arbeitsmarkt keine **unfreiwillige Arbeitslosigkeit**.

Bedeutet das, dass alle Personen, die überhaupt arbeiten wollen, auch einen Arbeitsplatz finden? Und bedeutet es, dass alle Unternehmen, die überhaupt Arbeitskräfte einstellen würden, dies auch tatsächlich tun? Nein, wie aus folgender Abbildung hervorgeht.

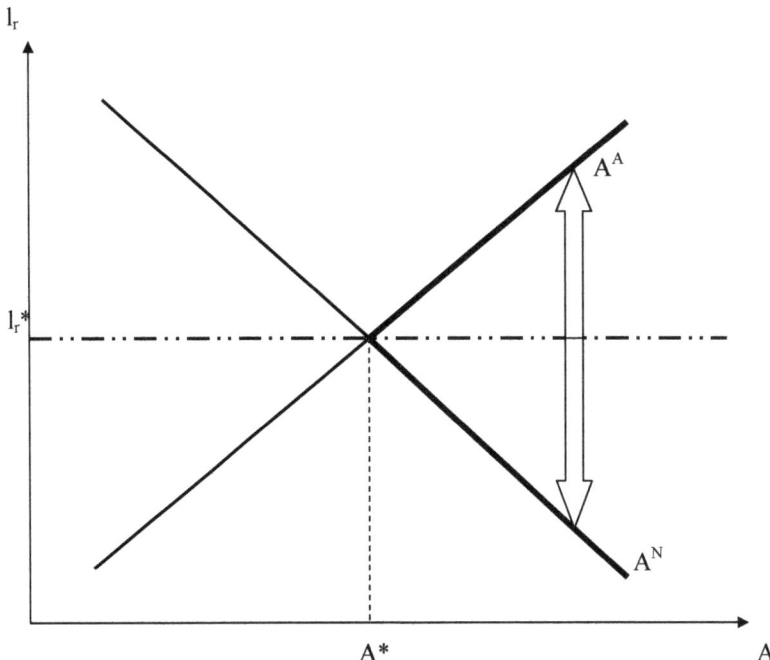

Abb. 4.3: Nicht marktrelevantes Angebot bzw. Nachfrage

Oberhalb des Gleichgewichtslohnsatzes würde das Arbeitsangebot durchaus noch zunehmen (aufsteigender Ast der Arbeitsangebotsfunktion). Es gibt also noch weitere arbeitswillige Personen, die ihr Angebot allerdings erst bei einem Lohnsatz $l_r > l_r^*$ an den Markt bringen. Beim Gleichgewichtslohnsatz lr^* hingegen halten diese Personen ihr Arbeitsangebot vom Markt zurück und sind daher zwar ohne Arbeit. Sie tun dies jedoch aus eigener Entscheidung und sind daher keinesfalls (unfreiwillig) arbeitslos im Sinne der Arbeitsmarkttheorie, sondern bestenfalls als **freiwillig Arbeitslose** zu bezeichnen.

Entsprechend gibt es auf Seiten der Unternehmen durchaus die Bereitschaft, ein höheres Arbeitsvolumen als A* zu beschäftigen, jedoch nur zu einem geringeren Lohnsatz als l_r^*. Die Unternehmen, die dem absteigenden Ast der Arbeitsnachfragefunktion zuzuordnen sind, verzichten also darauf, ihre Nachfrage nach Arbeitskräften am Markt zu artikulieren.

Unter welchen Bedingungen kann es nun auf einem solchen Arbeitsmarkt überhaupt zu Unterbeschäftigung im Sinne von unfreiwilliger Arbeitslosigkeit kommen? Dies ist nur möglich, wenn der am Markt geltende Lohnsatz über dem Gleichgewichtslohnsatz l_r^* liegt:

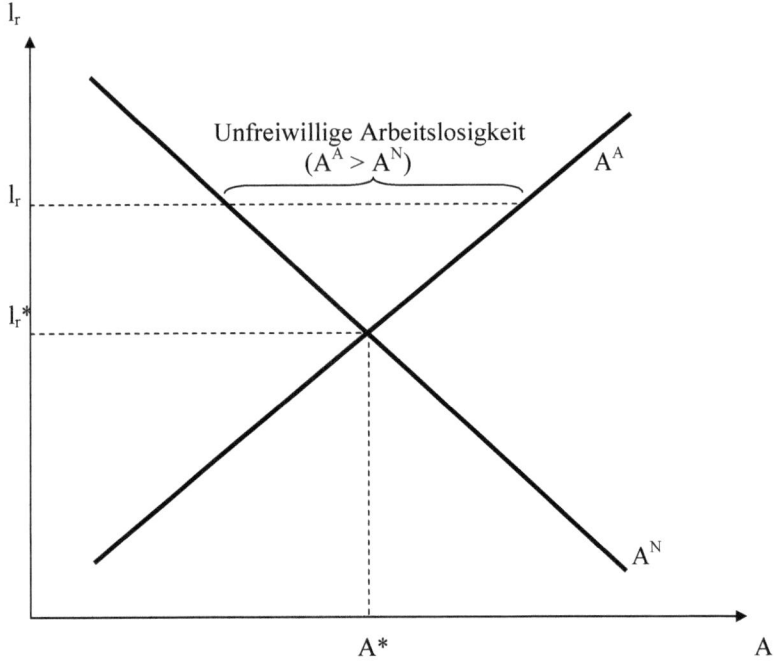

Abb. 4.4: Klassische Hochlohnarbeitslosigkeit

Bei $l_r > l_r^*$ gilt $A^A > A^N$, am Arbeitsmarkt liegt also ein Angebotsüberhang vor. Dieser Angebotsüberhang entspricht jedoch unfreiwilliger Arbeitslosigkeit, da beim gelten Lohnsatz l_r mehr Arbeitswillige einen mit diesem Lohnsatz vergüteten Arbeitsplatz annehmen möchten als Unternehmen bereit sind, Arbeitswillige zu diesem Lohnsatz einzustellen. Man spricht in diesem Zusammenhang auch von **klassischer Hochlohnarbeitslosigkeit**.

ii. Reallohnstarrheit als Funktionsstörung des Arbeitsmarktes

Die Erklärung der Arbeitslosigkeit über zu hohe Löhne bringt ein Problem mit sich: Wenn das Gleichgewichtsmodell des Arbeitsmarktes, wie es oben hergeleitet wurde, die Verhältnisse zutreffend abbildet – und die Anhänger der Klassisch-Neoklassischen Makroökonomik sind davon überzeugt –, warum sinkt der Lohnsatz l_r dann nicht auf die Höhe des Gleichgewichtslohnsatzes l_r^*? In einem funktionierenden Markt ist dies ja gerade die Aufgabe des Marktpreises – durch seine Flexibilität Angebot und Nachfrage so aufeinander abzustimmen, dass sie zum Ausgleich gebracht werden und der Markt wieder in einen Gleichgewichtszustand gelangen kann? Das Phänomen, dass der Marktpreis am Arbeitsmarkt, eben der Reallohn, in aller Regel gerade nicht die hierfür notwendige Flexibilität aufweist, wird als **Reallohnstarrheit** bezeichnet. Die Arbeitsmarkttheorie bietet dafür verschiedene Erklärungsmuster an.

Zum einen sind es staatliche und gesellschaftliche Einflüsse, die eine Rolle spielen. So könnte etwa eine **Mindestlohngesetzgebung** verhindern, dass der Reallohn auf ein Niveau sinkt, das mit Vollbeschäftigung und einem Gleichgewicht am Arbeitsmarkt verträglich wäre. Des Weiteren wirkt der gewerkschaftliche Einfluss in dieselbe Richtung. Naturgemäß vertreten die Gewerkschaften in erster Linie die Interessen ihrer Mitglieder, also der abhängig Beschäftigten. Diese wiederum haben ein Interesse an steigenden Löhnen und weniger an einem eventuell niedrigeren Lohnniveau, das Vollbeschäftigung sichert. Die Interessen der Erwerbslosen hingegen richten sich zunächst darauf, überhaupt ein Beschäftigungsverhältnis zu erlangen. Dafür wären manche sicher bereit, Abschläge beim Lohnniveau hinzunehmen. Somit entsteht ein Interessengegensatz zwischen den Insidern, die von den Gewerkschaften vertreten werden, und den Outsidern, die keine solche Interessenvertretung haben. Diese **Insider-Outsider-These** erklärt, warum vollbeschäftigungs-konforme Löhne nicht unbedingt das Hauptziel der Gewerkschaften darstellen.

Doch auch die Unternehmen haben nicht in jedem Fall automatisch ein Interesse daran, das Lohnniveau auf das denkbar niedrigste Niveau – eben den Gleichgewichtslohnsatz l_r^* – zu drücken. Die **Effizienzlohnthese** unterstreicht, dass Unternehmen durchaus bereit sind, höhere Löhne zu zahlen, wenn dadurch die Motivation der Arbeitskräfte, die Qualität der Arbeit und letztlich die Produktivität des Unternehmens zunimmt.

Es gibt also nicht den einen „Schuldigen" am Auftreten von Hochlohnarbeitslosigkeit. Vielmehr ist es ein ganzes Bündel von Faktoren, das im Sinne einer ursachenadäquaten Analyse des Phänomens Arbeitslosigkeit zu berücksichtigen ist. Außerdem gilt es auch zu bedenken, dass die Klassisch-Neoklassische Theorie keine Aussagen darüber macht, ob ein gleichgewichtiges Lohnniveau einem durchschnittlich verdienenden Haushalt überhaupt ein einigermaßen menschenwürdiges Leben erlaubt. So könnte etwa der Fall auftreten, dass unterhalb eines bestimmten Lohnniveaus das Arbeitsangebot nicht weiter abnimmt, sondern aufgrund des Zwangs zur Existenzerhaltung sogar zunimmt:

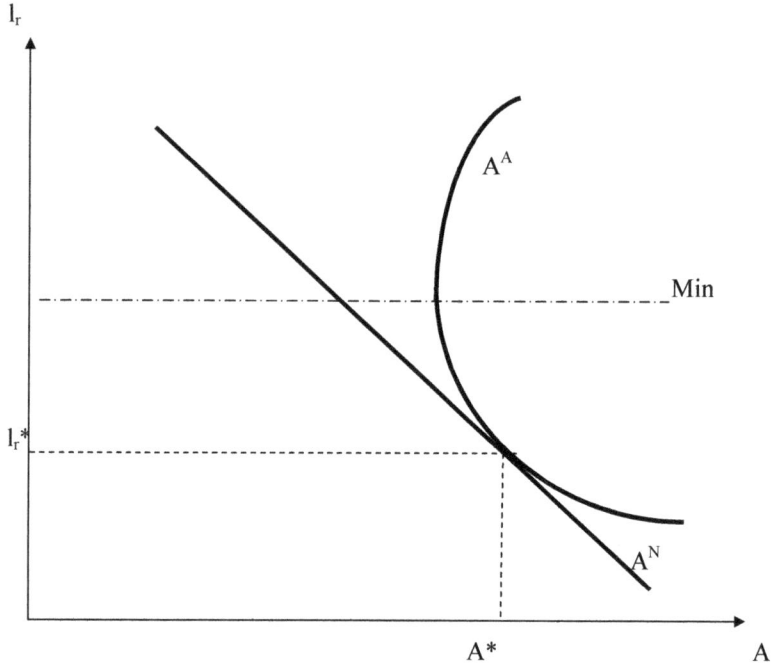

Abb. 4.5: Atypisches Arbeitsangebot (1)

Hier würde ab der gestrichelten Linie (Min) das Arbeitsangebot aus dem genannten Grund atypisch verlaufen, also mit sinkendem Reallohn zunehmen. Im dargestellten Fall würde zwar noch ein Gleichgewichtslohnsatz existieren, doch wäre dieser möglicherweise so niedrig und die mit dem Arbeitsvolumen A* verbundene tägliche Arbeitszeit so hoch, dass wir beides als unzumutbar empfinden würden. Verschärfen würde sich das Problem, wenn gar kein Berührungspunkt zwischen Arbeitsangebots- und Arbeitsnachfragefunktion existiert (siehe die Abbildung auf der folgenden Seite). In einem solchen Fall könnte das Lohnniveau sogar beliebig weit sinken, ohne dass es zu einem Ausgleich von Angebot und Nachfrage am Arbeitsmarkt kommt. Im Gegenteil, je weiter das Lohnniveau sinkt, umso mehr nimmt aufgrund des überproportional steigenden Arbeitsangebots auch die Arbeitslosigkeit zu.

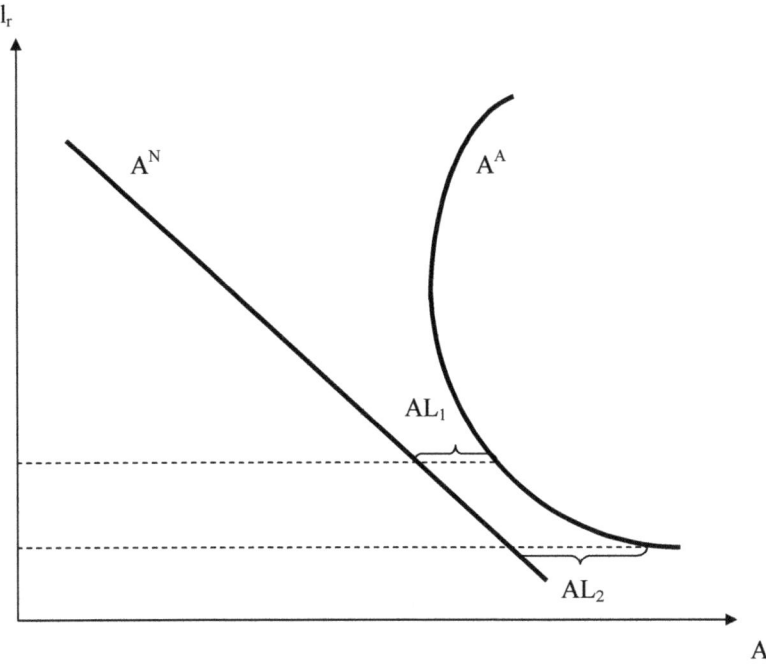

Abb. 4.6: Atypisches Arbeitsangebot (2)

Hier ist die Arbeitslosigkeit durch das sinkende Lohniveau nicht zurückgegangen, sondern gestiegen: $AL_2 > AL_1$.

Für derartige Fälle schlagen selbst Vertreter einer marktwirtschaftlich orientierten Arbeitsmarktordnung die Einführung staatlicher Mindestlöhne vor, so etwa Walter Eucken, der als einer der geistigen Väter der Sozialen Marktwirtschaft gilt.

iii. Natürliche Arbeitslosigkeit als strukturelles Defizit des Arbeitsmarktes

Abschließend sei noch das Konzept der **„natürlichen" Arbeitslosigkeit** angesprochen. Es wurde von führenden Vertretern des Monetarismus (etwa Milton Friedman) in die Diskussion eingeführt. Der Monetarismus war insbesondere in den achtziger Jahren sehr einflussreich und prägte stark die Wirtschaftspolitik von Ronald Reagan in den USA und Margaret Thatcher in Großbritannien.

Im Kern besagt das Konzept, dass es in allen Volkswirtschaften stets einen gewissen Prozentsatz an Arbeitslosigkeit gibt. In langfristiger Betrachtung wird eine Volkswirtschaft also ihre Arbeitslosigkeit nicht unter diesen Wert senken können. Wie hoch dieser Prozentsatz ist, hängt – wie so vieles – von mehreren Faktoren ab. Grundsätzlich ergibt sich eine bestimmte Arbeitslosenquote rechnerisch aus dem Quotienten aus der Zahl der Arbeitslosen und der Zahl der Erwerbspersonen (vgl. Kapitel 2):

$$AL^Q = \frac{AL}{E + AL}$$

Definiert man nun eine Abgangsquote a als Quote der durch neu eingegangene Beschäftigungsverhältnisse aus der Arbeitslosigkeit abgehenden Personen und eine Zugangsquote z als Quote der durch Auflösung von Beschäftigungsverhältnissen neu in die Arbeitslosigkeit eintretenden Personen, so gilt:

$$a \cdot AL = \text{Zahl der eingestellten Personen}$$

und

$$z \cdot E = \text{Zahl der entlassenen Personen}$$

Bleibt die Gesamtzahl der Arbeitslosen gleich, was ja dem Konzept einer natürlichen Arbeitslosigkeit entspricht (eine so genannte **steady state-Situation**), so bedeutet dies also

$$a \cdot AL = z \cdot E$$

Um hieraus eine Bestimmung der Arbeitslosenquote herzuleiten, berücksichtigen wir, dass

$$EP = E + AL$$

Die Zahl der Erwerbstätigen ergibt sich somit aus der Differenz zwischen der Zahl der Erwerbspersonen und der Zahl der Arbeitslosen:

$$E = EP - AL$$

Dies eingesetzt in die Bedingung für eine steady-state-Arbeitslosigkeit ergibt

$$a \cdot AL = z \cdot (EP - AL)$$

Dividiert man diese modifizierte steady-state-Bedingung durch EP, erhält man

$$a\frac{AL}{EP} = z\left(1 - \frac{AL}{EP}\right)$$

bzw.

$$a\frac{AL}{EP} = z - z\frac{AL}{EP}$$

Wir lösen nach der Arbeitslosenquote AL/EP auf und erhalten schließlich:

$$\frac{AL}{EP} = \frac{z}{a+z}$$

In Worten ausgedrückt: Die natürliche Arbeitslosigkeit wird bestimmt durch das Verhältnis aus aufgelösten und neu abgeschlossenen Beschäftigungsverhältnissen. Nimmt die Quote der aufgelösten Beschäftigungsverhältnisse (z) zu, so nimmt auch die natürliche Arbeitslosigkeit zu. Steigt hingegen die Quote der neu eingegangenen Beschäftigungsverhältnisse (a), so sinkt die natürliche Arbeitslosigkeit (vgl. hierzu insbesondere *Mankiw*, 2003, S. 217f.).

Dies kann zwar intuitiv unmittelbar einleuchten, ist jedoch keineswegs so trivial, wie es vielleicht den Anschein haben mag. Denn erstens macht die Gleichung die Aussage über die Höhe der Arbeitslosigkeit im steady-state-Zustand, d.h. wenn sich das Gesamtniveau der Arbeitslosigkeit nicht ändert. Sie erlaubt somit Rückschlüsse über die Dynamik des Arbeitsmarktgeschehens auch bei gleich bleibender Gesamthöhe der Arbeitslosigkeit. Und zweitens zeigt sie Ansatzpunkte, um die natürliche Arbeitslosigkeit zu senken, in allererster Linie die Abgangsquote a.

Will man ein möglichst niedriges Niveau an natürlicher Arbeitslosigkeit, so muss man alles fördern, was zu einem schnelleren Abschluss neuer Beschäftigungsverhältnisse führen kann. Zu denken ist etwa an eine Verbesserung des Informationssystems bei der Stellenvermittlung. Arbeitsuchende können nur diejenigen offenen Stellen besetzen, über deren Existenz sie auch informiert sind. Auch die Erhöhung der regionalen Mobilität von Arbeitssuchenden kann ein sinnvoller Beitrag zur Reduzierung der natürlichen Arbeitslosigkeit sein, ebenso wie eine berufliche Weiterqualifizierung dieses Personenkreises. Denn häufig verlangen offene Stellen andere Qualifikationen als sie von den gerade arbeitslos Gewordenen mitgebracht werden. In diesen Fällen ist Arbeitslosigkeit dann auf ein Nichtzusammenpassen von Qualifikationsprofilen zurückzuführen (**mismatch**).

Verallgemeinert lässt sich somit sagen, dass natürliche Arbeitslosigkeit als ein strukturelles Defizit des Arbeitsmarktes aufgefasst werden kann. Diese strukturellen Defizite verhindern es, dass der Arbeitsmarkt mit der erforderlichen Flexibilität reagieren und für einen möglichst schnellen Abbau der Arbeitslosigkeit sorgen kann.

Man sollte jedoch nicht der Versuchung erliegen, dieses strukturelle Defizit des Arbeitsmarktes mit dem Begriff der strukturellen Arbeitslosigkeit gleichzusetzen. Strukturelle Arbeitslosigkeit wird vom permanent stattfindenden wirtschaftlichen Strukturwandel verursacht (vgl. hierzu die Ausführungen zur Drei-Sektoren-Hypothese weiter vorne). Es gibt Sektoren und Branchen, die von Schrumpfungstendenzen gekennzeichnet sind, während andere Sektoren und Branchen (vor allem im tertiären Sektor, dem sog. „Dienstleistungssektor") expandieren. In den schrumpfenden Sektoren der Volkswirtschaft fallen dementsprechend Arbeitsplätze weg, wohingegen in den expandierenden Sektoren und Branchen neue Arbeitsplätze entstehen – jedoch in aller Regel mit völlig anderen Qualifikationsanforderungen und häufig auch ganz bestimmten wünschenswerten Persönlichkeitsmerkmalen der neu einzustellenden Beschäftigten. Natürlich wird häufig auch das Lebensalter der von struktureller Arbeitslosigkeit betroffenen Personen eine gewisse Rolle spielen. Jüngere Menschen haben es – so zumindest die landläufige Vorstellung, die bei nicht wenigen potenziellen Arbeitgebern existieren dürfte – leichter, sich in einer schnelllebigen und von permanentem Wandel geprägten Arbeitswelt zurechtzufinden. Gerade dies dürften Anforderungen sein, die in vielen Tätigkeitsfeldern expandierender Branchen des tertiären Sektors gefordert sind (Stichworte: Digitalisierung, hohe Technikaffinität, starke Kundenorientierung).

Es gibt somit gewiss eine Schnittmenge zwischen den Begriffen der natürlichen und der strukturellen Arbeitslosigkeit. Trotzdem ist es sinnvoll, beide Konzepte voneinander zu differenzieren.

Abschließend zu diesem Thema sei erwähnt, dass das Konzept der natürlichen Arbeitslosigkeit in Modellen der **Neuen Klassischen Makroökonomik** eine durchaus populäre Rolle spielt. Dort wird argumentiert, dass es prinzipiell unmöglich ist, durch Inkaufnahme einer höheren Inflationsrate die Arbeitslosigkeit unter das Niveau der natürlichen Arbeitslosigkeit einer Volkswirtschaft zu senken. Insbesondere der wirtschaftspolitischen Strategie einer Konjunkturankurbelung durch höhere Staatsausgaben (im Rahmen der Fiskalpolitik) und/oder eine Steigerung der Geldmenge (im Rahmen der Geldpolitik) wird in diesen Modellen der Kampf angesagt. Denn mit einer solchen expansiven Ausgestaltung von Geld- und Fiskalpolitik würde lediglich die Inflation angeheizt, die Arbeitslosigkeit jedoch nicht dauerhaft gesenkt, da Gewöhnungseffekte und eine Adaption der höheren Inflationsraten über Lohnsteigerungen und damit Kostensteigerungen für die Unternehmen dies verhinderten. Die natürliche Arbeitslosigkeit ließe sich, so die Argumentation der **Neuen Klassischen Makroökonomik**, nur über angebotsseitige Maßnahmen und strukturelle Reformen am Arbeitsmarkt senken.

5. Einbeziehung des Geldmarktes und Klassisch-Neoklassisches Gesamtmodell

a. Begriffliche Grundlagen und Inflationsursachen

Zunächst müssen einige begriffliche Grundlagen der makroökonomischen Geldmarktanalyse geklärt werden.

Geld erfüllt ökonomisch gesehen drei Funktionen:
- Es ist allgemein akzeptiertes **Tausch- und Zahlungsmittel**,
- es dient als Wertaufbewahrungsmittel und
- es ist eine Recheneinheit

Die erste Funktion ist unmittelbar einleuchtend. Jeder von uns verwendet täglich Geld, um Transaktionen (etwa Güterkäufe) abwickeln zu können. Dabei ist es prinzipiell unerheblich, welche materielle Erscheinungsform das Geld, das wir verwenden, besitzt. Wir verwenden Geld heute in Form von Münzen und Banknoten, aber auch in immaterieller Form (bargeldloser Zahlungsverkehr), indem wir per EC-Karte, Kreditkarte oder Geldkarte über unser Girokonto verfügen. Wir können somit festhalten, dass Geld durch seine Funktionen definiert ist.

Dies führt zu der Frage, wie die Gesamtmenge an Geld, das sich in einer Volkswirtschaft in Umlauf befindet, abgegrenzt werden soll – mit anderen Worten, wie die so genannte **Geldmenge** definiert ist. Zählt alles zur Geldmenge, was irgendeinen Wert besitzt? Dann würden auch Wertgegenstände wie Schmuck, Gemälde oder auch Immobilien zur Geldmenge zählen. Eine solch weite Abgrenzung wäre sicher nicht sinnvoll, denn die genannten Sachwerte stellen zwar einen Vermögenswert dar, können jedoch nicht für Zahlungszwecke verwendet werden. Man kann sie zwar verkaufen und den Erlös wiederum verwenden, um eine offene Rechnung zu bezahlen, aber dann geht man ja wieder den Umweg über das Geld, indem man einen Vermögenswert zunächst in seinen entsprechenden Geldwert tauscht, ihn also „liquidisiert".

In der Volkswirtschaftslehre hat sich eine Dreiteilung der Geldmengendefinitionen etabliert. Dabei grenzt man als engste Geldmenge diejenige ab, die unmittelbar für Zahlungszwecke eingesetzt wird. Dies ist

M1 = Bargeld (der Nichtbanken) + Sichteinlagen
(der Nichtbanken bei Geschäftsbanken)

Es ist jedoch häufig sinnvoll, die Geldmenge weiter zu fassen und weitere Finanzaktiva hinzuzuzählen. Dies geschieht etwa bei der Geldmenge

M2 = M1 + Termineinlagen (max. 2 Jahre) + Spareinlagen

Hier kommen zur Geldmenge M1, die natürlich auch in M2 enthalten ist, noch die Termineinlagen mit maximal zwei Jahre Laufzeit sowie die klassischen Spareinlagen mit dreimonatiger (bzw. gesetzlicher) Kündigungsfrist dazu. Die Geldmenge M2 ist also größer als die Geldmenge M1. So betrug im Juli 2008 die Geldmenge M1 in der Eurozone 3826,6 Mrd. €, wovon der Bargeldumlauf lediglich 649,6 Mrd. € ausmachte.

Die umfassendste Abgrenzung der Geldmenge schließlich ist

M3 = M2 + Geldmarktfondsanteile + Schuldverschreibungen (max. 2 Jahre) + Repogeschäfte

Hier kommen zu den bisherigen Komponenten von M1 und M2 die Geldmarktfondsanteile hinzu, da diese sehr liquide sind, die Schuldverschreibungen mit einer Laufzeit von maximal zwei Jahren, sowie die Repogeschäfte, bei denen es sich um Wertpapierpensionsgeschäfte zwischen Banken und Nichtbanken handelt. Wir wollen auf die letztgenannten begrifflichen Spezifika nicht näher eingehen und nur so viel sagen, dass es sich um Finanzwerte handelt, die zwar nicht unmittelbar als Zahlungsmittel eingesetzt werden können (Sie können nicht mit einem Depotauszug Ihrer Geldmarktfondsanteile zum Bäcker gehen und damit Ihre Brötchen bezahlen). Doch können diese Finanzaktiva vergleichsweise leicht – etwa im Vergleich zu einer Immobilie – liquidisiert werden. Deshalb ist ihre Einbeziehung in das umfassendste Geldmengenaggregat gerechtfertigt.

Fragt man nach den Ursachen für eine Verringerung des Geldwertes, also nach den Inflationsursachen, so zeigen sich im Wesentlichen vier Wege, auf denen eine Volkswirtschaft einen inflationären Pfad einschlagen kann.

Die erste Inflationsursache liegt auf der Nachfrageseite. Übersteigt die gesamtwirtschaftliche Nachfrage das gesamtwirtschaftliche Angebot, so besteht die nahe liegende Folge darin, dass die Unternehmen die Preise erhöhen. Dies erhöht die Inflationsrate in der Volkswirtschaft (**Nachfrageinflation**). Die zweite Ursache ist auf der Angebotsseite zu finden. Sind die Unternehmen von unerwarteten Kostensteigerungen betroffen (beispielsweise durch Lohnsteigerungen, die den Produktivitätszuwachs übersteigen), so werden sie versuchen, diese Kostensteigerungen über steigende Preise an die Verbraucher weiter zu reichen (**Angebotsinflation**).

Drittens kann die Inflation in einem Missverhältnis zwischen umlaufender Geldmenge und produzierter Gütermenge zu finden sein. Übersteigt das Geldmengenwachstum das Wachstum der Güterproduktion spürbar, so wird das Geld – gemessen an den Gütern, die für einen bestimmten Geldbetrag zu bekommen sind – an Wert verlieren. Auch in diesem Fall kommt es also zu einer Inflation (**Geldmengeninflation**). Schließlich kann Inflation mit den außenwirtschaftlichen Verflechtungen einer Volkswirtschaft verknüpft sein und gleich auf mehreren Wegen quasi „importiert" werden (**importierte Inflation**). So würde etwa ein Wertverlust der eigenen Währung (in unserem Fall also des Euro) am Devisenmarkt dazu führen, dass für importierte Güter, die am Weltmarkt in einer anderen Währung (zum Beispiel US-Dollar) gehandelt werden, mehr bezahlt werden muss.

b. Geldmarktgleichgewicht und die Quantitätstheorie des Geldes

Der **Geldmarkt** im Sinne der makroökonomischen Theorie ist der ökonomische Ort des Aufeinandertreffens von Geldangebot und Geldnachfrage. Unter dem **Geldangebot** wollen wir uns eine vereinfacht bestimmte Geldmenge vorstellen, die die Zentralbank eines Landes oder Währungsraumes den Wirtschaftssubjekten zur Verfügung stellt. Das Geldangebot kann für unsere Zwecke mit M1 gleichgesetzt werden. Im Rahmen der makroökonomischen Theorie geht man überdies davon aus, dass die Zentralbank das Geldangebot zuverlässig steuern kann und dieses damit autonom bestimmt ist:

$$M = M^a$$

Unter **Geldnachfrage** versteht man den Wunsch eines Wirtschaftssubjektes nach Liquidität. Es handelt sich also um die Entscheidung, über einen bestimmten Geldbetrag in liquider Form zu verfügen (Halten von Geld als Kasse). Die Geldnachfragetheorie versucht zu klären, welche Motive für die Höhe der gewünschten Kassenhaltung in der Volkswirtschaft insgesamt verantwortlich sind. Die Klassisch-Neoklassische Theorie geht bei der Beantwortung dieser Frage von folgenden Kernpunkten aus:

- Die Zahlungsmittelfunktion des Geldes steht im Mittelpunkt,
- das Halten von Geld ist nur sinnvoll für Transaktionszwecke sowie
- die Höhe der gesamtwirtschaftlichen Geldnachfrage ist abhängig von der Höhe des Volkseinkommens

Insbesondere der letzte Punkt ist hier von Interesse. Er lässt sich in einer Gleichung formalisieren:

$$L_T \ = \ k \cdot Y_n$$

wobei L_T die Geldnachfrage zu Transaktionszwecken bezeichnet, Y_n für das nominale Volkseinkommen steht und k den so genannten Kassenhaltungskoeffizienten angibt. Der Kassenhaltungskoeffizient ist ein Verhaltensparameter und gibt das von den Wirtschaftssubjekten (in ihrer Gesamtheit) gewünschte Verhältnis zwischen dem nominalen Volkseinkommen und der Höhe der Kassenhaltung wieder. Der Kehrwert des Kassenhaltungskoeffizienten ist die Umlaufgeschwindigkeit (v):

$$v = \frac{1}{k}$$

Sie gibt an, wie oft eine bestimmte Geldmenge innerhalb eines festgelegten Zeitraums (z.B. ein Jahr) genutzt wurde, um Transaktionen abzuwickeln. Hierzu ein Zahlenbeispiel: Das nominale Volkseinkommen eines Jahres sei 4000, die im Jahresdurchschnitt gemessene Geldmenge M hingegen 1000. Da das Volkseinkommen zahlungstechnisch gesehen durch Transaktionen zustande kam, für deren Abwicklung wiederum die vorhandene Geldmenge genutzt wurde, muss eben diese Geldmenge im Schnitt viermal für Transaktionen genutzt worden sein:

$$v = \frac{Y_n}{M} = \frac{4000}{1000} = 4$$

Der Kassenhaltungskoeffizient ist dementsprechend 0,25.

Am makroökonomischen Geldmarkt treffen nun das autonome Geldangebot und die Geldnachfrage aufeinander. Gleichgewicht liegt dann vor, wenn Angebot und Nachfrage einander entsprechen, das bedeutet hier

$$M^a = L_T = k \cdot Y_n$$

bzw.

$$M^a = \frac{1}{v} \cdot Y_n$$

Bringt man den Kehrwert der Umlaufgeschwindigkeit auf die linke Seite der Gleichung und berücksichtigt ferner, dass $Y_n = P \cdot Y_r$ (vgl. die Ausführungen über nominale und reale Größen in Kapitel 1), so erhält man:

$$M^a \cdot v = P \cdot Y_r$$

Diese Gleichung besagt, dass eine Geldmenge, multipliziert mit ihrer Umlaufgeschwindigkeit, ein bestimmtes nominales Volkseinkommen (reales Volkseinkommen mal Preisniveau) ergibt. Sie wird als **Quantitätsgleichung** bezeichnet und stellt in dieser Form eine Identitätsgleichung dar, denn sie ist aus definitorischen Gründen immer richtig, da sich die Umlaufgeschwindigkeit ja aus dem Quotienten nominalem Volkseinkommen und Geldmenge berechnet. Zur Erklärungsaussage wird die Quantitätsgleichung dann, wenn man sie nach einer Größe befragt, die nicht durch definitorische Zusammenhänge vorgegeben ist. Im Fall der Quantitätsgleichung ist dies das Preisniveau:

$$P = \frac{M^a \cdot v}{Y_r}$$

In dieser Form wird die Quantitätsgleichung zur **Quantitätstheorie**. Sie macht die Kernaussage, dass das Preisniveau in einer Volkswirtschaft bestimmt wird durch die Relation zwischen umlaufender Geldmenge ($M^a \cdot v$) und realem Volkseinkommen (entspricht der Gütermenge). Einfacher und prägnant ausgedrückt: Das Preisniveau ergibt sich aus dem Verhältnis zwischen Geldmenge und Gütermenge. Die wirtschaftspolitischen Handlungsempfehlungen, die sich aus dieser Erkenntnis ergeben, werden wir im Kontext des Klassisch-Neoklassischen Gesamtmodells diskutieren, das im folgenden Abschnitt im Mittelpunkt steht.

c. Die Logik des Klassisch-Neoklassischen Gesamtmodells

Die einzelnen Bestandteile, die bisher gesammelt wurden, sollen nun zu einem schlüssigen und konsistenten Gesamtmodell zusammengefasst werden. Ein **makroökonomisches Gesamtmodell** muss in der Lage sein, die drei Schlüsselphänomene Produktionshöhe, Beschäftigungsvolumen und Preisniveau simultan zu bestimmen und ihre gegenseitige Interdependenz abzubilden. Der Vorteil eines Gesamtmodells gegenüber einer separaten Betrachtung der jeweiligen makroökonomischen Teilmärkte besteht in erster Linie darin, dass man gegenseitige Abhängigkeiten der einzelnen Teilbereiche einer Volkswirtschaft erkennen kann und Einflüsse, die das Geschehen in einem Bereich der Volkswirtschaft auf die anderen Bereiche und Märkte nimmt (so genannte **Spill over-Effekte**) nachvollziehen kann.

i. Simultanes Gleichgewicht bei Vollbeschäftigung

Am Beginn der Klassisch-Neoklassischen Argumentation steht der Arbeitsmarkt (Diagramm links unten in der folgenden Abbildung). Hier wird durch das Zusammentreffen von Arbeitsangebots- und Arbeitsnachfragefunktion über die Höhe des gleichgewichtigen Lohnsatzes sowie über das Beschäftigungsvolumen entschieden. Dieses Arbeitsvolumen geht sodann als Faktorinput in die makroökonomische Produktionsfunktion ein, die den Gütermarkt abbildet. Daraus ergibt sich die Höhe der gesamtwirtschaftlichen Produktionsleistung (Diagramm links oben). Dieses Angebot wird nun in das rechte obere Diagramm übertragen, in dem sich die gesamtwirtschaftliche Nachfragefunktion befindet. Man beachte: Da sich das Angebot über die Produktionsfunktion aus dem Faktoreinsatz an Arbeit ergeben hat, können wir es als fixiert und somit unabhängig von der Höhe des Preisniveaus betrachten. Aus dem Schnittpunkt zwischen Angebots- und Nachfragefunktion ergibt sich schließlich das gleichgewichtige Preisniveau. Dieses Preisniveau lässt sich auch alternativ bestimmen, indem man in die Gleichung der Quantitätstheorie bei gegebener Geldmenge und gegebener Umlaufgeschwindigkeit das reale Volkseinkommen (das der Gütermenge entspricht) einsetzt. Die Gleichung gibt dann unmittelbar die Höhe des gleichgewichtigen Preisniveaus an. Die Abbildung auf der folgenden Seite zeigt das **Klassisch-Neoklassische Gesamtmodell**. Da die Gleichgewichtswerte des Modells stets zu einem Zustand streben, bei dem am Arbeitsmarkt eine Vollbeschäftigungssituation herrscht, spricht man auch vom **Klassischen Vollbeschäftigungsgleichgewicht**.

Wie ändern sich die Werte des Systems, wenn man nun einzelne Größen verändert? Gehen wir zum Beispiel davon aus, dass die Zentralbank die autonom festgesetzte Geldmenge M^a erhöht. Aus der Gleichung der Quantitätstheorie lässt sich ablesen, dass das gleichgewichtige Preisniveau P* steigen muss, vorausgesetzt, dass sich an und am realen Volkseinkommen Y_r nichts ändert. Die Konstanz von v können wir hier der Einfachheit halber voraussetzen. Doch was ist mit Y_r? Sollte es aufgrund der Zunahme der Geldmenge ebenfalls steigen, so müsste das Preisniveau sich nicht unbedingt erhöhen. Es käme dann auf das Verhältnis der beiden Zuwachsraten an. Das Gesamtmodell zeigt uns jedoch, dass Y_r sich nicht ändert: Der Zunahme der Geldmenge entspricht gemäß der klassischen Geldnachfragetheorie auch eine gleich große Zunahme der Kassenhaltung (denn jede gemessene Geldmenge muss ja als Kassenhaltung in Erscheinung treten, sonst hätte sie nicht gemessen werden können). Dafür kommt in klassischer Sicht nur L_T in Frage. Eine höhere Kassenhaltung zu Transaktionszwecken bedeutet jedoch, dass das Transaktionsvolumen (nominal) größer wird, die in Geldeinheiten gemessene gesamtwirtschaftliche Nachfrage also zunimmt. Im rechten oberen Diagramm des Gesamtmodells verschiebt sich somit die gesamtwirtschaftliche Nachfragefunktion nach rechts. Dadurch verlagert sich der Schnittpunkt mit der Y-Geraden ebenfalls nach rechts, das gleichgewichtige Preisniveau nimmt zu.

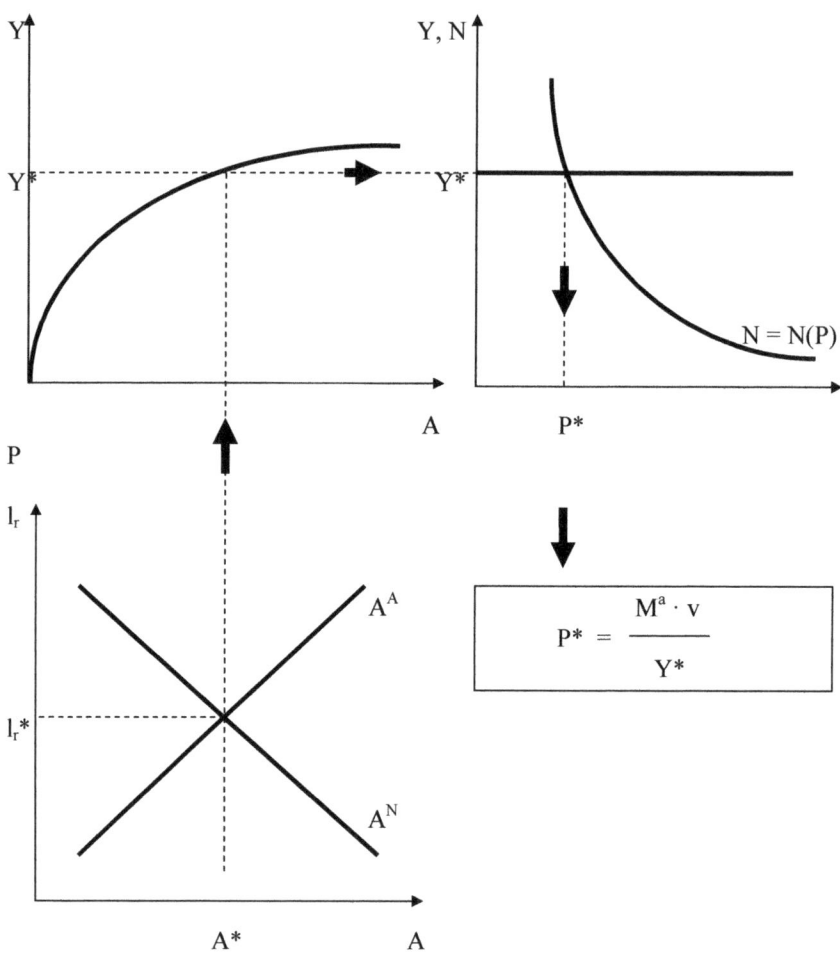

Abb. 5.1: Klassisch-Neoklassisches Gesamtmodell

Der Wert von Y_r ändert sich nicht, es kommt also nicht zu einer Zunahme der realen Güterproduktion. Die Steigerung der Geldmenge durch die Zentralbank erschöpft sich ausschließlich in einer Zunahme des Preisniveaus:

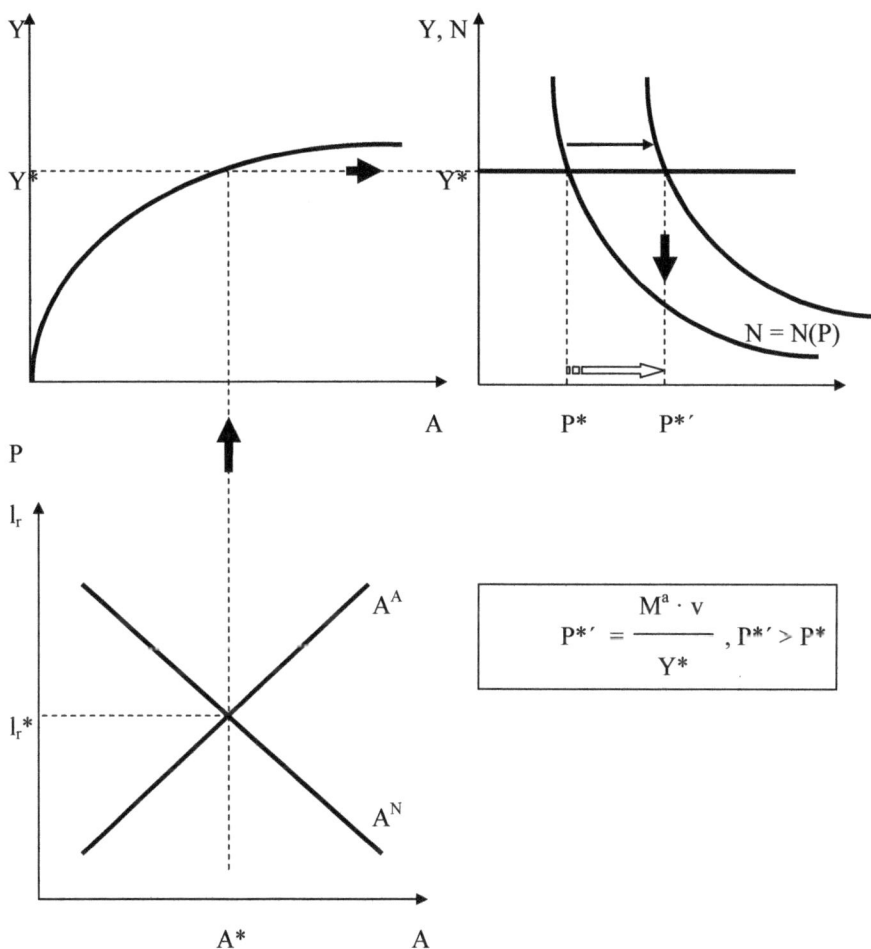

Abb. 5.2: Erhöhung der Geldmenge

Als zweites Beispiel einer Anpassung des Gesamtsystems an Datenänderungen sei eine Erhöhung des Arbeitsangebots – etwa durch eine Zuwanderungswelle – angenommen:

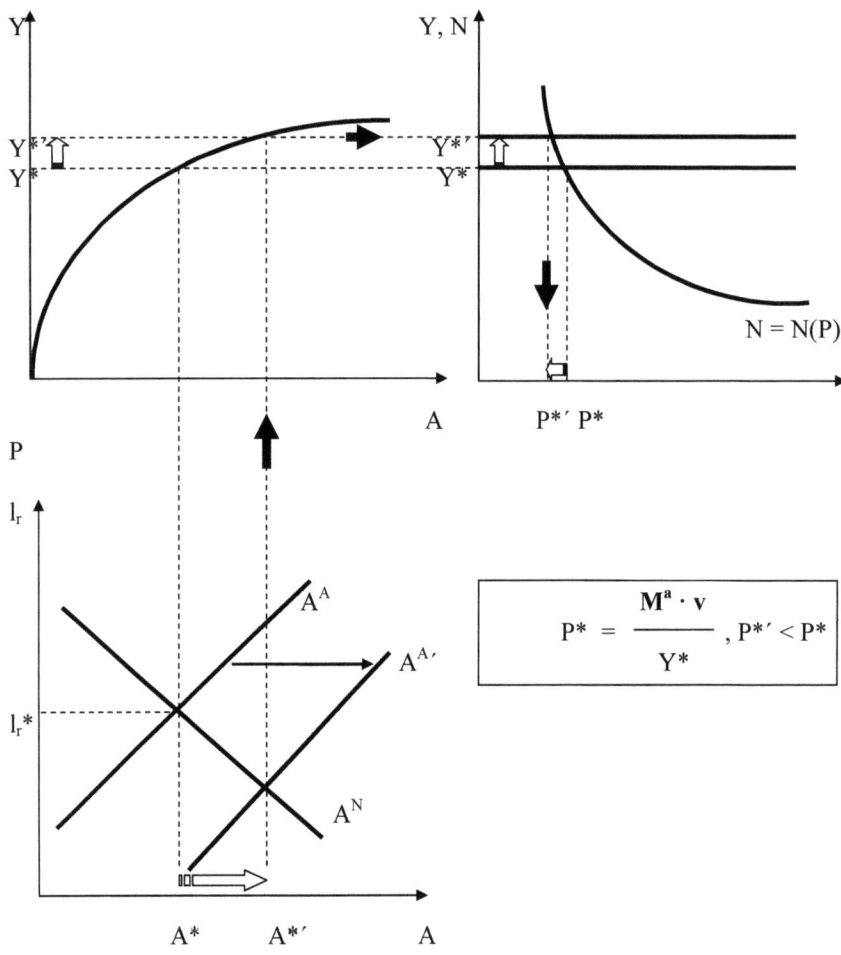

Abb. 5.3: Zunahme des Arbeitsangebots

Durch die Zunahme des Arbeitsangebots (Rechtsverschiebung der Arbeitsangebotsfunktion) sinkt zum einen der gleichgewichtige Reallohnsatz, zum anderen nimmt das eingesetzte Arbeitsvolumen zu. Es gibt also mehr Beschäftigung in der Volkswirtschaft. Mit dem größeren Arbeitsvolumen wird ein höheres Produktionsvolumen realisiert. Aus dem Zusammentreffen des gestiegenen gesamtwirtschaftlichen Angebots mit der gesamtwirtschaftlichen Nachfragefunktion resultiert schließlich (bei gleich bleibender autonomer Geldmenge M^a) ein niedrigeres Preisniveau.

ii. Wirtschaftspolitische Folgerungen

Welche wirtschaftspolitischen Schlussfolgerungen lassen sich aus dem Klassisch-Neoklassischen Gesamtmodell ableiten? Zunächst muss betont werden, dass das Modell von einer uneingeschränkten Funktionsfähigkeit des Preismechanismus auf allen makroökonomischen Märkten ausgeht. Wir werden bald sehen, dass daran fundierte Zweifel zumindest erlaubt sind. Sieht man von dieser Einschränkung an dieser Stelle ab, so lässt sich sagen, dass das volkswirtschaftliche Gesamtmodell stets zu einem harmonischen Gleichgewichtszustand bei Vollbeschäftigung strebt. Die Wirtschaftspolitik sollte sich im Rahmen dieser Sichtweise darauf konzentrieren, die Voraussetzungen für die Funktionsfähigkeit des Marktmechanismus sicher zu stellen und dafür sorgen, dass die Rahmenbedingungen für die Angebotsseite der Wirtschaft, also die Unternehmen, möglichst günstig gestaltet werden.

Auf Seiten der Geldpolitik ist darauf zu achten, dass das Verhältnis zwischen Geldmenge und realer Güterproduktion nicht aus dem Ruder läuft und eine vernünftige Relation zwischen diesen beiden Größen gewahrt bleibt. Dadurch trägt die Geldpolitik zur Sicherung der Preisniveaustabilität bei, die wiederum eine wichtige Voraussetzung für das Funktionieren des Preismechanismus darstellt.

Da wir an späterer Stelle (Kapitel 9) nochmals auf die wirtschaftspolitischen Handlungsempfehlungen der grundlegenden makroökonomischen Modelle eingehen wollen, mögen diese knappen Anmerkungen hier genügen. Wir wenden uns stattdessen in den folgenden Kapiteln dem wichtigsten und einflussreichsten Gegenentwurf zum Klassisch-Neoklassischen Modell zu.

Teil III: Das nachfrageorientierte Keynessche Modell der Makroökonomik

6. Keynessche Analyse des Gütermarktes

„Auf lange Sicht sind wir alle tot." Mit dieser bissigen Bemerkung brachte der britische Nationalökonom John Maynard Keynes – der die Volkswirtschaftslehre des zwanzigsten Jahrhunderts prägte wie wohl kaum ein zweiter – zum Ausdruck, was er von der langfristig ausgerichteten Analyse der Klassisch-Neoklassischen Makroökonomik hielt. Seiner Ansicht nach machten es sich die Volkswirte seiner Zeit zu einfach, wenn sie auf die Erschütterungen des marktwirtschaftlichen Systems durch schwere Krisen stets mit derselben unerschütterlichen Standfestigkeit auf die langfristig wirkenden Selbstheilungskräfte des Marktes verwiesen, ansonsten aber plausible Erklärungen für das mehr oder weniger regelmäßige Wiederkehren derartiger Krisen schuldig blieben. Vor allem die Erfahrungen der berüchtigten Weltwirtschaftskrise der frühen dreißiger Jahre des vergangenen Jahrhunderts ließen diesbezügliche Defizite der herrschenden Lehrmeinung offenkundig werden. Dass solche krisenhaften Erscheinungen keineswegs nur ein Phänomen des vergangenen Jahrhunderts darstellen, verdeutlicht die weltweite Krise des Finanzsystems, die seit dem Jahr 2007 bis zum aktuellen Zeitpunkt die großen Zentralbanken der Welt in Atem hält. Dabei ist die Sorge vor einem Abgleiten der Weltwirtschaft in eine tief greifende Rezession – vergleichbar der großen Weltwirtschaftskrise – die treibende Kraft für zahlreiche Rettungsaktionen, die mehrere Banken vor dem Zusammenbruch bewahrten, um ein Übergreifen der Krise auf die gesamte Volkswirtschaft zu vermeiden. Werfen wir daher zunächst einen Blick auf das empirische Erscheinungsbild der gesamtwirtschaftlichen Schwankungen und die Rolle, die der gesamtwirtschaftlichen Nachfrage dabei zukommt.

a. Die Rolle der gesamtwirtschaftlichen Nachfrage

Das Phänomen der Schwankungen der Wirtschaftsaktivität ist so alt wie das kapitalistisch-marktwirtschaftliche System selbst. Die folgende Graphik aus dem Jahresgutachten 2007 des Sachverständigenrates vermittelt einen Eindruck dieses mehr oder weniger regelmäßig wiederkehrenden Schwankungsmusters.

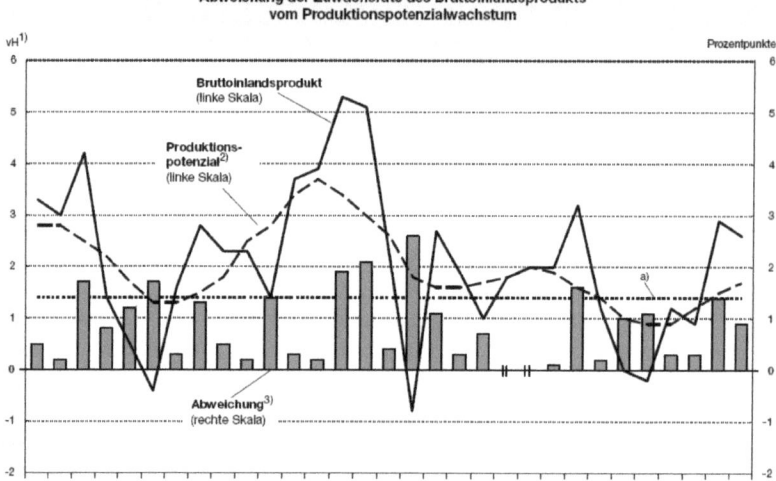

Abb. 6.1: Zyklische Schwankungen der Wirtschaftsaktivität
(Quelle: Sachverständigenrat zur Begutachtung der gesamtwirtschaftlichen Entwicklung,
Jahresgutachten 2007)

Deutlich zu erkennen ist das zyklische Schwankungsmuster der gesamtwirtschaftlichen Aktivität am Auf und Ab der Wachstumsrate des Bruttoinlandsprodukts (durchgehende Linie). Phasen in denen diese Wachstumsrate zunimmt, bezeichnet man als Aufschwungphasen, solche mit rückläufigen Wachstumsraten als Abschwungphasen. Verglichen damit verläuft die Entwicklung des Produktionspotenzials deutlich schwankungsärmer. Die Wachstumsrate des Bruttoinlandsprodukts liegt deshalb in Phasen eines kräftigen Aufschwungs deutlich über derjenigen des Produktionspotenzials; der Auslastungsgrad des Produktionspotenzials nimmt in solchen Phasen also zu:

$$\Delta \left[\frac{BIP}{BIP^{Pot}} \right] > 0$$

Im Gegensatz dazu sind Abschwungphasen durch einen rückläufigen Auslastungsgrad des Produktionspotenzials gekennzeichnet:

$$\Delta \left[\frac{BIP}{BIP^{Pot}} \right] < 0$$

Auf diese Weise lassen sich die einzelnen Phasen eines **Konjunkturzyklus** gegeneinander abgrenzen. Ein vollständiger Zyklus besteht demnach aus einer Aufschwungphase, einer kurzen Phase der Hochkonjunktur, einer Abschwungphase (Rezession) und einer Phase der Depression, dem Tiefpunkt des Zyklus. Danach beginnt wieder eine neue Aufschwungphase. Typischerweise wird die Aufschwungphase häufig durch ein „Zwischentief" unterbrochen, was dem kompletten Zyklus eine gewissen M-Form verleiht (in obiger Abbildung deutlich zu erkennen in den Zeiträumen 1982-1993 und 1993-2003 mit jeweils deutlichen kleineren Einbrüchen 1985/86 bzw. 1995/96).

Die Klassisch-Neoklassische Analyse zeigt eher wenig Interesse am Phänomen der wirtschaftlichen Schwankungen. Durch die langfristig ausgerichtete angebotsseitige Perspektive des Modells liegt der Fokus mehr auf der trendmäßigen Entwicklung der zentralen makroökonomischen Größen. Die Keynesianische Makroökonomik bevorzugt hingegen einen anderen Blickwinkel. Aus historischen Erfahrungen immer wieder auftretender krisenhafter Störungen des gesamtwirtschaftlichen Prozesses wird die Folgerung gezogen, dass die auf die Erklärung langfristiger Entwicklungstrends ausgerichtete angebotsseitige Analyse ergänzt werden muss durch eine kurzfristig angelegte, auf eine Erklärung der Schwankungsmechanismen abzielende Analyse. Eine solche Analyse hat vor allem der gesamtwirtschaftlichen Nachfrage besondere Beachtung zu schenken. Die Komponenten der gesamtwirtschaftlichen Nachfrage, welche sich aus der Verwendungsgleichung des Bruttoinlandsprodukts ergeben, sind daher im Keynesianischen Denken die zentralen Ansatzpunkte für die Erklärung der gesamtwirtschaftlichen Aktivität:

$$Y = C + I + G + (Ex - Im)$$

Auch die Keynesianische Makroökonomik geht von einer **Grundannahme** aus, deren Verständnis für die weitere Analyse von erheblicher Bedeutung ist. Im Gegensatz zur Klassisch-Neoklassischen Makroökonomik setzen Keynesianer voraus, dass Preise in einem marktwirtschaftlichen System oft weit weniger flexibel sind als häufig angenommen. Insbesondere nach unten konstatieren Keynesianer geradezu eine Tendenz zur Starrheit. Als Beleg hierfür wird in der Regel der Arbeitsmarkt angeführt, auf dem schon alleine durch Tarifvereinbarungen, aber auch durch gesetzliche Bestimmungen (etwa Mindestlöhne) einer (Nominal-) Lohnsenkung enge Grenzen gesetzt sind. Aber auch auf den Gütermärkten ist die Flexibilität der Preise nach Keynesianischer Überzeugung bei weitem nicht so hoch wie von den Klassikern unterstellt wird. So reagieren Unternehmen ihrer Einschätzung nach etwa auf einen Nachfragerückgang zunächst mit einer Einschränkung der Produktionsmenge und lassen die Preise unverändert. Erst wenn sich der Nachfragerückgang als dauerhaft herausstellt, sei mit Preisnachlässen zu rechnen. Ein zu häufiges und zu schnelles Drehen an der Preisschraube berge überdies das Risiko von Attentismus – also einer

Abwartehaltung, die auf weitere Preissenkungen spekuliert und sich mit Kaufentscheidungen aus diesem Grund zurückhält.

b. Die Höhe der gesamtwirtschaftlichen Produktion

i. Einkommensabhängigkeit des Konsums

Das elementare Keynesianische Modell zur Erklärung der Höhe der gesamtwirtschaftlichen Produktion setzt zunächst an der gewichtigsten Komponente der gesamtwirtschaftlichen Nachfrage an: dem privaten Konsum. Das zentrale Argument lautet, dass Menschen Einkommen benötigen, um konsumieren zu können. Mit steigendem Einkommen nimmt der Konsum zu, allerdings nicht im selben Ausmaße wie die Einkommenszunahme, sondern unterproportional. Diese Überlegungen führen zur Formulierung einer makroökonomischen Konsumfunktion:

$$C = C(Y) \qquad \text{mit } 0 < dC/dY < 1$$

In der Regel wird ein linearer Verlauf dieser Funktion zugrunde gelegt, so dass gilt:

$$C = C^a + c' Y \qquad \text{mit } C^a > 0 \text{ und } 0 < c' < 1$$

Der Konsum nimmt also mit steigendem Einkommen zu, allerdings nur nach Maßgabe von $dC/dY = c'$, der **marginalen Konsumquote** bzw. Konsumneigung. Ist diese z.B. 0,8, so werden von einem zusätzlich verdienten Euro nur 80 Cent ausgegeben. Die restlichen 20 Cent fließen in zusätzliche Ersparnis. Marginale Konsumquote c' und **marginale Sparquote** $s' = dS/dY$ addieren sich zu eins:

$$c' + s' = 1$$

und es gilt:

$$0 < s' < c' < 1$$

Daraus ergibt sich unmittelbar, dass zu jeder Konsumfunktion $C = C(Y)$ eine korrespondierende Sparfunktion

$$S = S(Y) \qquad \text{mit } 0 < dS/dY < 1$$

existiert. Während die Konsumfunktion somit die Einkommensabhängigkeit des privaten Konsums abbildet, gibt die Sparfunktion an, wie das Volkseinkommen die private Ersparnis bestimmt.

Das folgende Beispiel einer Konsumfunktion soll die Zusammenhänge näher verdeutlichen. Wir verwenden die Funktion

$$C = 30 + 0{,}75\,Y$$

aus der sich die korrespondierende Sparfunktion

$$S = -30 + 0{,}25\,Y$$

ergibt. Wir erkennen zunächst, dass die Konsumfunktion ein Absolutglied enthält, das einen **autonomen Konsum** von $C^a = 30$ festlegt. Dies ist der Teil des gesamtwirtschaftlichen Konsums, der unabhängig von der Höhe des Volkseinkommens getätigt wird. Man kann sich darunter einen lebensnotwendigen Mindestkonsum vorstellen, der beispielsweise durch Auflösen von Ersparnissen oder durch Kreditaufnahme finanziert wird. Ferner besagt die marginale Konsumquote von 0,75, dass der Konsum um das 0,75-fache einer Einkommenszunahme steigt. Die Sparfunktion dagegen hat ein Absolutglied von -30. Bei einem Einkommen von Null würden also negative Ersparnisse getätigt, das heißt, dass bestehende Ersparnisse in Höhe des Absolutgliedes aufgelöst würden bzw. eine Kreditfinanzierung in entsprechender Höhe stattfinden würde. Die folgende Tabelle enthält einige ausgewählte Werte dieser Funktion (auf drei Nachkommastellen gerundet).

Y	C	dC/dY	C/Y	S	dS/dY	S/Y
80	90	0,75	1,125	-10	0,25	-0,125
100	105	0,75	1,05	-5	0,25	-0,05
120	120	0,75	1,00	0	0,25	0,00
140	135	0,75	0,964	5	0,25	0,036
160	150	0,75	0,938	10	0,25	0,063
180	165	0,75	0,917	15	0,25	0,083
200	180	0,75	0,90	20	0,25	0,10

Tab. 6.1: Beispiel einer Konsum- und Sparfunktion

Der Konsum nimmt mit steigendem Einkommen unterproportional zu, die durchschnittliche Konsumquote (C/Y) liegt im Bereich von Y < 120 über 100%, während sie mit Einkommen über 120 unter 100% sinkt und stetig abnimmt. Die Haushalte konsumieren also mit steigendem Einkommen einen geringer werdenden Teil dieses Einkommens. Umgekehrt verhält sich das Sparen: Hier steigt die durchschnittliche Sparquote (S/Y) mit steigendem Einkommen kontinuierlich an. Erwähnt sei noch, dass bei einer Konsumfunktion ohne autonomen Konsum ($C^a = 0$) die marginale und die durchschnittliche

Konsumquote bzw. Sparquote mit der jeweiligen durchschnittlichen Quote übereinstimmen. Dies lässt sich leicht dadurch überprüfen, indem in der obigen Tabelle die Werte für C und S unter Verwendung der Konsumfunktion C = 0,75Y erneut berechnet werden. Man erhält dann durchgehend C/Y = 0,75 = dC/dY bzw. S/Y = 0,25 = dS/dY.

Graphisch stellen sich die beiden Funktionen wie folgt dar:

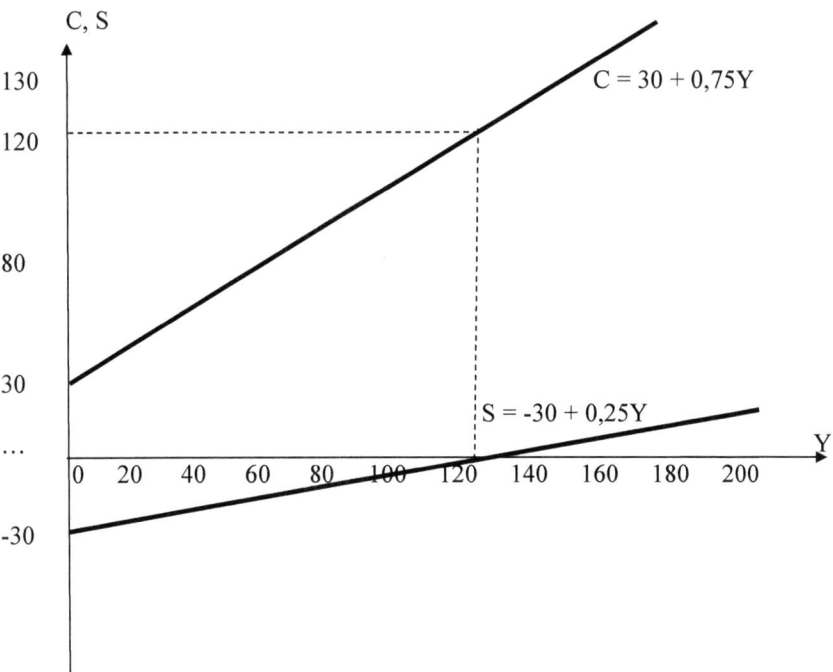

Abb. 6.2: Beispiel einer Konsum- und Sparfunktion

Die Keynessche **absolute Einkommenshypothese** hat verschiedene Erweiterungen und Verfeinerungen erfahren. So wird etwa argumentiert, dass für Konsumentscheidungen weniger das aktuelle Einkommen bestimmend sei als vielmehr das für die Zukunft erwartete (Milton Friedmans permanente Einkommenshypothese) bzw. das für die gesamte Lebenszeit zu erwartende Einkommen (Modiglianis Lebenszyklushypothese). Bedeutung hat auch die Habit-Persistance-Hypothese von Brown (der Konsum reagiert mit zeitlicher Verzögerung auf Änderungen des Einkommens) sowie die relative Einkommenshypothese von Duesenberry, in der auch die Stellung innerhalb einer Einkommenspyramide bzw. die soziale Umgebung, innerhalb derer sich ein Haushalt befindet, eine Rolle spielt.

Die ersten drei genannten Erweiterungen lassen sich zwanglos in modifizierten Konsumfunktionen fassen:

$$C = c^P Y^P \qquad \text{(permanente Einkommenshypothese)}$$

Hier steht Y^P für das permanente (für die Zukunft erwartete) Einkommen. Für die Höhe dieses erwarteten Einkommens ist der gesamte Vermögensbestand einschließlich des so genannten Humankapitals entscheidend. Multipliziert mit dem Realzins z, ergibt sich daraus Y^P:

$$Y^P = zA$$

Modiglianis Hypothese führt zu folgender Funktion:

$$C = f(Y^L) = c^W W + c^V V \qquad \text{(Lebenszyklushypothese)}$$

Hier ist der Lebens-Konsum abhängig vom erwarteten Lebenseinkommen Y^L. Dieses wiederum ergibt sich aus dem realen Vermögensbestand V und dem erwarteten realen Arbeitseinkommen W:

$$Y^L = \alpha W + \beta V$$

Nach Maßgabe der Koeffizienten α und β.

Sowohl bei der permanenten Einkommenshypothese als auch bei der Lebenszyklushypothese steht der Kleinbuchstabe c (mit jeweiligem Index) für die Stärke der Reaktion des Konsums auf Änderungen der entsprechenden Größe.

Schließlich können wir die zeitlich verzögerte Reaktion des Konsums ganz bequem durch die Einführung eines Zeitindex in die einfache Konsumfunktion berücksichtigen:

$$C_t = C^a + c' Y_{t-1} \qquad \text{(Habit-Persistance-Hypothese)}$$

Dabei ist t der aktuelle Zeitindex. Bei allen drei angeführten Funktionen kommt es zu typischen Sperrklinkeneffekten: Ein einmal erreichtes Konsumniveau wird bei einem vorübergehenden Rückgang des aktuellen Einkommens Y_t (beispielsweise aufgrund einer Rezession) zunächst beibehalten. Bei Friedman ist der Grund hierfür, dass das permanente Einkommen Y^P in einer Rezession weniger oder gar nicht sinkt ($Y^P > Y_t$); bei Modigliani liegt der Grund darin, dass der reale Vermögensbestand und das erwartete Lebenseinkommen unberührt bleiben, so dass $Y^L > Y_t$. Beides mal wirkt der Konsum in einer Rezession als stabilisierender Faktor, da die gesamtwirtschaftliche Nachfrage stärker zurückgehen und die Rezession verstärken würde, wenn der Konsum sofort auf eine Senkung des Volkseinkommens reagierte. Bei der Habit-Persistance-Hypothese ergibt sich auch eine gewisse stabilisierende Wirkung des Konsums, allerdings nur für eine Zeitperiode, da sich danach Änderungen des Einkommens auf den Konsum auswirken.

Diese Funktionen sind grundsätzlich mit ökonometrischen Methoden zu schätzen. Allerdings sind Daten für Y_{t+1}^e (erwartetes Einkommen für die nächste Zeitperiode) bzw. für Y^L (Lebenszeiteinkommen) häufig nur indirekt zu ermitteln. Aus diesem Grund werden wir für die weiteren Überlegungen von der einfachen absoluten Einkommenshypothese in linearer Form ausgehen (lineare Konsumfunktion).

ii. Das Gleichgewichts-Volkseinkommen

Wir haben gesehen, dass im Klassisch-Neoklassischen Modell das Gleichgewicht am Gütermarkt durch das Saysche Theorem gesichert wird. Vereinfacht gesagt: Jedes Angebot schafft sich seine Nachfrage selbst, nämlich durch das Einkommen, das mit seiner Produktion entsteht und letzten Endes wieder vollständig verausgabt wird. Jedes Angebot, das sich im Klassisch-Neoklassischen Modell durch den Einsatz der Produktionsfaktoren ergibt, trifft also auf ein ausreichend hohes Einkommen, um vom Markt absorbiert zu werden, eine allgemeine Überproduktion erscheint unmöglich.

Dies stellt sich im Keynesianischen Modell völlig anders dar. Um die Argumentation nachvollziehen zu können, wollen wir jedoch noch eine weitere Nachfragekomponente berücksichtigen, nämlich die Investitionen. Wir sehen sie zunächst als autonom gegeben an, das bedeutet, dass die Unternehmen eine bestimmte Höhe des Investitionsvolumens festlegen und wir diese Höhe als Datum in unser Modell einbeziehen:

$$I = I^a$$

Weitere Nachfragekomponenten lassen wir für den Moment unberücksichtigt, insbesondere die staatliche Nachfrage sowie die Nachfrage durch den Außenhandel. Wir gehen also für den Moment von einer **geschlossenen Volkswirtschaft ohne Staat und Außenhandel** aus, werden dies jedoch später schrittweise ändern.

Daraus folgt, dass sich die gesamtwirtschaftliche Nachfrage in diesem elementaren Modell als Summe aus Konsum- und Investitionsnachfrage ergibt.

$$N = C + I^a = C^a + c'Y + I^a$$

Gleichgewicht bedeutet allgemein, dass die Bedingung Angebot = Nachfrage erfüllt ist, in unserem Fall also:

$$A = N$$

Das bedeutet hier

$$Y = C^a + c'Y + I^a$$

Um das Gleichgewicht zu bestimmen, müssen wir diese Gleichung nach Y auflösen und erhalten zunächst

$$Y - c'Y = C^a + I^a$$

bzw.

$$Y(1-c') = C^a + I^a$$

und somit

$$Y^* = \frac{1}{1-c'}(C^a + I^a)$$

Diese Formel ermöglicht es uns, das so genannte Gleichgewichts-Volkseinkommen zu berechnen. Dazu addieren wir einfach die autonom gegebenen Nachfragekomponenten (hier den autonomen Konsum und die autonomen Investitionen) und multiplizieren die Summe mit dem Ausdruck (1/1-c'), dem so genannten **Multiplikator**.

Am Beispiel unserer obigen Konsumfunktion C = 30 + 0,75Y und autonomen Investitionen in Höhe von $I^a = 50$ erhalten wir somit

$$Y^* = \frac{1}{0,25}(30 + 50) = 320$$

Um zu überprüfen, ob es sich hierbei wirklich um ein gleichgewichtiges Einkommen (und ein gleichgewichtiges Produktionsvolumen) handelt, berechnen wir die Nachfrage, die aus diesem Einkommen resultiert:

$$N = C^a + c'Y + I^a = 30 + 0,75 \cdot 320 + 50 = 320$$

Beim Einkommen von 320 entspricht also die Nachfrage genau der Höhe des Angebots (das ja wertgleich mit der Höhe des Einkommens ist). Es herrscht Gleichgewicht auf dem makroökonomischen Gütermarkt. Überdies entspricht auch die Höhe der (autonomen) Investition der Höhe der Ersparnis:

$S = I^a = 50$,

denn beim Gleichgewichtseinkommen von $Y^* = 320$ beträgt die private Ersparnis

$S = -30 + 0{,}25 \cdot 320 = 50$

Doch würde nicht jedes beliebige Einkommen zu einer gleich hohen Nachfrage führen und somit das Saysche Theorem auch hier gelten? Wir nähern uns damit dem entscheidenden Unterschied zwischen der Keynesianischen und der Klassisch-Neoklassischen Sicht der Dinge.

Nehmen wir zunächst an, das Volkseinkommen, das in unserer Modell-Volkswirtschaft erwirtschaftet wird, sei größer als das gleichgewichtige, also beispielsweise $Y = 400$. Wenn wir die Nachfrage berechnen, die sich bei diesem Einkommen ergibt, erhalten wir

$N = C^a + c'Y + I^a = 30 + 0{,}75 \cdot 400 + 50 = 380$

Nun ist die gesamtwirtschaftliche Nachfrage niedriger als das Angebot (das Volkseinkommen) und somit kann ein Teil der gesamtwirtschaftlichen Produktion nicht abgesetzt werden, es herrscht ein Überangebot an Waren und Dienstleistungen (Nachfragelücke oder **deflatorische Lücke**). Umgekehrt verhält es sich, wenn wir ein Volkseinkommen zugrunde legen, das kleiner als das gleichgewichtige ist, zum Beispiel $Y = 200$:

$N = C^a + c'Y + I^a = 30 + 0{,}75 \cdot 200 + 50 = 230$

Hieraus resultiert eine gesamtwirtschaftliche Nachfrage, die über dem Angebot liegt. Ein Teil dieser Nachfrage kann nicht gedeckt werden, es herrscht eine Angebotslücke (**inflatorische Lücke**).
Die Begriffe inflatorische und deflatorische Lücke bringen zum Ausdruck, dass die jeweiligen gesamtwirtschaftlichen Konstellationen mit einer Tendenz zu Preissteigerungen bzw. Preissenkungen verknüpft sind:

Gesamtwirtschaftliche Konstellation	Situation auf dem Gütermarkt	Wirkungen auf das Preisniveau
$Y < Y^*$	Angebotslücke $(A < N)$	Preisauftrieb (inflatorische Lücke)
$Y = Y^*$	Gleichgewicht $(A = N)$	Preisstabilität
$Y > Y^*$	Nachfragelücke $(A > N)$	Preisdruck (deflatorische Lücke)

Tab. 6.2: Konstellationen zwischen Y und Y*

Das Gleichgewichtseinkommen und die inflatorische bzw. deflatorische Lücke lassen sich auch graphisch darstellen und analysieren. In der folgenden Abbildung ergibt sich die Nachfragefunktion, indem die Konsumfunktion um den Betrag der autonomen Investitionen parallel nach oben verschoben wird. Zusätzlich wird die 45° – Winkelhalbierende eingezeichnet, denn diese hat eine wichtige Eigenschaft: Sie ist von beiden Achsen gleich weit entfernt. Jeder Punkt auf der Winkelhalbierenden hat auf beiden Achsen denselben Koordinatenwert: Y = N. Wenn man also den Punkt auf der Nachfragefunktion sucht, für den die Höhe der Nachfrage genau dem Angebot entspricht, so ist dies der Schnittpunkt zwischen der Nachfragefunktion und der 45° – Winkelhalbierenden (siehe folgende Abbildung).

Y* bezeichnet hierbei das Gleichgewichtseinkommen, denn es ist der einzige Punkt, der zugleich auf der Nachfragefunktion und der 45° – Winkelhalbierenden liegt. In diesem Punkt entspricht die Höhe der Nachfrage (der Punkt liegt auf der Nachfragefunktion) genau der Höhe des Angebots: Der Punkt liegt auf der 45° – Linie, somit ist der Koordinatenwert auf der senkrechten Achse (gibt die Höhe der Nachfrage an) gleich dem Koordinatenwert auf der waagrechten Achse (gibt die Höhe des Angebots bzw. Einkommens an).

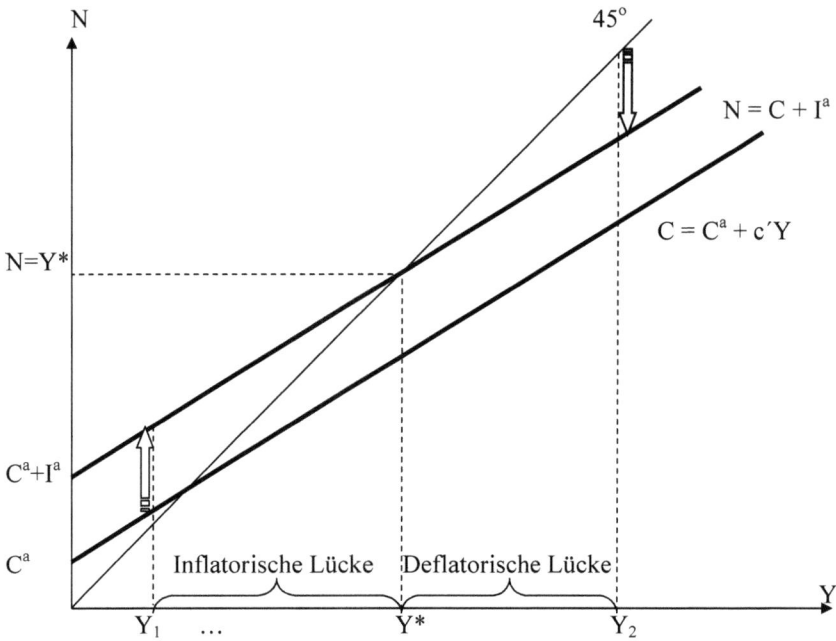

Abb. 6.3: Das Gleichgewichts-Volkseinkommen

Links von Y^* – beispielsweise bei Y_1 – verläuft die Nachfragefunktion über der $45°$ – Linie, die gesamtwirtschaftliche Nachfrage übersteigt also das Angebot. Dadurch entsteht eine Tendenz zu Preissteigerungen, es liegt eine inflatorische Lücke vor. Genau umgekehrt verhält es sich bei Y – Werten, die rechts von Y^* liegen, also etwa bei Y_2. Hier verläuft die $45°$ – Linie über der Nachfragefunktion, das Angebot übersteigt also die gesamtwirtschaftliche Nachfrage. Deshalb werden Preissteigerungstendenzen gedämpft, eventuell kommt es sogar zu einem Sinken des Preisniveaus. Deshalb liegt rechts von Y^* eine deflatorische Lücke vor.

Wir können damit den entscheidenden Unterschied zwischen dem Gütermarkt-Gleichgewicht im Klassisch-Neoklassischen und im Keynesianischen Modell wie folgt formulieren: Während sich im Klassisch-Neoklassischen Modell ein bestimmtes Produktionsvolumen bzw. Volkseinkommen aus dem Einsatz der Produktionsfaktoren Arbeit und Kapital ergibt und stets – auf Grund des Sayschen Theorems – mit Gleichgewicht auf dem Gütermarkt einher geht, ist im Keynesianischen Modell ein bestimmtes Gleichgewichtseinkommen (bzw. Produktionsvolumen) festgelegt. Entscheidend für dessen Höhe ist die gesamtwirtschaftliche Nachfrage. Je höher diese ist, umso höher ist auch das gleichgewichtige Volkseinkommen. Besonders deutlich wird dies, wenn wir uns fragen, wie sich eine Änderung der gesamtwirtschaftlichen Nachfrage auf das Gleichgewichtseinkommen auswirkt. Die Antwort liefert der so genannte Multiplikator-Prozess.

iii. Der Multiplikator-Prozess

Nehmen wir an, die autonomen Investitionen steigen von bisher 50 auf 70 und verbleiben auf diesem Niveau. Das gleichgewichtige Volkseinkommen wird dann natürlich höher liegen, da die gesamtwirtschaftliche Nachfrage zunimmt. Die Berechnung liefert:

$$Y^* = \frac{1}{0{,}25} (30 + 70) = 400$$

Es fällt auf, dass die Investitionen lediglich um 20 Einheiten angestiegen sind (von $I^a = 50$ auf $I^a = 70$), das Gleichgewichtseinkommen jedoch von $Y^* = 320$ auf $Y^* = 400$ zugenommen hat. Der Anstieg des Gleichgewichtseinkommens beträgt also 80 Einheiten, was dem Vierfachen der Investitionszunahme entspricht. Dieser Anstieg lässt sich auch sehr einfach direkt aus der folgenden Gleichung bestimmen:

$$\Delta Y^* = \frac{1}{1-c'} \Delta I^a$$

Sie besagt, dass sich die Änderung des Gleichgewichtseinkommens aus der Änderung der autonomen Investitionen, multipliziert mit dem Ausdruck $(1/1-c')$ – dem so genannten Investitionsmultiplikator – ergibt. Diese Gleichung ergibt sich einfach, indem wir

$$Y^* = \frac{1}{1-c'} (C^a + I^a)$$

partiell nach I^a ableiten (C^a wird hierbei wie eine additive Konstante behandelt und fällt beim Ableiten weg):

$$\frac{\delta Y^*}{\delta I^a} = \frac{1}{1-c'}$$

oder eben, wenn wir endliche Größenänderungen vorgeben:

$$\frac{\Delta Y^*}{\Delta I^a} = \frac{1}{1-c'}$$

Die Einkommenszunahme beträgt also ein Mehrfaches der Nachfragesteigerung, im obigen Beispiel:

$$\Delta Y^* = \frac{1}{0{,}25}\, 20 = 80$$

Durch die Steigerung der autonomen Investitionen um 20 Einheiten stieg das Gleichgewichtseinkommen um 80 Einheiten an.

Doch wie ist dieser Multiplikator-Effekt ökonomisch zu erklären? Warum beschränkt sich die Zunahme des Einkommens nicht auf die Höhe der Nachfragesteigerung? Und wie ist eigentlich die Rolle des Gleichgewichtseinkommens in diesem Prozess zu verstehen? Betrachten wir hierzu die folgende Tabelle, in der wir wieder die Konsumfunktion C = 30 + 0,75Y zugrunde legen. Ferner gehen wir von einer für das Keynesianische Denken charakteristischen Anpassungsreaktion der Unternehmen auf Ungleichgewichte zwischen Angebot und Nachfrage aus (vgl. die zu Beginn des Abschnitts 6.b erläuterte Grundannahme): Die Unternehmen passen ihr Angebot der aktuellen Periode an die Nachfrage der Vorperiode an. Die wird durch den so genannten **Lundberg-Lag** ausgedrückt:

$$Y_t = N_{t-1}$$

Damit wird unser einfaches Keynessches Grundmodell, das bisher rein statisch bzw. komparativ-statisch angelegt war, dynamisiert (siehe die folgende Tabelle).

t	I^a	Y^*	Y	C	S	N	Y vs. N	S vs. I	Lücke	ΔLager (I^u)
1	50	320	320	270	50	320	Y = N	S = I	Nein	0
2	70	400	320	270	50	340	Y < N	S < I	Infl.	-20
3	70	400	340	285	55	355	Y < N	S < I	Infl.	-15
4	70	400	355	296,3	58,7	366,3	Y < N	S < I	Infl.	-11,3
5	70	400	366,3	304,7	61,6	374,7	Y < N	S < I	Infl.	-8,4
.	…	…	…	…	…	…	…	…	…	…
.	…	…	…	…	…	…	…	…	…	…
.	…	…	…	…	…	…	…	…	…	…
n	70	400	400	330	70	400	Y = N	S = I	Nein	0

Tab. 6.3: Dynamische Anpassung und Lundberg-Lag

Betrachten wir die Dynamik dieses Anpassungsprozesses etwas genauer. Zu Beginn (Zeitperiode t = 1) ist ein Gleichgewicht am Gütermarkt gegeben. Wir erkennen dies daran, indem wir entweder Angebot und Nachfrage miteinander vergleichen (A = N = 320) oder S und I (S = I = 50). Das Gleichgewichts-Volkseinkommen stimmt mit dem tatsächlichen Volkseinkommen überein (Y* = Y = 320). Ferner tritt am Gütermarkt keine inflatorische oder deflatorische Lücke auf und die Unternehmen erfahren keine ungeplanten Änderungen ihrer Lagerbestände. Am Anfang der zweiten Periode t = 2 wird dieses Gütermarkt-Gleichgewicht durch eine Zunahme der autonomen Investitionen gestört. Es ist wichtig sich klarzumachen, dass die Unternehmen von dieser Zunahme der gesamtwirtschaftlichen Nachfrage zunächst nichts mitbekommen und daher dieselbe Höhe des aggregierten Angebots wie in der Periode t = 1 an den Markt bringen. Aus diesem Grund entsteht nun eine Lücke zwischen Angebot und Nachfrage. Die gesamtwirtschaftliche Nachfrage (N = 340) übersteigt das gesamtwirtschaftliche Angebot (Y = 320), die autonomen Investitionen (I^a = 70) liegen über dem Sparen, das nach wie vor eine Höhe von S = 50 hat. Das tatsächliche Einkommen ist zu Beginn dieser zweiten Periode noch unverändert geblieben, denn es entsteht ja aus der volkswirtschaftlichen Produktionsleistung, die sich noch nicht an die höhere Nachfrage angepasst hat. Bei den Unternehmen treten ungeplante Reduzierungen des Lagerbestandes in Höhe von -20 auf. Dies lässt sich so interpretieren, dass die Unternehmen entweder tatsächlich vorhandene Lagerbestände auflösen oder dass Nachfragerwünsche schlicht nicht befriedigt werden können. Wir sprechen hier auch von negativen ungeplanten Investitionen. Im Falle einer ungeplanten Erhöhung der Lagerbestände (bei einer deflatorischen Lücke) würden die ungewollt in das Fertigwarenlager eingehenden Güter als ungeplante Investitionen bezeichnet, die Erhöhungen der Lagerbestände als Lagerinvestitionen erfasst werden.
Im Zuge der angesprochenen Reaktionshypothese (Lundberg-Lag) werden die Unternehmen zu Beginn der Periode t = 3 mit einer Erhöhung ihres aggregierten Angebots auf Y = 340 reagieren. Dadurch steigt jedoch auch das Einkommen der privaten Haushalte, die daraufhin ihren Konsum erhöhen werden. Es tut sich also erneut eine inflatorische Lücke am Gütermarkt auf, die aggregierte Nachfrage liegt wieder über dem Angebot. Daher passen die Unternehmen ihr aggregiertes Angebot zu Beginn der vierten Periode t = 4 wieder an die Höhe der Nachfrage an, wodurch das Einkommen und mit ihm der Konsum abermals steigt. Dieser Aufwärtsprozess der Steigerung von Produktion, Einkommen, Konsum und erneuter Produktionssteigerung läuft eine Reihe Zeitperioden (theoretisch unendlich viele), wobei die Abweichungen zwischen gesamtwirtschaftlicher Nachfrage und Angebot aber immer kleiner werden. Er kommt dann zu einem Ende, wenn Produktion und Einkommen auf dem neuen Niveau des Gleichgewichtseinkommens von Y* = 400 angelangt sind. Hier stimmen Angebot und Nachfrage bzw. Investition und Ersparnis wieder überein, die inflatorische Lücke, die sich durch die ursprüngliche Erhöhung der autonomen Investitionen auftat, ist geschlossen worden.

Der Kern des Multiplikator-Prozesses wird auch durch folgende Abbildung verdeutlicht:

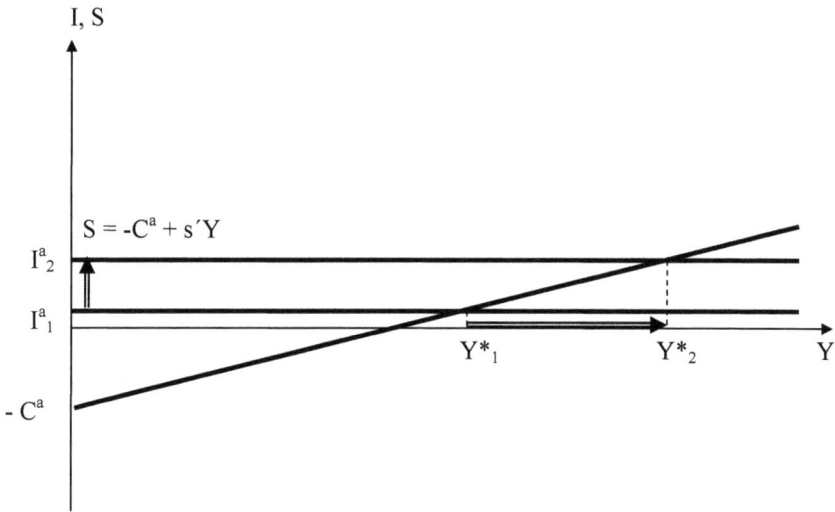

Abb. 6.4: Der Multiplikator-Prozess

Zunächst sehen wir hier eine alternative Möglichkeit, das Gleichgewichts-Volkseinkommen graphisch zu bestimmen. Die Höhe der autonomen Investitionen ist durch eine parallel zur Y-Achse verlaufende Gerade gegeben, da autonome Investitionen von der Höhe des Volkseinkommens unabhängig sind. Das Gleichgewichts-Volkseinkommen bestimmt sich dann durch den Schnittpunkt mit der Sparfunktion, da in diesem Punkt die Gleichgewichtsbedingung I = S erfüllt ist. Die autonomen Investitionen haben zunächst eine Höhe von I^a_1. Das Gleichgewicht ist somit im Punkt Y^*_1 gegeben. Dann steigen die Investitionen auf I^a_2 an. Dadurch verschiebt sich der Schnittpunkt mit der Sparfunktion nach rechts (Y^*_2). Der springende Punkt hierbei ist, dass die Rechtsverschiebung, also die Steigerung des Gleichgewichts-Volkseinkommens, deutlich stärker ausfällt als die Verschiebung der Gerade der autonomen Investitionen nach oben. Die Einkommenssteigerung beträgt also ein Mehrfaches der Investitionszunahme.

iv. Das makroökonomische Gravitationszentrum

Kommen wir nun auf die weiter oben gestellte Frage zurück, wie die Rolle des Gleichgewichts-Volkseinkommens zu beurteilen ist. Wir haben bei der Diskussion des Multiplikator-Prozesses gesehen, dass eine Erhöhung des gleichgewichtigen Einkommens Y* eine Erhöhung des tatsächlich produzierten Einkommens Y nach sich zieht. Umgekehrt wäre der Prozess im Falle einer deflatorischen

Lücke abgelaufen, die sich beispielsweise durch eine Verringerung der autonomen Investitionen aufgetan hätte. Dann hätte die Verringerung von Y* bewirkt, dass auch Y auf das niedrigere Niveau von Y* gesunken wäre. Allgemein ausgedrückt: Das gleichgewichtige Volkseinkommen wird stets das tatsächlich produzierte Einkommen nach sich ziehen; es wirkt wie ein makroökonomisches Gravitationszentrum. Dies soll die untere Abbildung verdeutlichen.

Zu den Zeitpunkten t_1, t_2 und t_3 erfährt das Gleichgewichts-Volkseinkommen, das durch die waagrecht verlaufende, gestrichelt-gepunktete Linie repräsentiert wird, eine Veränderung. Zunächst erhöht es sich (t_1), verringert sich danach (t_2), um schließlich wieder kräftig anzusteigen (t_3). Das tatsächliche Volkseinkommen, das am Gütermarkt mit einem entsprechenden Produktionsvolumen einhergeht, folgt dem gleichgewichtigen Einkommen mit zeitlicher Verzögerung. Man vergleiche etwa den Anstieg zum Zeitpunkt t_1 bzw. t_3 mit dem Ablauf einer inflatorischen Lücke, der in Tabelle 6.3 weiter oben dargestellt ist. Durch den Rückgang des Gleichgewichts-Einkommens zum Zeitpunkt t_2 hingegen tut sich auf dem Gütermarkt eine deflatorische Lücke auf, die zu einem Rückgang des tatsächlichen Einkommens auf das neue Gleichgewichtsniveau führt.

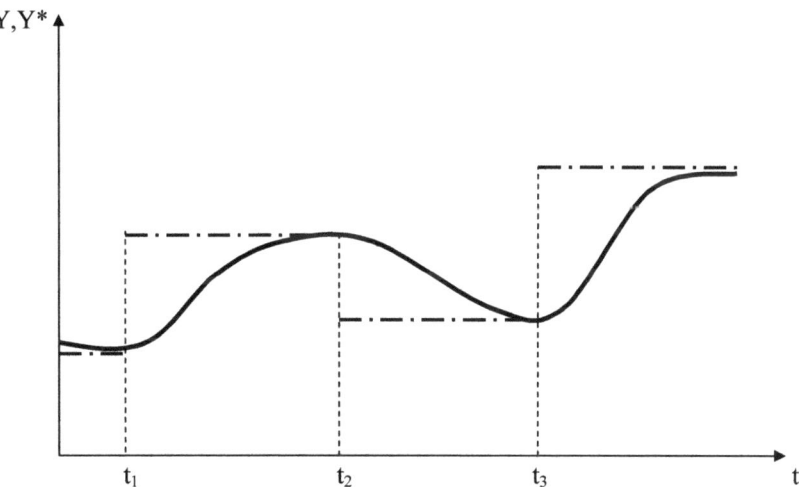

Abb. 6.5: Das makroökonomische Gravitationszentrum

c. Die Rolle der staatlichen Fiskalpolitik

Wir sind nun in der Lage, ohne allzu großen Aufwand auch die makroökonomisch relevanten Aktivitäten des Staates in unser Keynesianisches Grundmodell mit einzubeziehen. Dabei sind es drei Elemente, die uns interessieren: Auf der einen Seite erhebt der Staat Steuern (Einnahmenseite des Staatshaushalts), auf der anderen tätigt er Staatsausgaben für Güter und Dienste sowie sozialpolitisch motivierte Transferzahlungen an private Haushalte (Ausgabenseite). Die Subventionen an Unternehmen, die der Staat ebenfalls zahlt, bleiben in diesem Kontext unberücksichtigt, da sie nicht – wie die Transferausgaben – zu gesamtwirtschaftlicher Nachfrage werden, sondern sich primär auf die Preisgestaltung und die Wettbewerbsfähigkeit der Unternehmen auswirken.

Wir beginnen mit den Staatsausgaben, die wir wie die Steuern und die Transfers aus Vereinfachungsgründen als autonom betrachten:

$$G = G^a$$

Da Staatsausgaben positiv nachfragewirksam sind, modifiziert sich der Ansatz für das Gleichgewicht am Gütermarkt:

$$Y = C^a + c'Y + I^a + G^a$$

und somit

$$Y - c'Y = C^a + I^a + G^a$$

$$Y(1 - c') = C^a + I^a + G^a$$

$$Y^* = \frac{1}{1 - c'}(C^a + I^a + G^a)$$

Wir erkennen die Logik der Gleichgewichts-Formel: Alle autonomen Nachfragekomponenten werden addiert und die Summe mit dem Multiplikator (1/1-c') multipliziert. Graphisch ergibt sich das gleichgewichtige Volkseinkommen, indem die Nachfragekurve um den Betrag der autonomen Staatsausgaben parallel nach oben verschoben wird (siehe folgende Abbildung)

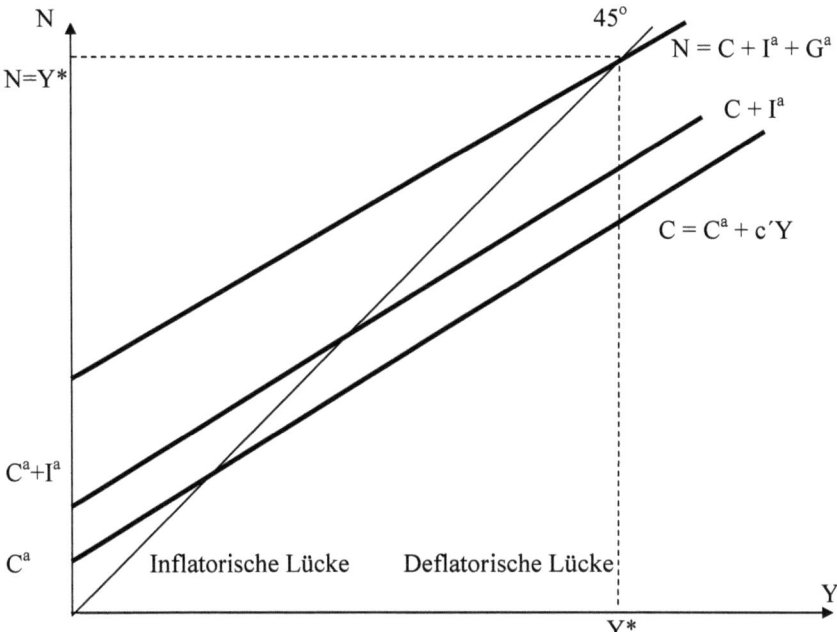

Abb. 6.6: Staatsausgaben und Gleichgewichts-Volkseinkommen

In analoger Weise lassen sich auch die Steuern und die Transferzahlungen in das Grundmodell einbeziehen. Hierbei sind allerdings zwei Aspekte zu berücksichtigen: erstens sind die Steuern negativ nachfragewirksam, sie gehen also mit negativem Vorzeichen in die Bestimmungsgleichung des gleich-gewichtigen Volkseinkommens ein. Zweitens wirken sich sowohl die Steuern als auch die Transfers nur indirekt, nämlich über das **verfügbare Einkommen** der Haushalte, auf die gesamtwirtschaftliche Nachfrage aus. Beide müssen daher in der Bestimmungsgleichung für Y^* mit der marginalen Konsumquote c' gewichtet werden. Wir erhalten also:

$$Y = C^a + c'Y + I^a + G^a - c'T^a + c'Tr^a$$

und somit

$$Y - c'Y = C^a + I^a + G^a - c'T^a + c'Tr^a$$

$$Y(1-c') = C^a + I^a + G^a - c'T^a + c'Tr^a$$

$$Y^* = \frac{1}{1-c'}(C^a + I^a + G^a - c'T^a + c'Tr^a)$$

Dies ist nun die vollständige Gleichung für die Bestimmung des gleichgewichtigen Volkseinkommens in einer geschlossenen Volkswirtschaft (ohne Außenhandel) mit staatlicher Aktivität. Die Effekte einer Änderung von Staatsausgaben, Steuern oder Transfers lassen sich ebenfalls bestimmen. Wir brauchen dazu nur die Gleichung partiell nach G^a, T^a bzw. Tr^a abzuleiten (siehe Hinweis weiter oben) und erhalten:

$$\Delta Y^* = \frac{1}{1-c'} \Delta G^a$$

bzw.

$$\Delta Y^* = \frac{-c'}{1-c'} \Delta T^a$$

bzw.

$$\Delta Y^* = \frac{c'}{1-c'} \Delta Tr^a$$

Vergleichen wir die hierbei auftretenden Multiplikatoren mit dem Investitionsmultiplikator, so fällt auf: Der Staatsausgaben-Multiplikator ($1/1-c'$) stimmt mit diesem überein, während der Steuer- und der Transfermultiplikator betragsmäßig kleiner ausfallen (im Zähler von beiden taucht c' auf, das kleiner als eins ist). Überdies ist der Steuermultiplikator negativ – dies überrascht natürlich nicht, da eine Erhöhung der Steuern die gesamtwirtschaftliche Nachfrage verringert.

Daraus ergibt sich unmittelbar ein weiterer Punkt, der im Zusammenhang mit den gesamtwirtschaftlichen Auswirkungen der Fiskalpolitik erwähnenswert ist: Da der Steuermultiplikator betragsmäßig kleiner ist als der Staatsausgabenmultiplikator, wirkt sich eine Erhöhung der Staatsausgaben stärker auf das Gleichgewichtseinkommen aus als eine gleich hohe Steuererhöhung. Das wird durch das **Haavelmo-Theorem** zum Ausdruck gebracht:

$$\frac{1}{1-c'} \Delta G^a > \left| \frac{-c'}{1-c'} \Delta T^a \right|$$

Ein einfaches Beispiel erläutert dies: Nehmen wir an, der Staat will zusätzliche Staatsausgaben für Güter und Dienste tätigen, dazu aber keine Neuverschuldung in Kauf nehmen, sondern die neuen Staatsausgaben in vollem Umfang durch höhere Steuereinnahmen finanzieren (eine synchrone Variation des Staatshaushaltes). Im Gespräch seien 10 Milliarden Euro. Ferner tätigen die Unternehmen autonome Investitionen in Höhe von 40, die Staatsausgaben betragen bisher (vor der Erhöhung) ebenfalls 40, die Steuern betragen 30 und die Transfers liegen bei 20. Wir legen die Konsumfunktion C = 50 + 0,8 Y zugrunde. Damit erhalten wir zunächst ein Gleichgewichtseinkommen von

$$Y^* = \frac{1}{0,2} (50 + 40 + 40 - 0,8 \cdot 30 + 0,8 \cdot 20) = 610$$

Die Auswirkungen der synchronen Erhöhung von Staatsausgaben und Steuern erhalten wir, indem wir die beiden Effekte separat berechnen:

$$\Delta Y^* = \frac{1}{0,2} \, 10 = 50$$

und

$$\Delta Y^* = \frac{-0,8}{0,2} \, 10 = -40$$

Die Erhöhung der Staatsausgaben um 10 Milliarden Euro bewirkt also eine Erhöhung des Gleichgewichtseinkommens um 50 Milliarden, während die identische Erhöhung der Steuern das Einkommen um 40 Milliarden senkt. Unter dem Strich ist es also nicht so, dass beide Effekte sich gegenseitig neutralisieren, sondern es ergibt sich ein positiver Gesamteffekt von 10 Milliarden Euro, also genau im Umfang der synchronen Erhöhung:

$$\Delta Y^{gesamt} = 50 - 40 = +10$$

Wie soll man dieses Ergebnis allerdings interpretieren? Heißt dies, dass ein Staat beispielsweise eine Konjunkturkrise einfach dadurch bekämpfen kann, dass er immer weiter seine Staatsausgaben und seine Steuereinnahmen synchron erhöht? Im Extremfall würde dies zur Folge haben, dass die Steuerlast irgendwann bei 100% liegt: Der Staat würde den Bürgern sämtliches Einkommen nehmen und das Geld quasi stellvertretend für sie wieder ausgeben. Dies käme jedoch einer totalen Entmündigung der Bürger gleich und wäre sicher nicht mit unserem Grundgesetz vereinbar, geschweige denn mit einem demokratischen Grundverständnis von politischer Legitimation. Das Haavelmo-Theorem liefert also keine Rechtfertigung für staatliche Steuerwillkür! Gleichwohl ist es ein interessanter Fakt, das in gewissen makroökonomischen Extremsituationen in Erinnerung gerufen werden mag.

Interessant ist es allerdings auch, das Haavelmo-Theorem umzukehren und eine synchrone Senkung von Steuern und Staatsausgaben zu durchdenken. Dies ließe sich politisch weit besser vermitteln (etwa so: „Die beabsichtige Entlastung unserer Bürger durch Steuersenkungen werden wir voll durch eine Reduzierung von überflüssig gewordenen Staatsausgaben finanzieren. Dadurch entfesseln wir die dynamischen Auftriebskräfte unserer Wirtschaft!").

Auch hier gilt jedoch, dass Steuern und Staatsausgaben nicht im gleichen Umfang nachfragewirksam sind. Eine synchrone Senkung um 10 Milliarden Euro würde in unserem obigen Beispiel zu einer Verringerung des Gleichgewichtseinkommens um genau 10 Milliarden Euro führen. Dynamische Auftriebskräfte lassen sich so wohl eher nicht entfalten.

Erwähnt sei noch, dass die Gleichgewichtsbedingung am Gütermarkt durch die Einbeziehung der fiskalischen Aktivität des Staates eine Modifikation erfährt. Neben dem Sparen gibt es nun weitere Abflüsse am Gütermarkt, nämlich die staatlichen Steuern. Sie verringern ebenfalls die Güternachfrage und sind daher zusätzlich zur Spartätigkeit der privaten Haushalte zu berücksichtigen. Auf der anderen Seite gibt es neben den Investitionen der Unternehmen weitere Zuflüsse am Gütermarkt, welche die Abflüsse durch das Sparen und die Steuerzahlungen kompensieren können, nämlich die Staatsausgaben für Güter und Dienste sowie die Transferzahlungen an die privaten Haushalte. Da das Gleichgewicht am Gütermarkt erfordert, dass sich Abflüsse und Zuflüsse die Waage halten, lautet die Gleichgewichtsbedingung unter Berücksichtigung des Staates:

$$S + T = I + G + Tr$$

d. Das Gleichgewicht auf dem Gütermarkt: Die IS-Kurve

Im Rahmen unseres einfachen Keynesianischen Grundmodells wurden mit Ausnahme des Konsums (Konsumfunktion) alle Komponenten der gesamtwirtschaftlichen Nachfrage als autonom gegeben betrachtet. Dies mag für die Staatsausgaben und die Transfers problemlos zu rechtfertigen sein, da hier politische Instanzen (Parlament, Regierung) über die Höhe der jeweiligen Positionen der öffentlichen Haushalte entscheiden. Bezüglich der Steuern tut man sich schon deutlich schwerer, denn wir alle wissen, dass die Höhe der Steuereinnahmen sehr stark von der allgemeinen wirtschaftlichen Entwicklung abhängig ist. Doch mag es genügen zu argumentieren, dass der Staat – wenn schon nicht die absolute Höhe der Steuereinnahmen – so doch wenigstens die Höhe der Steuersätze vorgibt. Außerdem müsste ein Modell, das die staatlichen Steuereinnahmen als variable Größe behandelt, deutlich komplexer angelegt sein, als es im Rahmen des vorliegenden Buches möglich und sinnvoll wäre.

Wir belassen es also bei autonom gegebenen Steuern. Doch wie sieht es mit der letzten der autonomen Nachfragekomponenten aus, den Investitionen? Es ist unbefriedigend, dass diese zentrale Größe des gesamtwirtschaftlichen Prozesses nicht näher innerhalb unseres Keynesianischen Modells erklärt wird. Dies umso mehr, als die Investitionen im Rahmen des Klassisch-Neoklassischen Modells als zinsabhängig betrachtet, also endogen erklärt wurden. Im Folgenden führen wir daher erneut zinsabhängige Investitionen ein.

Wie erklärt Keynes nun selbst die Zinsabhängigkeit der Investitionen? Er spricht davon, dass ein konkretes Investitionsprojekt eine bestimmte erwartete Rendite bringt, die er als **Grenzleistungsfähigkeit des Kapitals** (q) bezeichnet. Sie ergibt sich aus folgendem Ansatz:

$$AK = \frac{E_1}{(1+q)} + \frac{E_2}{(1+q)^2} + \ldots + \frac{E_n}{(1+q)^n}$$

Dabei berechnet sich die Grenzleistungsfähigkeit des Kapitals als derjenige Zinssatz q, der die Summe der auf den aktuellen Zeitpunkt abgezinsten zukünftigen Erträge E_1, E_2, usw. den Anschaffungskosten AK gleichmacht. Er gibt damit den Prozentsatz an, mit dem sich seine in Realkapital angelegte Summe verzinst.

Dieser Ansatz ist in die heutige Investitionsrechnung als Interne Zinsfußmethode eingegangen. Im Gegensatz dazu nutzt die Kapitalwertmethode zum Abzinsen der zukünftigen Erträge (im Sinne von Zahlungsströmen) den Marktzins z. In diesem Fall liefert der obige Ansatz den so genannten Kapitalwert der Investition. Ist dieser positiv, so ist das untersuchte Investitionsprojekt rentabel.

Ist die Grenzleistungsfähigkeit des Kapitals (interner Zinsfuß) für ein konkretes Investitionsprojekt errechnet, so wird diese mit dem Marktzins verglichen: Das Projekt wird durchgeführt, wenn der interne Zinsfuß über dem Marktzins liegt oder ihm zumindest entspricht. Daraus ergibt sich unmittelbar, dass das Investitionsvolumen in einer Volkswirtschaft mit steigendem Marktzins abnimmt (siehe hierzu die folgende Tabelle). Der Marktzins übernimmt also die Rolle eines Vergleichsmaßstabes für die Rentabilität eines Investitionsprojektes. Denn entweder eine Investition wird aus vorhandenem Finanzkapital finanziert, für das der Marktzins die Rentabilität für die Alternative einer Anlage der Summe am Kapitalmarkt angibt. Wird die Investition hingegen über eine Kreditaufnahme finanziert, so gibt der Kapitalmarktzins die durch die Kreditaufnahme entstehenden Kosten an. Diese müssen durch Einnahmenströme der Investition mindestens gedeckt, besser noch überschritten werden (siehe die Tabelle auf der folgenden Seite).

Je höher der Marktzins steigt, umso mehr Investitionsprojekte bestehen den Vergleich zwischen der Grenzleistungsfähigkeit des Kapitals und dem Marktzins nicht und umso geringer wird die Zahl der realisierten Projekte, also das Investitionsvolumen. Alle vier Projekte würden nur durchgeführt, wenn der Marktzins unter zwei Prozent sinken würde. Umgekehrt würde bei einem Marktzins von über fünf Prozent keines der angeführten Projekte mehr rentabel sein.

Projekt	q	$z = 2{,}5\%$	$z = 3{,}5\%$	$z = 4{,}5\%$
I_1	2%	$q < z$	$q < z$	$q < z$
I_2	3%	$q > z$	$q < z$	$q < z$
I_3	4%	$q > z$	$q > z$	$q < z$
I_4	5%	$q > z$	$q > z$	$q > z$
Realis. Projekte		I_2, I_3, I_4	I_3, I_4	I_4

Tab. 6.4: Bewertung von Investitionsprojekten

Durch die Einbeziehung zinsabhängiger Investitionen ändert sich nun die Architektur des Keynesianischen Grundmodells. Um dies zu verstehen, gehen wir nochmals zur Betrachtung der inflatorischen Lücke in Tabelle 6.3 zurück. Wie wurde die Diskrepanz zwischen S und I, die sich in Periode t = 2 durch den Anstieg der Investitionen aufgetan hatte, beseitigt? Es war letztlich eine Anpassungsvariable, die diese Aufgabe zu erledigen hatte, nämlich das Volkseinkommen Y. Dadurch dass Y stieg – und mit ihm S –, konnte ein neuerlicher Ausgleich zwischen S und I erreicht werden:

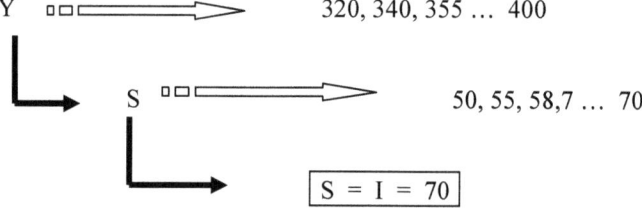

Abb. 6.7: Volkseinkommen als alleinige Anpassungsvariable

S wurde mittels einer Anpassung von Y auf das Niveau der Investitionen angehoben und somit das neuerliche Gleichgewicht am Gütermarkt sichergestellt. Beziehen wir jedoch die Zinsabhängigkeit der Investitionen in die Überlegungen mit ein, dann ergibt sich eine weitere Möglichkeit. Nun kann sich nicht nur Y ändern, sondern auch z, der Marktzins. Damit ist der Anstieg von S auf das Niveau von I nicht mehr zwingend (wenngleich weiterhin möglich). Durch einen Anstieg des Marktzinses würden die Investitionen zurückgehen und S und I könnten sich auf einem niedrigeren Niveau treffen (im Beispiel unten bei S = I = 55). Dabei wurde eine Abhängigkeit der Investitionen vom Zinssatz unterstellt (derart, dass bei z = 2,0%, 2,5% usw. die Höhe der Investitionen I = 70, 65 usw. beträgt):

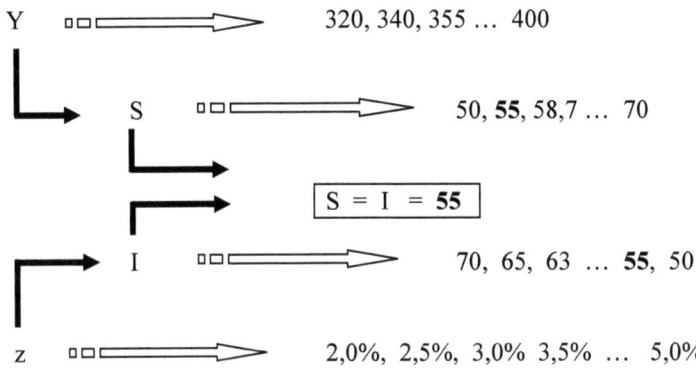

Abb. 6.8: *Volkseinkommen und Zins als gemeinsame Anpassungsvariablen*

Die Tatsache, dass es nun zwei Anpassungsvariablen gibt, die für den Fall einer Diskrepanz zwischen S und I eine Übereinstimmung herbeiführen können – das Volkseinkommen und der Marktzins – hat unmittelbar zur Folge, dass es nicht mehr nur ein einziges Gleichgewichts-Volkseinkommen auf dem Gütermarkt gibt. Vielmehr gibt es eine ganze Reihe von gleichgewichtigen Kombinationen zwischen z und Y, die alle mit Gleichgewicht auf dem Gütermarkt vereinbar sind. Betrachten wir erneut das Beispiel der Konsumfunktion C = 30 + 0,75Y und eine Investitionsfunktion, die wir anhand ausgewählter Werte tabellarisch darstellen:

z	2,0%	2,5%	3,0%	3,5%	4,0%	4,5%	5,0%
I	70	65	60	55	50	45	40

Tab. 6.5: *Tabellarische Investitionsfunktion*

Um die gleichgewichtigen Kombinationen zwischen Y und z zu erhalten, müssen wir lediglich von der Gleichgewichtsbedingung am Gütermarkt S = I ausgehen. Zu jedem Investitionsvolumen, das wir obiger Tabelle entnehmen, erfordert also das Gleichgewicht, dass S dieselbe Höhe annimmt. Es ist dann noch zu bestimmen, bei welchem Wert von Y das Sparen die erforderliche Höhe annimmt. Dies lässt sich leicht errechnen, wenn wir die zur Konsumfunktion korrespondierende Sparfunktion bestimmen und nach Y auflösen:

S = - 30 + 0,25Y   bzw.

Y = 4(S + 30)

Aus diesem Ansatz ergeben sich unmittelbar die folgenden gleichgewichtigen Kombinationen zwischen Y und z:

Y	S = I	z
400	70	70	2,0 %
380	65	65	2,5 %
360	60	60	3,0 %
340	55	55	3,5 %
320	50	50	4,0 %
300	45	45	4,5 %
280	40	40	5,0 %

...passt dieses ◄·············· Zu diesem
Einkommen   Zins...

Tab. 6.6: Gleichgewichtige Y/z-Kombinationen am Gütermarkt

Es ist ersichtlich, dass jede der in der Tabelle enthaltenen Y/z-Kombinationen mit Gleichgewicht im Sinne von I = S einhergeht. Es gibt auf diesem Gütermarkt also nicht mehr nur ein bestimmtes Gleichgewichts-Volkseinkommen, sondern viele unterschiedliche, die allerdings nur in Verbindung mit einer bestimmten Höhe des Zinses zusammen zum Gleichgewicht führen. Dies bedeutet allerdings auch einen Verlust an Eindeutigkeit. Anstelle des einen Gleichgewichtseinkommens liefert das Keynessche Grundmodell nun eine ganze Auswahl an Möglichkeiten, die alle mit Gleichgewicht vereinbar sind. Welche dieser Möglichkeiten wird sich am Gütermarkt realisieren? Dies lässt sich beim gegenwärtigen Stand der Überlegungen noch nicht entscheiden. Es sei jedoch bemerkt, dass die Einbeziehung des makroökonomischen Geldmarktes, die im nächsten Hauptkapitel erfolgt, wieder eine eindeutige Lösung des Gleichgewichtsproblems ermöglicht.

Doch zuvor wollen wir das bisher Gesagte in einen etwas formaleren Rahmen bringen. Die Keynessche Investitionsfunktion sieht allgemein dargestellt wie folgt aus:

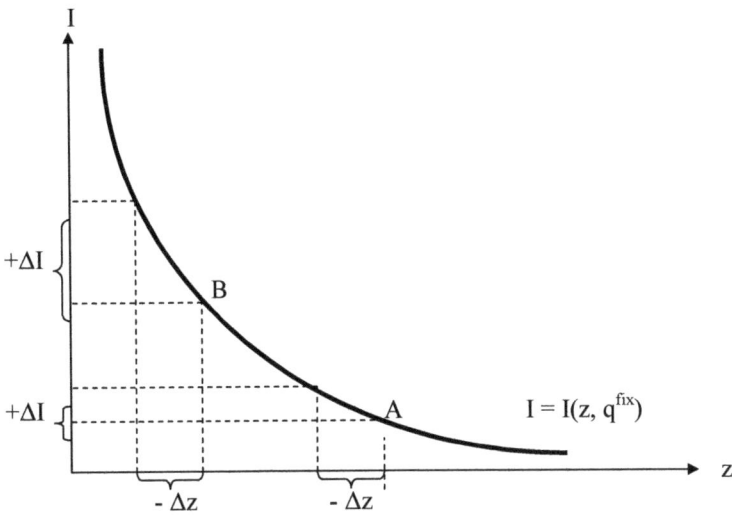

Abb. 6.9: Keynessche Investitionsfunktion

Der Zusatz q^{fix} soll andeuten, dass eine bestimmte Funktion immer unter der Voraussetzung gegebener Erwartungen bezüglich der Grenzleistungsfähigkeit des Kapitals – also des internen Zinsfußes, in dem sich die erwartete Rentabilität der Investitionen widerspiegelt – Gültigkeit besitzt. Die Bedeutung der Steigung der Investitionsfunktion (der so genannten Zinsreagibilität der Investitionen) wird deutlich, wenn wir in der oberen Abbildung die Reaktion der Investitionen auf Zinsänderungen in den Punkten A und B miteinander vergleichen. Während eine bestimmte Verringerung des Zinssatzes in Punkt A (-Δz) nur eine geringe Zunahme der Investitionen (+ ΔI) bewirkt, reagieren diese im Punkt B – also im steiler verlaufenden Teil der Investitionsfunktion – deutlich stärker auf dieselbe Zinssenkung von -Δz. Diese bedeutet: Je flacher die Investitionsfunktion verläuft, umso geringer ist die Zinsreagibilität der Investitionen. Die **Zinsreagibilität** der Investitionen (die einem gegebenen Punkt der Investitionsfunktion nichts anderes ist als deren Steigung) gibt die Stärke an, mit der Investitionen auf eine Änderung des Zinses reagieren.

$$\frac{dI}{dz} = z'$$

Sobald sich jedoch an den Erwartungen der Unternehmen hinsichtlich des internen Zinsfußes q^{fix} etwas ändert, berührt dies die Investitionsfunktion als Ganzes. So würde etwa eine optimistischere Einschätzung der wirtschaftlichen Entwicklung seitens der Unternehmen darin ihren Ausdruck finden, dass die Grenzleistungsfähigkeit des Kapitals in den Investitionskalkülen höher angesetzt wird ($q_2^{fix} > q_1^{fix}$). Zu einem bestimmten Zinssatz z würde das Investitionsvolumen darauf hin höher ausfallen, da nun mehr Investitionsprojekte als zuvor den Vergleich mit dem Marktzinssatz bestehen. Im Ergebnis hat sich die Investitionsfunktion nach rechts verschoben:

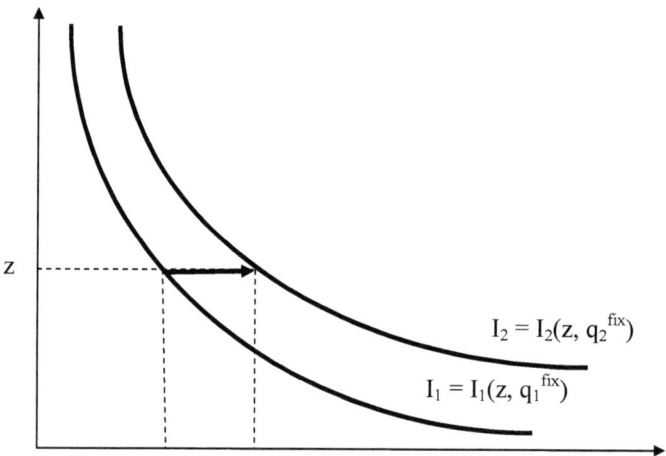

Abb. 6.10: Effekt einer Erhöhung der Grenzleistungsfähigkeit des Kapitals

Die Keynessche Investitionsfunktion ist also keine feste, unveränderliche Verhaltensfunktion, sondern sie reagiert sensibel auf Änderungen in den Erwartungen der Unternehmen. Erfahrungsgemäß werden diese Erwartungen bezüglich der Rentabilität von Investitionsprojekten durch sehr viele unterschiedliche Faktoren beeinflusst. So spielen die allgemeinen wirtschaftlichen und politischen Rahmenbedingungen eine wesentliche Rolle, aber auch schwerer greifbare Faktoren wie optimistische oder pessimistische Stimmungen.

Hierin kommt ein ganz wesentliches Merkmal der Keynesschen Makroökonomik generell zum Ausdruck, nämlich das Element der **Unsicherheit**. In einer Welt der mangelnden Voraussicht und unvollständigen Informationen können Wirtschaftssubjekte manchmal nur eingeschränkt auf die rationalen Entscheidungskriterien der ökonomischen Logik zurückgreifen, wie sie vor allem das Klassisch-Neoklassische Denken als bestimmend für das Handeln der Wirtschaftssubjekte voraussetzt. Wenn Entscheidungen jedoch auf unsicheren, oft sogar schwankenden Grundlagen gefällt werden müssen, dann können andere Mechanismen das menschliche Verhalten steuern. Nach Ansicht von Keynes können sich unternehmerische Investitionsentscheidungen – mangels besserer und zuverlässiger Informationen – auf subjektive Überzeugungen stützen. Ein solches Verhalten erscheint unter den gegebenen Bedingungen der Unsicherheit keineswegs als irrational oder unvernünftig, zumal es unter Zuhilfenahme dreier wesentlicher Techniken nachvollziehbar und handhabbar gemacht wird. Dabei handelt es sich zunächst um die Annahme der Zeitkonstanz, d.h. der Überlegung, dass die Welt sich nicht abrupt ändert, sondern sich kontinuierlich und schrittweise aus ihren Vergangenheitszuständen heraus entwickelt. Gleichwohl gilt es bei dieser Annahme zu bedenken, dass es unter Umständen radikale Veränderungen auch der ökonomischen Welt geben kann, zum Beispiel durch die Erfindung revolutionärer neuer Technologien. Zweitens versuchen die Unternehmen in ihre Einschätzung die Wertungen und Urteile anderer Unternehmen und Experten einzubeziehen, woraus sich so etwas wie ein allgemeines Meinungsbild als Vergleichshintergrund einer individuellen Entscheidung ergeben kann. Und drittens werden alle verfügbaren Informationen eines marktwirtschaftlichen Systems genutzt, in welchem Preise und Produktionsmengen bekanntlich wichtige Informationsträger sind. Diese Informationsträger stehen allen gleichermaßen zur Verfügung und dienen deshalb als wichtige Orientierungspunkte. Trotz dieser objektivierenden Hilfsmaßnahmen verbleibt ein nicht unerhebliches Maß an Unsicherheit, weswegen nach Keynes gerade bei Investitionsentscheidungen – aber nicht nur hier – der Zustand des allgemeinen Vertrauens eines Wirtschaftssubjektes ein wesentlicher Bestimmungsfaktor für seine ökonomischen Entscheidungen sein wird.

Die oben an einem Zahlenbeispiel erläuterten gleichgewichtigen Kombinationen zwischen Volkseinkommen und Zins lassen sich nun unter Verwendung der Investitions- und der Sparfunktion allgemeingültig herleiten und in der so genannten IS-Kurve darstellen:

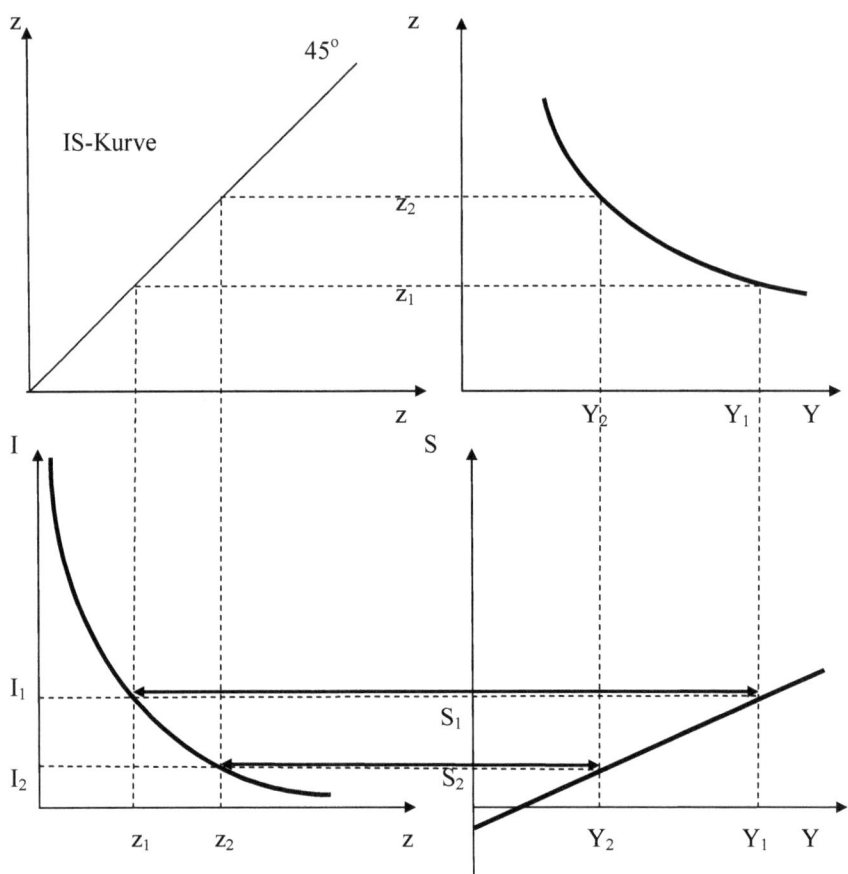

Abb. 6.11: Herleitung der IS-Kurve

Ausgangspunkt ist der Quadrant links unten, in den eine Keynessche Investitionsfunktion eingezeichnet wurde. Zum Zinssatz z_1 wird von den Unternehmen das Investitionsvolumen I_1 getätigt. Die Gleichgewichtsbedingung auf dem Gütermarkt erfordert, dass das Sparen der Haushalte dieselbe Höhe annimmt (durch den waagrechten Doppelpfeil verdeutlicht). Aus der im rechten unteren Diagramm eingezeichneten Sparfunktion ergibt sich, dass die für das Gleichgewicht erforderliche Ersparnis bei einem Einkommen in Höhe von Y_1 zustande kommt. Die resultierende gleichgewichtige Kombination (z_1, Y_1) wird in das rechte obere Diagramm eingezeichnet. Dies geschieht dadurch, dass erstens der Wert Y_1 senkrecht nach oben auf die Y-Achse übertragen wird. Zweitens wird der dazu passende Wert z_1 aus dem Diagramm mit der Investitionsfunktion ebenfalls senkrecht nach oben übertragen und im Hilfsdiagramm an der 45°-Linie gespiegelt, um ihn in das rechte obere Diagramm auf die senkrechte Achse zu bekommen.

Beim höheren Zinssatz z_2 wird ein geringeres Investitionsvolumen getätigt. Daher muss das Sparen der Haushalte ebenfalls einen niedrigeren Wert annehmen, damit der Gütermarkt sich im Gleichgewicht befindet. Der exakte Wert von S_2 ergibt sich wieder aus der Sparfunktion (waagrechter Doppelpfeil). Das erforderliche Einkommen Y_2, das diese Ersparnis generiert, ist niedriger als Y_1. Es wird wieder mit z_2 in gleicher Weise wie oben beschrieben kombiniert und in das rechte obere Diagramm eingezeichnet. Dadurch ergibt sich mit (z_2, Y_2) die zweite gleichgewichtige Kombination auf dem Gütermarkt. Verbindet man die beiden Kombinationen (z1, Y_1) und (z_2, Y_2) miteinander, erhält man die **IS-Kurve**. Diese Kurve gibt alle Kombinationen von Zins und Volkseinkommen an, bei denen sich der makroökonomische Gütermarkt im Gleichgewicht befindet, also die Bedingung I = S erfüllt ist. Ausdrücklich zu betonen ist allerdings, dass diese Kurve keine Funktion ist, sie also keine funktionale Abhängigkeit zwischen Zins und Volkseinkommen angibt. Sie zeigt lediglich zueinander passende Werte von Zins und Volkseinkommen an – Werte, die am Gütermarkt eine Übereinstimmung von Sparen und Investieren sicherstellen.

e. Anpassungsreaktionen bei Ungleichgewicht

Doch was geschieht, wenn am Gütermarkt eine Kombination zwischen Zins und Volkseinkommen zustande kommt, die nicht auf der IS-Kurve liegt? Gerade wurde ja ausdrücklich betont, dass die IS-Kurve keine funktionale Abhängigkeit zwischen z und Y beschreibt; es könnte also durchaus sein, dass der makroökonomische Gütermarkt Ergebnisse liefert, die nicht einer der gleichgewichtigen Kombinationen entspricht. Nehmen wir beispielsweise an, es liegt eine Kombination (z_1, Y_2) vor. Zunächst wäre dann zu bemerken, dass sich der Gütermarkt offensichtlich in einem Ungleichgewicht befindet. Beim Zins z_1 werden Investitionen in Höhe von I_1 getätigt, die Ersparnis bei Y_2 beträgt jedoch nur S_2 (vgl. Abbildung 6.12). Es gilt also

$$I_1 > S_2$$

Auf dem Gütermarkt liegt somit eine inflatorische Lücke vor. Dies wird gemäß unserer weiterhin gültigen Reaktionshypothese für die Unternehmen (Lundberg-Lag) dazu führen, dass die Unternehmen ihre Produktion steigern. Dadurch steigt aber das Volkseinkommen und in der Folge die Ersparnis der privaten Haushalte. Ergänzend wäre zu bedenken, dass eine inflatorische Lücke mit Preissteigerungstendenzen verbunden ist, was von Seiten der Zentralbank früher oder später mit einer Anhebung des Leitzinses beantwortet wird. Die ansteigenden Zinsen am Kapitalmarkt werden dann bewirken, dass das Investitionsvolumen sinkt und sich der Höhe der Ersparnis annähert. Durch beide Mechanismen wird sichergestellt, dass sich das System zu einer Kombination zwischen Zins und Einkommen hinbewegt, die auf der IS-Kurve liegt:

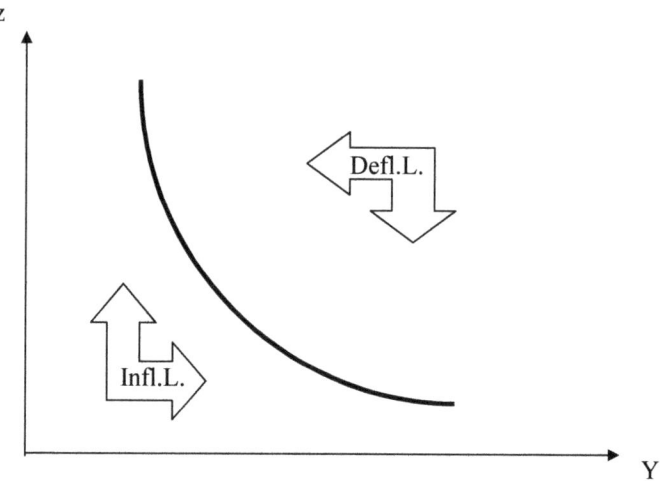

Abb. 6.12: Anpassungsprozesse bei Ungleichgewicht

Liegt hingegen am Gütermarkt eine Kombination rechts oberhalb der IS-Kurve vor, dann ist eine deflatorische Lücke gegeben. Die Argumentation würde dann entsprechend umgekehrt verlaufen und das makroökonomische System würde sich ebenfalls in Richtung einer Kombination bewegen, die auf der IS-Kurve liegt.

Abschließend noch einige technische Bemerkungen zur Steigung und zur Lage der IS-Kurve im Y/z-Diagramm. Die Steigung der Kurve hängt von zwei Faktoren ab. Je höher die Zinsreagibilität der Investitionen ist, umso flacher verläuft die IS-Kurve. Dies wird ersichtlich, wenn wir in Abbildung 6.13 I_1 und I_2 miteinander vergleichen. I_1 liegt im steileren Teil der Investitionsfunktion, also dort wo die Zinsreagibilität der Investitionen größer ist. Hier verläuft die IS-Kurve aber flacher als bei I_2, wo die Zinsreagibilität der Investitionen deutlich geringer ist. Der zweite Faktor, der die Steigung der IS-Kurve beeinflusst, ist die marginale Sparquote s'. Je größer diese ist, je steiler also die Sparfunktion verläuft, desto steiler verläuft auch die IS-Kurve. Betrachten wir hierzu die folgende Abbildung.

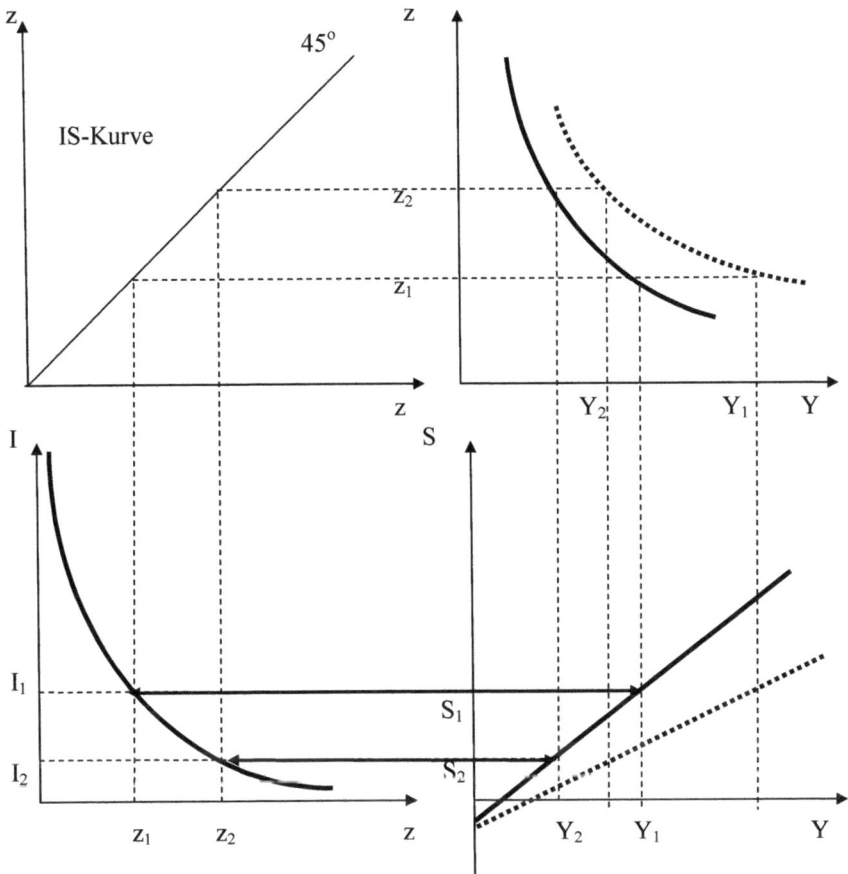

Abb. 6.13: IS-Kurve und Steigung der Sparfunktion

Hier wurde im rechten unteren Diagramm eine steiler verlaufende Sparfunktion zugrunde gelegt. Als Resultat ergibt sich eine steilere IS-Kurve (vgl. den gestrichelt angedeuteten Verlauf der IS-Kurve aus Abb. 6.13).

Bezüglich der Lage der IS-Kurve im Diagramm gilt Folgendes: Je höher die gesamtwirtschaftliche Nachfrage ist, umso weiter rechts liegt die IS-Kurve oder anders gesagt: Alles was die gesamtwirtschaftliche Nachfrage erhöht, verschiebt die IS-Kurve nach rechts. Dabei ist es zweitrangig, wodurch die Nachfragesteigerung verursacht wird. Nehmen wir als Beispiel eine Steigerung der Investitionsnachfrage. Dann gilt folgende Argumentationskette:

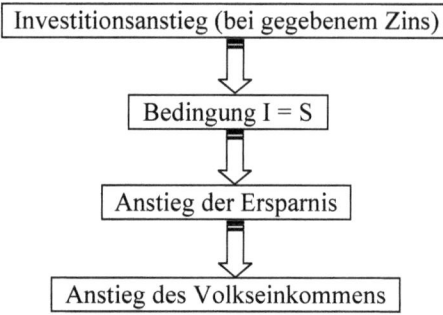

Wenn bei gegebenem Zins das Investitionsvolumen steigt – etwa weil die Unternehmen die wirtschaftlichen Perspektiven optimistischer als zuvor beurteilen –, dann erfordert die Gleichgewichtsbedingung am Gütermarkt, dass auch die Ersparnis in entsprechendem Umfang zunimmt. Wenn man davon ausgeht, dass sich an der Sparfunktion der privaten Haushalte nichts ändert, dann werden diese nur dann mehr sparen, wenn sich ihr Einkommen im dafür notwendigen Umfang erhöht. Also gehört zum selben Zinssatz nun ein höheres Volkseinkommen, die IS-Kurve hat sich also nach rechts verschoben. Diese Argumentation – die sich in ähnlicher Weise auf andere Komponenten der gesamtwirtschaftlichen Nachfrage übertragen lässt, unterstreicht nochmals den Charakter der IS-Kurve als Manifestation einer Gleichgewichtsbetrachtung.

Kommen wir nochmals auf das Fehlen einer eindeutigen Gleichgewichtslösung für den Gütermarkt zurück. Wir haben festgestellt, dass anstelle eines einzigen Wertes für das Gleichgewichtseinkommen nun eine ganze Bandbreite von gleichgewichtigen Kombinationen zwischen Zins und Volkseinkommen für den makroökonomischen Gütermarkt existiert. Bedeutet dass, dass im Keynesschen Modell eine gewisse Beliebigkeit der Gleichgewichte existiert? Das Gegenteil ist zutreffend. Denn während im Klassisch-Neoklassischen Modell das Gleichgewicht am Gütermarkt mit jeder Höhe des Volkseinkommens vereinbar ist – dies wird durch das Saysche Theorem sichergestellt – ist dies im Keynesschen Modell grundverschieden. Zwar hat es beim gegenwärtigen Stand unserer Modelldiskussion den Anschein, als könne sich eine beliebige Gleichgewichtskombination zwischen Zins und Volkseinkommen einstellen. Doch beruht dieser Eindruck auf der isolierten Betrachtung des Gütermarktes. Eine solche isolierte Betrachtungsweise verkennt jedoch die Interdependenz zwischen den Makromärkten innerhalb der Volkswirtschaft. Das Gütermarktgeschehen kann in Keynesianischer Betrachtung insbesondere nicht unabhängig vom Geschehen auf dem makroökonomischen Geldmarkt betrachtet werden.

Im folgenden Hauptabschnitt beziehen wir deshalb den makroökonomischen Geldmarkt in unsere Überlegungen mit ein und werden dadurch wieder zu einer eindeutigen Lösung für das Gleichgewichtseinkommen – in Verbindung mit einem gleichgewichtigen Zins – gelangen.

7. Keynessche Analyse des Geldmarktes

Für die Analyse des Geldmarktes greifen wir zunächst auf das begriffliche Instrumentarium zurück, das wir bereits im Rahmen des Klassischen Modells erarbeitet haben. Auch das Interesse des Keynesschen Modells gilt den Motiven der Kassenhaltung, die von den Wirtschaftssubjekten getätigt wird. Hierbei stellt Keynes nicht in Abrede, dass ein Motiv der Geldnachfrage – wie von den klassischen Ökonomen betont – im Wunsch zu finden ist, Transaktionen tätigen zu können, d.h. über Liquidität zu verfügen. Das **Transaktionsmotiv** der Kassenhaltung gilt somit im Rahmen der Keynesschen Analyse weiterhin:

$$L_T = L_T(Y)$$

bzw.

$$L_T = kY_n$$

Auch Keynes betont, dass die Höhe der gewünschten Kassenhaltung zu Transaktionszwecken positiv von der Höhe des (nominalen) Volkseinkommens abhängig ist, wobei k den Kassenhaltungskoeffizienten bezeichnet. Er gibt die Relation zwischen der Höhe des Volkseinkommens und der Höhe der gewünschten Kassenhaltung an und entspricht dem Kehrwert der Umlaufgeschwindigkeit:

$$k = \frac{1}{v}$$

Die Keynesianische Makroökonomik kennt jedoch weitere Motive der Kassenhaltung. Ergänzend zum Transaktionsmotiv wird zunächst von einem **Vorsichtsmotiv** gesprochen. Im Gegensatz zur Klassischen Modellwelt, in der rational handelnde und vollständig informierte Wirtschaftssubjekte ihren Transaktionsbedarf genau kennen und folglich ihre Kassenhaltung exakt planen können, betont Keynes auch auf dem makroökonomischen Geldmarkt das Element der Unsicherheit: Aus Vorsichtsgründen halten die Wirtschaftssubjekte lieber einen etwas größeren Bestand an Transaktionskasse als sie ihn eigentlich bräuchten, da sie eben das genaue Ausmaß ihrer Transaktionen im Verlauf einer Periode nicht vollständig vorhersehen können. Wir können uns der Einfachheit halber diese Vorsichtskasse als prozentualen Zuschlag zur Transaktionskasse vorstellen. Damit ist auch dieses Motiv der Kassenhaltung vom Volkseinkommen abhängig und kann mit der Transaktionskasse zusammengefasst werden. Anders verhält es sich mit dem dritten Motiv.

a. Die Liquiditätspräferenzfunktion

Das **Spekulationsmotiv** der Kassenhaltung beruht nach Keynes auf dem inversen Zusammenhang zwischen der Nominalverzinsung eines festverzinslichen Wertpapiers und seinem Kurs am Rentenmarkt – dem Segment der Wertpapierbörse, an dem festverzinsliche Wertpapiere gehandelt werden:

$$z^E = \frac{z^N \cdot 100}{\text{Kurs}}$$

Für ein Wertpapier, das auf einen Betrag von 100 € lautet, ergibt sich seine effektive Verzinsung oder Rendite aus dem Quotienten des mit 100 multiplizierten Nominalzinses dividiert durch den aktuellen Kurs des Papiers. Beispielsweise hätte ein Papier mit einer Verzinsung von 4,5% nominal (z^N) und einem Tageskurs von 107 € eine Rendite (z^E) von 4,21%. Da der Investor, der dieses Papier zum aktuellen Kurs kauft, jährlich den Betrag von 4,50 € ausgezahlt bekommt, dafür aber 107 € einsetzt, verringert sich seine effektive Rendite entsprechend.

Dieser Zusammenhang birgt nun nach Keynes Spielraum für ein spekulatives Element der Kassenhaltung. Verfügt ein Wirtschaftssubjekt über einen Geldbetrag, den es nicht für Transaktionszwecke benötigt, so sollte nach klassischer Auffassung eine Anlage dieses Betrages am Kapitalmarkt erfolgen (wobei wir uns in der Betrachtung auf festverzinsliche Wertpapiere beschränken, da Aktienerwerb ein unternehmerisches Engagement darstellt und von daher einen anderen Charakter aufweist). Ein Halten des nicht für Transaktionszwecke benötigten Geldes in der Kasse bringt einen Verzicht auf mögliche Zinserträge mit sich und erscheint unter dem Blickwinkel der ökonomischen Rationalität als schwer zu rechtfertigen. Wird jedoch für die nähere Zukunft ein Sinken der Kurse für festverzinsliche Wertpapiere erwartet, so erscheint eine Kassenhaltung durchaus vernünftig, denn sinkende Kurse bedeuten steigende Effektivverzinsungen und damit höhere künftige Erträge. Da in Zeiten hoher Kurse am Rentenmarkt (und niedriger Effektivzinsen) zunehmend mit wieder sinkenden Kursen (und damit steigender Effektivzinsen) zu rechnen ist, wird sich in solchen Phasen eine zunehmende Spekulationskassenhaltung aufbauen. Umgekehrt in Phasen niedriger Kurse und hoher Renditen am Rentenmarkt: Die Erwartung wieder steigender Kurse und sinkender Renditen wird dazu führen, dass Beträge, die bisher in der Spekulationskasse gehalten wurden, am Kapitalmarkt angelegt werden, die Spekulationskassenhaltung somit abnimmt. Diesen Zusammenhang bringt die Liquiditätspräferenzfunktion zum Ausdruck:

$$L_S = L_S(z^E)$$

Da der Marktzins z nichts andere ist als die durchschnittliche Umlaufrendite öffentlicher Anleihen, also ein täglich neu errechneter durchschnittlicher Effektivzins aus sehr vielen festverzinslichen Wertpapieren mit einer bestimmten (Rest-)Laufzeit, kann man die Liquiditätspräferenzfunktion einfach formulieren:

$$L_S = L_S(z) \text{ mit } dL_S/dz < 0$$

Die Spekulationskassenhaltung nimmt also mit steigendem Marktzins ab. Graphisch hat diese Funktion die folgende Gestalt:

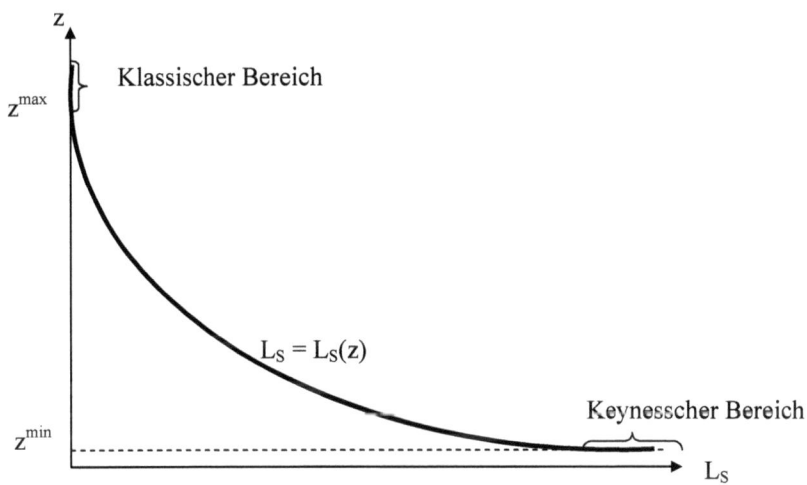

Abb. 7.1: Liquiditätspräferenzfunktion

Bei einem sehr hohen Zins – stellen wir ihn uns etwa als historischen Höchstzins der vergangenen zwanzig Jahre vor – werden sich an den Finanzmärkten keine Akteure finden, die auf noch weiter steigende Zinsen spekulieren. Die Spekulationskassenhaltung wird daher bei z^{max} auf Null zurückgehen. Ist der Zins hingegen auf ein extrem niedriges Niveau gesunken, dann werden die Finanzmarktakteure so starke Erwartungen auf wieder steigende Zinsen ausbilden, dass sie jede zusätzliche Geldmenge, in deren Besitz sie gelangen (etwa aus der Auflösung bisher fest angelegter Beträge), dass die Spekulationskasse im Prinzip beliebig groß werden könnte. Daher verläuft die Liquiditätspräferenzfunktion ab z^{min} parallel zur z-Achse. Diesen Teil nennt man Keynesschen Bereich, da Keynes besonders auf die Möglichkeit eines solchen Verlaufs und auf die damit verbundenen Probleme hingewiesen hat. Den senkrecht verlaufenden Teil der Liquiditätspräferenzfunktion bezeichnet man als Klassischen Bereich, da die Spekulationskassenhaltung in diesem Teil der Funktion Null ist und folglich von den Wirtschaftssubjekten nur noch Transaktionskassenhaltung (inklusive der Vorsichtskassenhaltung) betrieben wird.

b. Das Gleichgewicht auf dem Geldmarkt: Die LM-Kurve

Transaktions- und Spekulationskassenhaltung lassen sich in einem gemeinsamen Rahmen darstellen (bei der Transaktionskasse wollen wir immer die Vorsichtskassenhaltung mit einbeziehen). Beides zusammen ergibt die gesamtwirtschaftliche Geldnachfrage:

$$L = L_T + L_S = L_T(Y) + L_S(z)$$

Um die gesamtwirtschaftliche Geldnachfrage auch graphisch abzubilden, beginnen wir in der folgenden Abbildung mit der eben besprochenen Liquiditätspräferenzfunktion. Zu dieser Funktion wird die Transaktionskassenhaltung hinzuaddiert. Da die Transaktionskasse als einkommensabhängig, jedoch unabhängig von der Höhe des Marktzinses betrachtet wird, ergibt sich für L_T einfach eine Senkrechte. Der Abschnitt auf der waagrechten Achse wird durch die Höhe des Volkseinkommens bestimmt. Addiert man beide Komponenten der Geldnachfrage, verschiebt sich die Liquiditätspräferenzfunktion um die Höhe der Transaktionskassenhaltung nach rechts. Es ergibt sich damit die gesamtwirtschaftliche Geldnachfragefunktion:

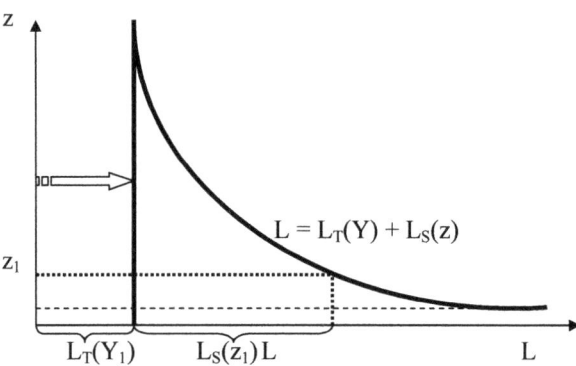

Abb. 7.2: Gesamtwirtschaftliche Geldnachfrage (1)

So ergibt sich etwa bei Y_1 und z_1 eine gesamtwirtschaftliche Geldnachfrage in Höhe von L, die sich additiv aus $L_T(Y_1)$ und $L_S(z_1)$ zusammensetzt. Würde nun beispielsweise gleichzeitig das Volkseinkommen und der Marktzins steigen, so ergäben sich zwei Teileffekte für die gesamtwirtschaftliche Geldnachfrage:

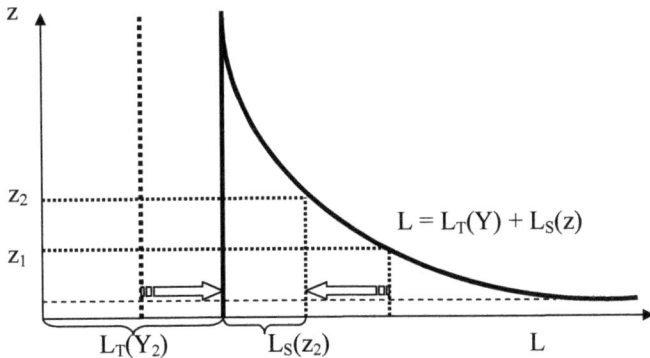

Abb. 7.3: Gesamtwirtschaftliche Geldnachfrage (2)

Der erste Effekt besteht in der Erhöhung der Transaktionskassenhaltung aufgrund des gestiegenen Volkseinkommens. In obiger Abbildung hat sich die gesamtwirtschaftliche Geldnachfragefunktion nach rechts verschoben. Es gilt somit:

$L_T(Y_2) > L_T(Y_1)$

Gleichzeitig hat sich die Spekulationskassenhaltung verringert, da der Marktzins ebenfalls gestiegen ist:

$L_S(z_2) < L_S(z_1)$

Der Gesamteffekt auf die Geldnachfrage hängt also davon ab, welcher der beiden Anpassungsreaktionen stärker ausfällt:

$\Delta L = \Delta L_T(Y) + \Delta L_S(z) = [L_T(Y_2) - L_T(Y_1)] + [L_S(z_2) - L_S(z_1)]$

Es ergibt sich:

$\Delta L > 0$ für $[L_T(Y_2) - L_T(Y_1)] > |[L_S(z_2) - L_S(z_1)]|$

$\Delta L < 0$ für $[L_T(Y_2) - L_T(Y_1)] < |[L_S(z_2) - L_S(z_1)]|$

Wenden wir uns nun der Frage nach dem Gleichgewicht am makroökonomischen Geldmarkt zu. Wir gehen wieder von einem autonom bestimmten Geldangebot seitens der Zentralbank aus:

$$M = M^a$$

Gleichgewicht auf dem Geldmarkt erfordert, wie auf anderen Märkten auch, die Übereinstimmung von Angebot und Nachfrage, hier also die Gleichheit von (autonomem) Geldangebot und Geldnachfrage:

$$M^a = L_T(Y) + L_S(z)$$

Um zu verstehen, wie dieses Gleichgewicht am Geldmarkt realisiert werden kann, gehen wir in der folgenden Darstellung von einer Situation aus, in der das Geldangebot größer ist als die Geldnachfrage (die gestrichelte Linie von z^{min} wurde aus Gründen der Übersichtlichkeit weggelassen).

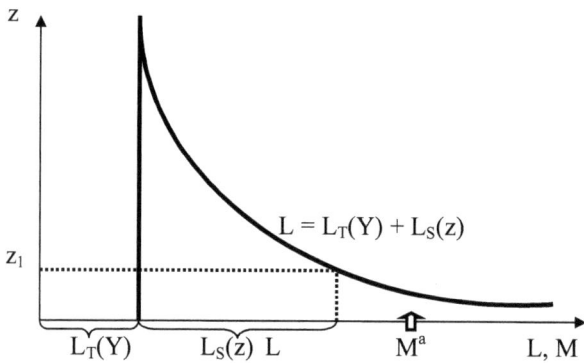

Abb. 7.4: Autonomes Geldangebot und Geldnachfrage

Das autonome Geldangebot liegt deutlich über der Summe aus Transaktions- und Spekulationskassenhaltung:

$$M^a > L_T(Y) + L_S(z)$$

Da M^a auf eine konstante Höhe fixiert ist, kann das Gleichgewicht nur erreicht werden, indem sich die Geldnachfrage an die Höhe des Geldangebots anpasst. Dies kann auf zwei Wegen geschehen. Das Überangebot an Geld im Vergleich zur von den Wirtschaftssubjekten gewünschten Liquidität wird die Zinsen sinken lassen. Ohne auf die Details des Geldmarktes an dieser Stelle zu detailliert einzugehen, können wir dies aus den elementaren, auch am Geldmarkt gültigen Marktmechanismen folgern. Immer wenn auf einem Markt ein Überangebot vorliegt, wird der Preis sinken. Der Preis ist in diesem Fall aber nichts anderes als der Zins. Der sinkende Zins seinerseits lässt die Spekulationskassenhaltung steigen. Sollte der Zins von z_1 ausgehend bis auf z_2 sinken, so hätte die gesamtwirtschaftliche Geldnachfrage bereits die Höhe des Geldangebots erreicht.

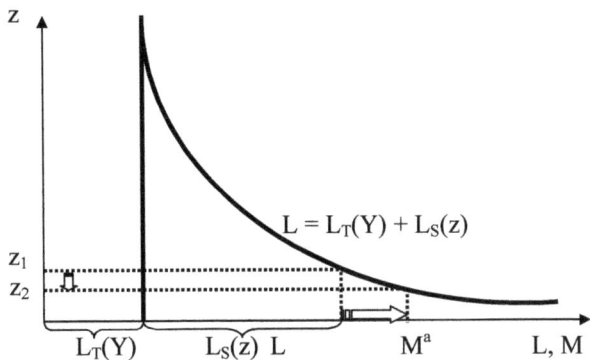

Abb. 7.5: Anpassung der Spekulationskassenhaltung

Zu berücksichtigen ist auch, dass der sinkende Marktzins am makro-ökonomischen Gütermarkt zu einer Erhöhung der gesamtwirtschaftlichen Nachfrage führen wird, etwa über eine Zunahme der Investitionen und/oder der langlebigen Konsumausgaben. Dies führt zu einer Zunahme des Volkseinkommens und somit zu einer Erhöhung der Transaktionskassenhaltung.

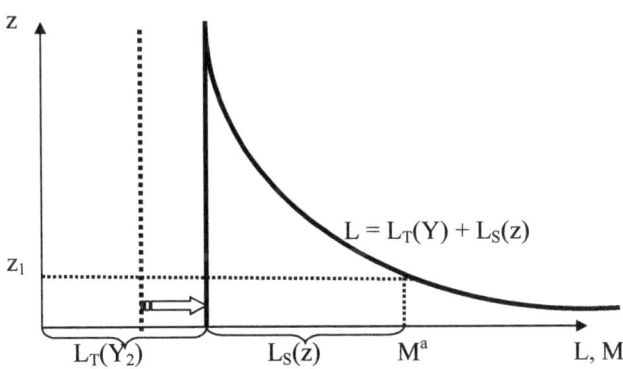

Abb. 7.6: Anpassung der Transaktionskassenhaltung

$L_T(Y_2)$ in der obigen Abbildung ist größer als $L_T(Y_1)$. Dadurch ergeben sich eine Rechtsverschiebung der gesamtwirtschaftlichen Geldnachfragefunktion und eine Anpassung der Geldnachfrage an das Geldangebot.

Aus dem Gesagten ergibt sich, dass auch am Geldmarkt gleichgewichtige Kombinationen zwischen Zins und Volkseinkommen existieren, die zu einer Übereinstimmung des autonom fixierten Geldangebots und der von den Wirtschaftssubjekten getätigten Geldnachfrage führen. Betrachten wir auch hierzu ein Zahlenbeispiel, bei dem wir ein autonomes Geldangebot in Höhe von $M^a = 300$ und eine Transaktionskassenhaltung von $L_T = 0,3Y$ zugrunde legen. Ferner gehen wir von folgender Spekulationskassenhaltung aus:

z	2,0%	2,5%	3,0%	3,5%	4,0%	4,5%	5,0%
$L_S(z)$	200	180	160	140	120	100	80

Tab. 7.1: Tabellarische Liquiditätspräferenzfunktion

Um das zum jeweiligen Zins passende Volkseinkommen zu bestimmen, müssen wir lediglich die Differenz zwischen M^a und der Spekulationskassenhaltung ermitteln. Diese Differenz gibt die für das Gleichgewicht am Geldmarkt erforderliche Höhe der Transaktionskassenhaltung an. Das Volkseinkommen bestimmen wir dann aus dem Ansatz

$$L_T = kY$$

bzw.

$$Y = \frac{1}{k} L_T$$

Es ergeben sich folgende Werte für die gleichgewichtigen Kombinationen von Zins und Volkseinkommen:

Y	$L_T(Y)$	$M^a = L$	$L_S(z)$	z
333,3	100	300	200	2,0%
400	120	300	180	2,5%
466,7	140	300	160	3,0%
533,3	160	300	140	3,5%
600	180	300	120	4,0%
666,7	200	300	100	4,5%
733,3	220	300	80	5,0%

... passt dieses Einkommen ·· Zu diesem Zins ...

Tab. 7.2: Gleichgewichtige Y/z-Kombinationen am Geldmarkt

Auch die gleichgewichtigen Y/z-Kombinationen lassen sich unabhängig vom numerischen Beispiel, das gerade verwendet wurde, allgemeingültig herleiten (siehe die folgende Abbildung). Wie bei der Herleitung der IS-Kurve ist unser Startpunkt das linke untere Diagramm. Dort sind zwei unterschiedliche Verläufe der gesamtwirtschaftlichen Geldnachfragefunktion eingezeichnet. Zusätzlich ist auf der waagrechten Achse ein autonom gegebenes Geldangebot M^a fixiert. Der Schnittpunkt der senkrechten Linie des Geldangebots mit den Geldnachfragefunktionen definiert das Gleichgewicht am makroökonomischen Geldmarkt. Aus dem Schnittpunkt mit der weiter links verlaufenden Geldnachfragefunktion ergibt sich also der Zins z_1, aus dem Schnittpunkt mit der zweiten Geldnachfragefunktion ergibt sich der Zins z_2. Beide Zinssätze werden direkt in das rechte untere Diagramm übertragen. Nun benötigen wir noch das zu den jeweiligen Zinssätzen passende Volkseinkommen. Dazu betrachten wir die Höhe Transaktionskassenhaltung. Zu der weiter links verlaufenden Geldnachfragefunktion gehört die Transaktionskasse L_{T1}, bei der zweiten Funktion hat die Transaktionskasse die Höhe L_{T2}. Um das Volkseinkommen, bei dem sich die jeweilige Höhe der Transaktionskasse ergibt, zu bestimmen, bilden wir im linken oberen Diagramm die Abhängigkeit der Transaktionskasse vom Einkommen graphisch ab und nehmen den jeweiligen Wert für L_T aus der darunter liegenden Geldnachfragefunktion. Den resultierenden Y-Wert bringen wir schließlich unter Zuhilfenahme einer 45^0-Linie in das rechte untere Diagramm und erhalten auf diese Weise die gleichgewichtigen Zins-Volkseinkommens-Kombinationen.

138   KEYNESSCHE ANALYSE DES GÜTERMARKTES

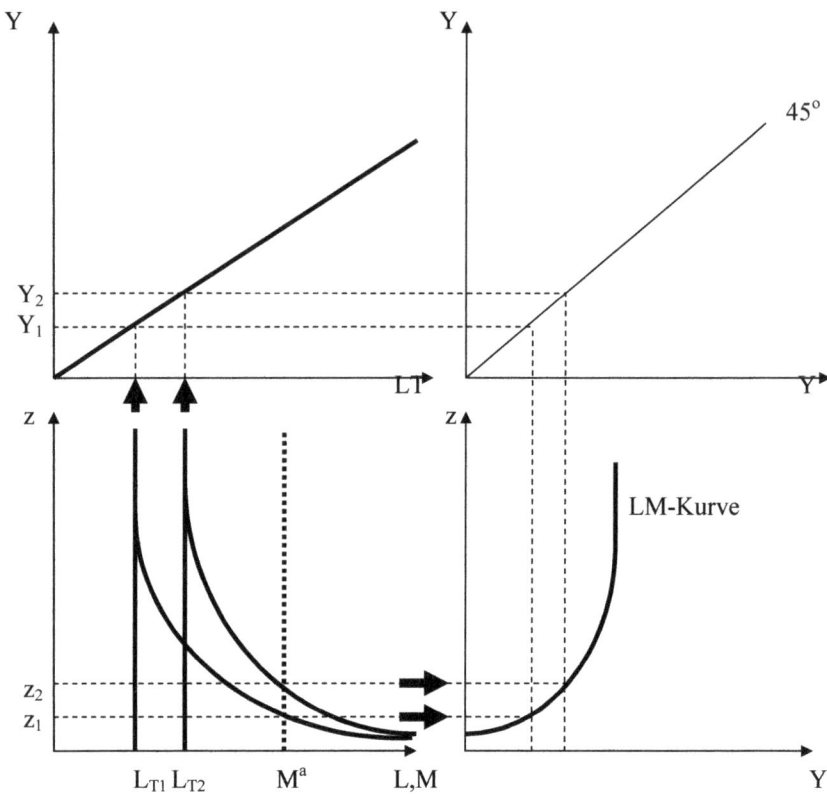

Abb. 7.7: Herleitung der LM-Kurve

Am makroökonomischen Geldmarkt passen also zu höheren Zinssätzen auch höhere Werte des Volkseinkommens, um das Gleichgewicht sicherzustellen – im Gegensatz zum Gütermarkt, an dem niedrigere Y-Werte mit höheren z-Werten korrespondierten. In der IS-Kurve spiegeln sich auch die beiden Extrembereiche der Liquiditätspräferenzfunktion wieder, der Klassische und der Keynessche Bereich. Dies begründet sich so: Liegt der Schnittpunkt zwischen M^a und der Geldnachfragfunktion im Keynesschen Bereich, so kann der Zins nicht weiter sinken, die LM-Kurve muss also ab genau diesem Zins, bei dem der Keynessche Bereich beginnt, ebenfalls waagrecht verlaufen:

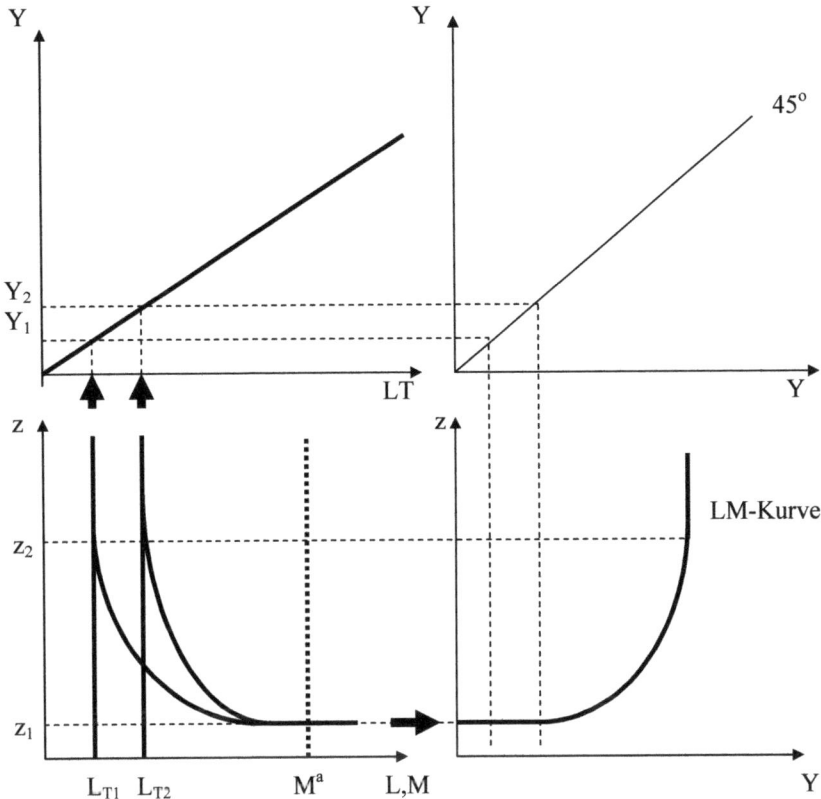

Abb. 7.8: Keynesscher Bereich der LM-Kurve

Bei z beginnt der Keynessche Bereich der Liquiditätspräfenzfunktion bzw. der Geldnachfragefunktion. Bei einem Schnittpunkt mit M^a innerhalb dieses Teils der Funktion sind verschiedene Y-Werte mit diesem Zins vereinbar; so würde z sowohl in Verbindung mit Y_1 als auch mit Y_2 zum Gleichgewicht am Geldmarkt führen. Die LM-Kurve verläuft somit ab z waagrecht. Der senkrechte Verlauf der LM-Kurve ab z_2 erklärt sich dadurch, dass ab diesem Zins die Geldnachfrage nur noch aus Transaktionskassenhaltung besteht. Selbst wenn der Zins weiter steigt, ändert das an der Kassenhaltung nichts mehr, die dann nur noch durch die Höhe des Volkseinkommens bestimmt wird. Dieses Volkseinkommen ist daher mit allen Zinssätzen oberhalb von z_2 vereinbar, die LM-Kurve verläuft ab hier senkrecht.

Bezüglich der Lage der LM-Funktion im Diagramm gilt, dass alles, was die Geldmenge erhöht oder so wirkt wie eine Erhöhung der Geldmenge, die LM-

Kurve nach rechts verschiebt. Dies kann natürlich eine unmittelbare Erhöhung der autonom festgelegten Geldmenge M^a durch die Zentralbank sein. Aber auch andere Faktoren – wie etwa eine Preisniveausenkung oder eine Erhöhung der Umlaufgeschwindigkeit v – wirken sich wie eine Erhöhung der Geldmenge aus und verschieben daher die LM-Kurve nach rechts. Die Erklärung hierfür ist einfach: Während bei einem gegebenen Zinssatz z die Spekulationskassenhaltung dieselbe Höhe hat wie zuvor, muss nun – nach der Erhöhung der Geldmenge (oder aufgrund des Faktors, der sich so auswirkt) – die Transaktionskasse ein größeres Volumen annehmen als zuvor, damit Geldangebot und Geldnachfrage übereinstimmen können. Eine höhere Transaktionskassenhaltung setzt jedoch ein höheres Volkseinkommen voraus. Zu jedem gegebenen Zins passen nun also (im Sinne des Gleichgewichts am makroökonomischen Geldmarkt) höhere Werte des Volkseinkommens, was einer Rechtsverschiebung der LM-Kurve entspricht:

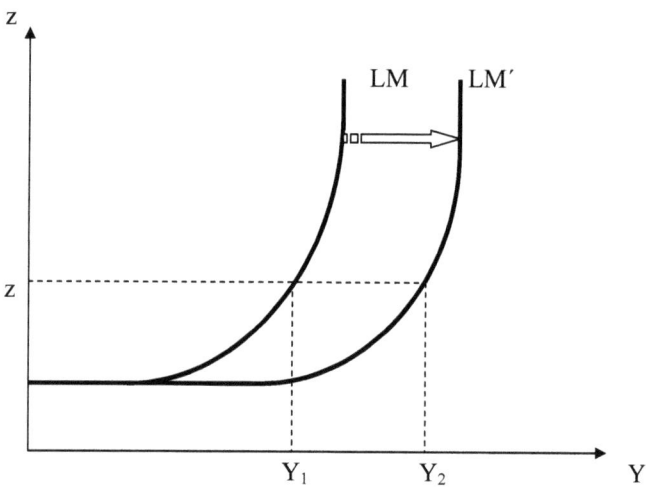

Abb. 7.9: Rechtsverschiebung der LM-Kurve

Für den Geldmarkt und den Gütermarkt liegen nun Gleichgewichtslösungen in Form der LM-Kurve bzw. der IS-Kurve vor. Es liegt nahe, beide Makro-Märkte simultan zu betrachten. Dies geschieht im folgenden Abschnitt.

c. Das IS/LM-Diagramm und seine Interpretation

i. Interpretation und Leseart des Diagrammes

Führt man die IS-Kurve und die LM-Kurve in einem Diagramm zusammen, so erhält man einen Schnittpunkt zwischen beiden Kurven. Dieser Schnittpunkt bezeichnet eine herausgehobene Kombination zwischen Zins und Volkseinkommen. Es ist die einzige Y/z-Kombination, bei der beide Makro-Märkte, der Gütermarkt und der Geldmarkt, sich simultan in einem Gleichgewichtszustand befinden. Es ist gerechtfertigt, hier von einem Gesamtgleichgewicht zu sprechen. Die resultierende Darstellung ist als IS/LM-Diagramm (oder Hicks-Hansen-Diagramm nach den beiden Ökonomen, die es eingeführt haben) bekannt.

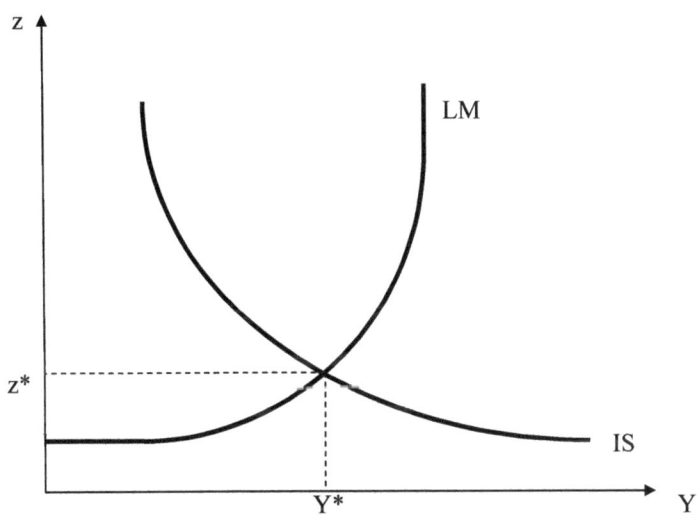

Abb. 7.10: IS/LM-Diagramm und Gesamtgleichgewicht

Bei z* und Y* ist der Gütermarkt im Gleichgewicht, denn die Kombination liegt auf der IS-Kurve. Gleichzeitig ist es eine Kombination, die auf der LM-Kurve liegt. Somit ist auch der makroökonomische Geldmarkt im Gleichgewicht. Keine andere Kombination zwischen Zins und Volkseinkommen besitzt diese Eigenschaft. Überdies haben wir bei der Diskussion der IS-Kurve gesehen, dass der Gütermarkt immer eine Kombination realisieren wird, die auf der Kurve liegt. Gleichzeitig tendiert der Geldmarkt dazu, Ungleichgewichte zwischen Geldangebot und Geldnachfrage über Anpassungen des Zinses bzw. des Volkseinkommens abzubauen. Die Kombination (z*; Y*) übernimmt also die Rolle des makroökonomischen Gravitationszentrums, welche im einfachen

Keynesschen Modell mit autonomen Investitionen dem Gleichgewichtseinkommen zukam. Vier Ungleichgewichtskonstellationen sind hierbei zu unterscheiden:

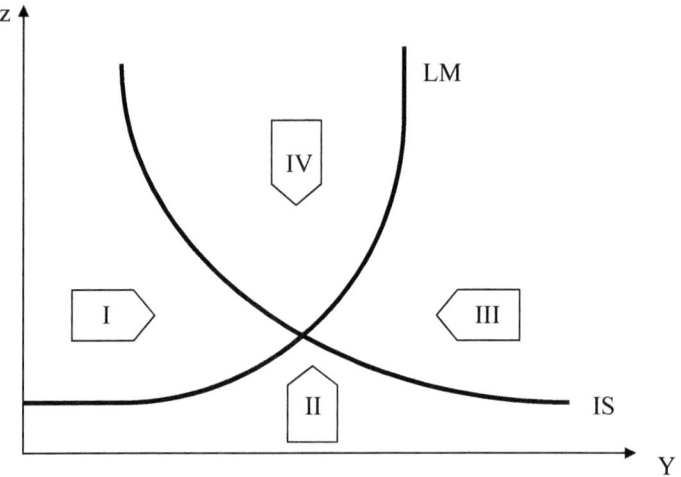

Abb. 7.11: Ungleichgewichtskonstellationen

Links von der IS-Kurve liegen am Gütermarkt inflatorische Lücken (Gebiete I und II) vor, rechts davon deflatorischen Lücken (Gebiete III und IV). Links oberhalb der LM-Kurve ist der Zins höher als z* und das Einkommen niedriger als Y*. Damit ist hier (Gebiete I und IV) die Geldnachfrage geringer als das Geldangebot, denn mit sinkendem Einkommen geht L_T zurück und gleichzeitig bewirkt ein steigender Zins einen Rückgang von L_S. Rechts unterhalb der LM-Kurve (Gebiete II und III) liegt der Zins unter seinem Gleichgewichtswert, das Einkommen höher. Dies führt sowohl zu einem Anstieg der Spekulations- als auch der Transaktionskassenhaltung, die Geldnachfrage übersteigt somit das Geldangebot. Es gilt also:

I: A < N (Gütermarkt) / M^a > L (Geldmarkt)
II: A < N (Gütermarkt) / M^a < L (Geldmarkt)
III: A > N (Gütermarkt) / M^a < L (Geldmarkt)
IV: A > N (Gütermarkt) / M^a > L (Geldmarkt)

Die Ungleichgewichte auf dem Gütermarkt bzw. dem Geldmarkt setzen dann entsprechende Anpassungsreaktionen in Gang, die das System zu der Zins/Volkseinkommenskombination hinbewegen, die durch den Schnittpunkt zwischen IS-Kurve und LM-Kurve definiert ist.

ii. Schwierigkeiten der Interpretation

Die konkrete wirtschaftspolitische Umsetzung der mit Hilfe des IS/LM-Diagramm gewonnenen Erkenntnisse steht vor großen praktischen Problemen. Im Folgenden soll etwas näher auf diese Probleme eingegangen werden, um ein Gefühl für die spezifischen Herausforderungen zu bekommen, vor denen eine theoriebasierte Wirtschaftspolitik auf der Basis des IS/LM-Modells steht.

Zunächst einmal sollte man sich bewusst machen, dass man weder die IS-Kurve noch LM-Kurve sieht. Es sind keine Kurven, die man irgendwie auf einfachem Wege aus den vorhandenen Daten entnehmen könnte, da sie ausschließlich auf Gleichgewichtsüberlegungen basieren. Solche Gleichgewichtswerte kann man zwar in einem einfachen und überschaubaren Modell, wie wir es hier verwendet haben, bestimmen – doch die Realität ist weitaus komplexer und einer Vielzahl von unterschiedlichen (und oft divergierenden) Einflussfaktoren unterworfen. Das hat zur Folge, dass man bestenfalls begründete Schätzungen darüber abgeben kann, wo sich diese Kurven aktuell befinden und in welcher der oben beschriebenen Konstellationen sich eine Volkswirtschaft aktuell befindet.

Noch schwieriger ist es, die Auswirkungen von Änderungen bzw. Verschiebungen der Kurven zu erkennen und abzuschätzen. Ein einfaches Beispiel möge dies verdeutlichen: Nehmen wir an, eine Volkswirtschaft erleidet durch einen plötzlichen Nachfragerückgang – etwa einen Rückgang der Investitionen aufgrund eines Vertrauensverlustes der Unternehmen – eine Linksverschiebung der IS-Kurve. Die erwarteten Folgen dieses Nachfrageschocks wären gemäß unserer IS/LM-Analyse ein Zinsrückgang und ein Rückgang des Gleichgewichts-Volkseinkommens. Nehmen wir ferner an, die Zentralbank dieses Landes hat kurz vor der (überraschenden) Linksverschiebung der IS-Kurve eine kontraktive Geldpolitik mit dem Ziel der Inflationsbekämpfung durchgeführt, etwa weil der Geldmengenanstieg in den vergangenen Monaten deutlich zu hoch ausfiel. Die Linksverschiebung der LM-Kurve führte wegen der Verknappung der Geldmenge erwartungsgemäß zu einem Anstieg des Zinsniveaus. Dies registrierte die Zentralbank und wertete es als einen Indikator für den Erfolg ihrer kontraktiven Geldpolitik

Natürlich wäre es nun jedoch sinnvoll, nach dem Nachfrageschock und der Linksverschiebung der IS-Kurve den geldpolitischen Kurs möglichst schnell zu ändern und auf eine expansive Geldpolitik und eine Erhöhung der Geldmenge umzuschalten. Dies dürfte aber gleich aus mehreren Gründen schwer zu realisieren sein. Denn erstens müssen die Daten korrekt interpretiert und mit der IS/LM-Analyse in Einklang gebracht werden. Hier besteht das Problem darin, dass der Zinsrückgang, der durch die Linksverschiebung der IS-Kurve ausgelöst wird, fälschlicherweise als Hinweis auf einen ungeplanten Anstieg der Geldmenge (also eine Rechtsverschiebung der LM-Kurve) gewertet werden könnte, anstatt als Hinweis auf eine plötzliche Linksverschiebung der IS-Kurve verstanden zu werden. Beides wäre ja mit einem sinkenden Zins zu vereinbaren.

Zweitens liegen Daten zur Änderung von Produktion und Einkommen erst mit einer gewissen zeitlichen Verzögerung – verglichen mit Daten zur Zinsentwicklung – vor. Die Unterscheidung zwischen einer Linksverschiebung der IS-Kurve (Einkommensrückgang) und einer Rechtsverschiebung der LM-Kurve (Einkommensanstieg) wäre erst dann zuverlässig zu treffen, wenn Daten zur Entwicklung des Volkseinkommens vorliegen. Erschwerend kommt hinzu, dass die Zentralbank wegen ihrer ursprünglichen kontraktiven Geldpolitik, die dem plötzlichen Investitionsrückgang vorausging, ja mit einer gewissen dämpfenden Wirkung auf das Volkseinkommen gerechnet hat. Sie wäre von einem Einkommensrückgang also zunächst gar nicht überrascht und würde diesen eher ihrer entschlossenen Inflationsbekämpfung zuschreiben und die Auswirkungen der Linksverschiebung der IS-Kurve dadurch möglicherweise unterschätzen. *Mankiw* (2003) hat ein ähnliches Szenario, basierend auf den Daten der amerikanischen Volkswirtschaft in der ersten Hälfte der neunziger Jahre, beschrieben (vgl. *Mankiw (2003)*, S. 338 f.).

Drittens schließlich birgt dieses Szenario auch ein gewisses psychologisches Problem in sich. Es dürfte für eine Zentralbank nicht ganz leicht sein, so kurz nachdem sie sich zu einer kontraktiven Geldpolitik entschlossen hat, auf eine expansive Politik umzuschalten. In den Augen der Öffentlichkeit könnte dies als ein Zeichen von Schwäche, Unentschlossenheit, Uneinigkeiten im Zentralbankrat oder schlicht von vorangegangenen Fehleinschätzungen gewertet werden und das Standing der Zentralbank in der Öffentlichkeit, der Politik und an den Finanzmärkten schwächen.

Dies alles bedeutet jedoch nicht, dass das IS/LM-Modell durch diese Interpretationsprobleme an praktischem Wert verlieren würde. Ganz im Gegenteil: Gerade die Reflektion über die genannten Schwierigkeiten der Interpretation schärft das Bewusstsein für die außerordentliche Komplexität des volkswirtschaftlichen Systemzusammenhangs – hier in besonderer Weise des makroökonomischen Teil dieses Systems – und zwingt daher zu genauer und eingehender Betrachtung aller verfügbarer Informationen sowie deren sorgfältiger Abwägung und Einordnung in den systembedingten Gesamtzusammenhang.

Aus dieser Perspektive betrachtet stellen die genannten Einschränkungen weniger eine Verringerung der praktischen Anwendbarkeit des IS/LM-Modells dar, als vielmehr eine Erweiterung des Interpretationshorizontes mit daraus sich ergebenden vielfältigeren Möglichkeiten des volkswirtschaftlichen Systemzusammenhangs und dessen Dynamik. Vor möglichen Fehlinterpretationen gewarnt zu sein – und deren mögliche Ursachen zu kennen – ist eben etwas anderes als Fehler zu begehen, von deren Existenz man überhaupt nichts wusste.

8. Einbeziehung des Arbeitsmarktes und Keynessches Gesamtmodell

a. Lohnrigiditäten und Arbeitsangebot

Auch in der Keynesschen Makroökonomik wird das Arbeitsangebot der Haushalte – ebenso wie die Arbeitsnachfrage der Unternehmen – als reallohnabhängig betrachtet. Ältere Interpretationen, die das Vorhandensein von Geldillusion unterstellten (also von Arbeitnehmern ausgingen, die nicht zwischen Nominallohn und Reallohn unterscheiden) werden heute überwiegend als nicht stichhaltig betrachtet. Es gilt eine **Arbeitsangebotsfunktion**

$$A^A \begin{cases} A^A(l_r) & \text{für } l_r \geq l_r^{Min} \quad \text{mit } dA^A/dl_r > 0 \\ 0 & \text{für } l_r < l_r^{Min} \end{cases}$$

Die Funktion besagt, dass das Arbeitsangebot im Bereich von Reallöhnen, die ein Mindestniveau l_r^{Min} nicht unterschreiten, mit steigendem Reallohn zunimmt. Sobald allerdings dieses Mindestniveau des Reallohns unterschritten wird, geht das Arbeitsangebot auf Null zurück; dies bedeutet faktisch, dass der Reallohn dieses Mindestniveau (zumindest kurz- bis mittelfristig) nicht unterschreiten kann. Man spricht von einer **Rigidität** des Reallohns.

Wie werden derartige Lohnrigiditäten begründet? Man denkt natürlich sofort an die aktuelle Mindestlohndiskussion, und tatsächlich kann die Existenz von gesetzlich verfügten oder freiwillig eingehaltenen Mindestlöhnen ein Grund für das Auftreten von Lohnrigiditäten sein. Allerdings gibt es weitere Faktoren, die Lohnrigiditäten begünstigen. Der Einfluss der Gewerkschaften ist ebenso zu nennen wie ein legitimes und nachvollziehbares Sicherheitsstreben der abhängig Beschäftigten. Letztlich würden Bestrebungen, Reallöhne unter dieses Mindestniveau zu drücken, auf derart breite gesellschaftliche Widerstände stoßen, dass sie praktisch undurchführbar wären.

Die Keynessche Arbeitsangebotsfunktion stellt sich somit wie folgt dar (siehe Abb. 8.1). Ein wesentlicher Unterschied zur Klassisch-Neoklassischen Sichtweise, die ja auch die Auswirkungen starrer Reallöhne thematisiert, besteht jedoch in der Bewertung dieser Lohnrigiditäten. Für die Keynessche Makroökonomik sind die Starrheiten am Arbeitsmarkt weniger ein zu bekämpfendes Übel, sondern mehr ein zu berücksichtigendes Faktum. Ganz abgesehen von der Frage, ob Reallohnsenkungen zur Bekämpfung der Arbeitslosigkeit geeignet erscheinen – was in der Keynesschen Sichtweise mehr als fraglich erscheint –, wird das Beschäftigungsvolumen im Keynesianischen Gesamtmodell nicht durch die Höhe des Reallohns, sondern vielmehr durch das gesamtwirtschaftliche Produktionsvolumen bestimmt, welches wiederum durch das Gesamtgleichgewicht am Güter- und Geldmarkt festgelegt wird.

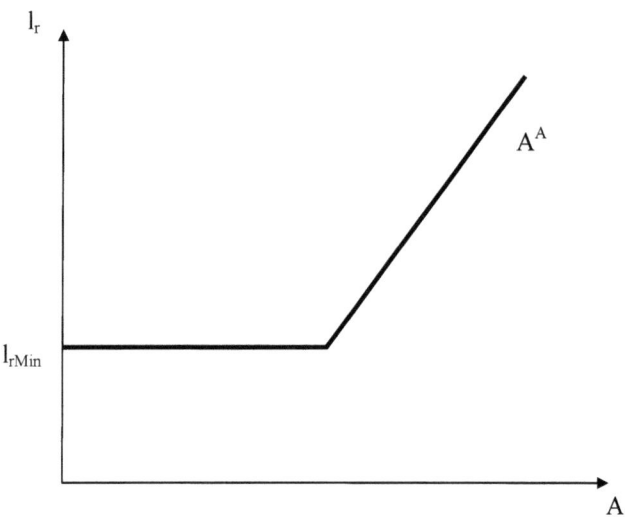

Abb. 8.1: *Keynessche Arbeitsangebotsfunktion*

b. Produktionsvolumen und Arbeitsnachfrage

Bezüglich der Arbeitsnachfrage seitens der Unternehmen herrscht in der Keynesianischen Makroökonomik ebenfalls eine modifizierte Sichtweise. Für klassisch orientierte Ökonomen steht das Anreizargument des Reallohns im Vordergrund: Je niedriger der Reallohn, also die Kosten für den Produktionsfaktor Arbeit, umso stärker ist der Anreiz, diesen Faktor im Produktionsprozess einzusetzen und umso höher fällt dementsprechend die Nachfrage nach Arbeit aus. Dieses Argument gilt prinzipiell ohne Einschränkung nach unten, da Lohnrigiditäten aus Klassisch-Neoklassischer Sicht letztlich nicht zu rechtfertigen sind. Für Keynes macht die Zunahme der Arbeitsnachfrage bei sinkendem Reallohn jedoch nur so lange Sinn wie die mit diesen Arbeitskräften erstellte Produktion auch abgesetzt werden kann. Dies ist jedoch nur bis zur Höhe des Gleichgewichtseinkommens, das durch den Schnittpunkt von IS- und LM-Kurve bestimmt wird, der Fall. Durch dieses Gleichgewicht wird das maximal benötigte Arbeitsvolumen A* festgelegt.

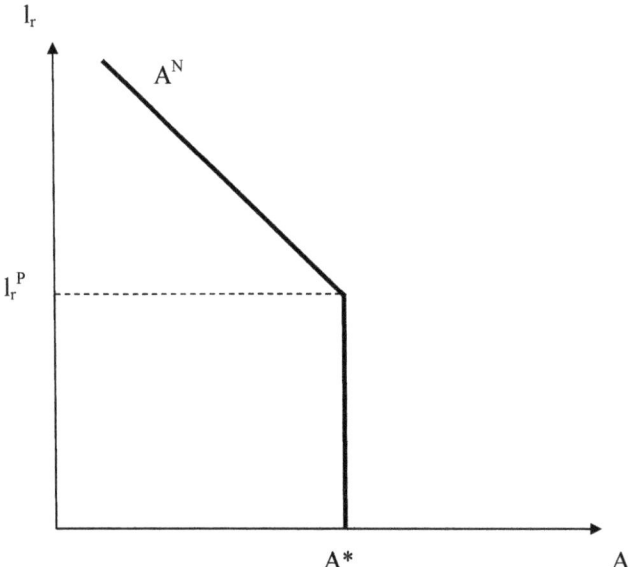

Abb. 8.2: Keynessche Arbeitsnachfragefunktion

Der Reallohnsatz spielt hier durchaus ebenfalls eine Rolle, jedoch erst, wenn er auf ein Niveau steigt, welches die Arbeitsnachfrage auf ein Niveau unterhalb von A^* zurückdrängt; die **Arbeitsnachfragefunktion** lässt sich so formulieren:

$$A^N = \begin{cases} A^N(l_r) & \text{für } l_r > l_r^P \\ A^* & \text{für } l_r \leq l_r^P \end{cases} \quad \text{mit } dA^N/dl_r < 0$$

l_r^R ist dabei derjenige Reallohnsatz, bei dem die Arbeitsnachfrage genau dem durch das gesamtwirtschaftliche Produktionsvolumen bestimmten maximal benötigten Arbeitsvolumen A^* entspricht. Sinkt der Reallohn unter l_r^P, so nimmt die Arbeitsnachfrage nicht weiter zu, sondern verharrt auf dem Niveau A^*. Eine weitere Ausdehnung der Arbeitsnachfrage würde für die Unternehmen keinen Sinn machen, da sie die mit diesen Arbeitskräften hergestellte Produktionsmenge mangels gesamtwirtschaftlicher Nachfrage nicht absetzen könnten. Hierin ist auch der zentrale Grund zu sehen, warum Keynesianer eine Senkung der Reallöhne zur Bekämpfung von Arbeitslosigkeit häufig für ungeeignet halten: Die Arbeitsnachfrage und damit das Beschäftigungsvolumen können auf diese Weise nicht über A^* hinaus ausgedehnt werden.

c. Unfreiwillige Arbeitslosigkeit

Das Entstehen unfreiwilliger Arbeitslosigkeit lässt sich nun zwanglos durch das Zusammenführen der beiden Arbeitsmarktfunktionen erklären:

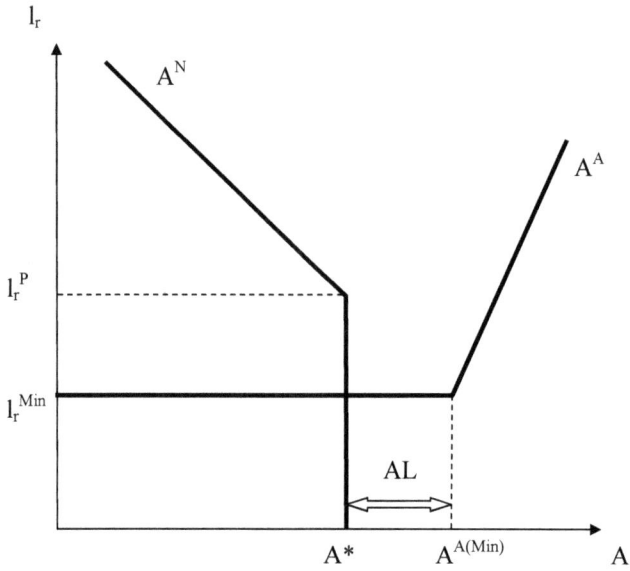

Abb. 8.3: Arbeitsmarktgleichgewicht bei Unterbeschäftigung

Das Volumen A* ist das von den Unternehmen maximal nachgefragte Arbeitsvolumen. Dem steht selbst beim untersten akzeptablen Lohnniveau l_r^{Min} ein höheres Arbeitsangebot von $A^{A(Min)}$ gegenüber. Durch die Differenz zwischen beiden Größen wird das Ausmaß der unfreiwilligen Arbeitslosigkeit (AL) festgelegt:

$$AL = A^{A(Min)} - A*$$

Die Arbeitsnachfragefunktion knickt somit beim Wert A* senkrecht nach unten ab, ein weiteres Absinken des Reallohns erhöht die Nachfrage der Unternehmen nach Arbeitskräften nicht mehr.

Durch die Zusammenführung des Arbeitsmarktes mit dem IS/LM-Diagramm ergibt sich im folgenden Abschnitt das Keynessche Gesamtmodell.

d. Die Logik des Keynesschen Gesamtmodells

Die Logik des Keynesschen Gesamtmodells liegt in der Reihenfolge begründet, in welcher die drei Makromärkte in die Bestimmung der Ergebnisse des makroökonomischen Systems eingehen. Diese Reihenfolge unterscheidet sich von jener des Klassisch-Neoklassischen Gesamtmodells: Während dort zu Beginn am Arbeitsmarkt über die Höhe des gleichgewichtigen Beschäftigungsvolumens und des Reallohnsatzes entschieden wurde und danach der gesamtwirtschaftliche Output mittels des so bestimmten Arbeitsvolumens, steht im Keynesschen Gesamtmodell der Gütermarkt zusammen mit dem Geldmarkt am Anfang der Argumentation. Hier entscheidet das simultane Gleichgewicht in Form des Schnittpunktes zwischen IS- und LM-Kurve darüber, welches Produktionsvolumen zustande kommt. Über die gegebene Produktionstechnologie, die sich in der makroökonomischen Produktionsfunktion manifestiert, ergibt sich das benötigte Arbeitsvolumen. Dieses kann mit Vollbeschäftigung verbunden sein. Keynes war jedoch daran gelegen zu demonstrieren, dass ein marktwirtschaftlich-kapitalistisches System in einen stabilen Gleichgewichtszustand geraten kann, der mit hoher und anhaltender Unterbeschäftigung einhergeht. Daher wird das Keynessche Gesamtmodell in aller Regel als Modell eines simultanen Gleichgewichts bei Unterbeschäftigung dargestellt. Keynes selbst sah sein eigenes Modell als übergreifenden Erklärungsansatz an, der den Klassisch-Neoklassischen Fall des Gleichgewichts bei Vollbeschäftigung als Spezialfall mit einschließt.

i. Simultanes Gleichgewicht bei Unterbeschäftigung

Die folgende Abbildung zeigt das Keynessche Gesamtmodell. Im ersten Diagramm links unten bestimmt der Schnittpunkt zwischen IS- und LM-Kurve das simultane Gleichgewicht am Güter- und am Geldmarkt. Der gleichgewichtige Wert Y* wird über das darüber liegende Hilfsdiagramm mit der 45°-Linie auf die senkrechte Achse des rechten oberen Diagramms übertragen, das die Produktionsfunktion enthält. Hieraus ergibt sich auf der waagrechten Achse das gleichgewichtige Arbeitsvolumen A*, das für die Produktion von Y* benötigt wird. Dieser Wert A* wird in das rechte untere Diagramm übertragen und markiert den Wert, bei dem die Arbeitsnachfragefunktion senkrecht nach unten abknickt. In Verbindung mit einer entsprechend verlaufenden Arbeitsangebotsfunktion ergibt sich eine Situation des gesamtwirtschaftlichen Gleichgewichts bei Unterbeschäftigung, also unfreiwilliger Arbeitslosigkeit.

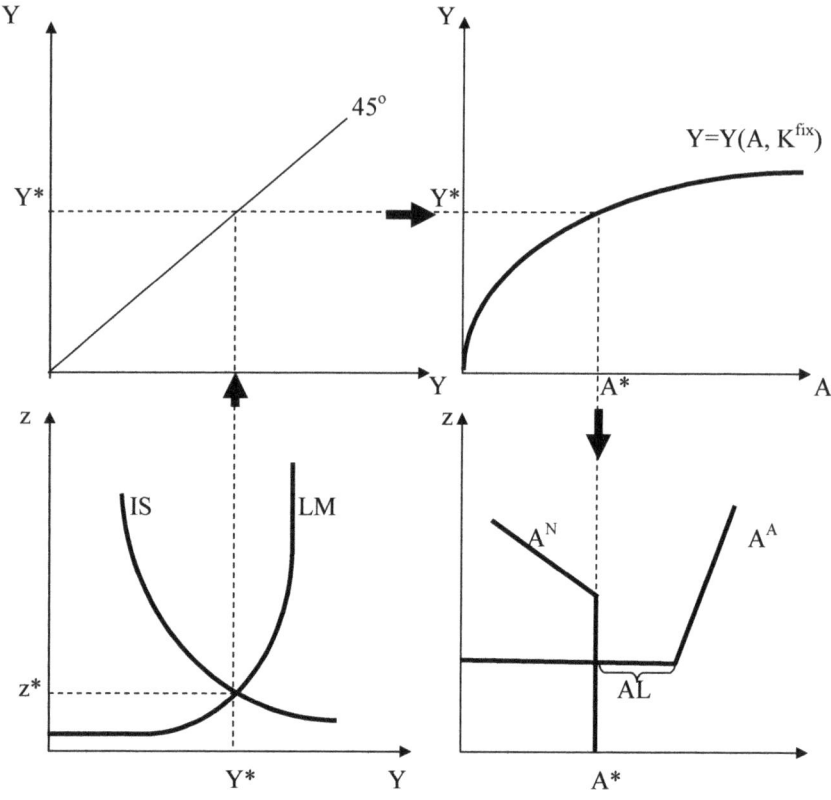

Abb. 8.4: Simultanes Gesamtgleichgewicht bei Unterbeschäftigung (1)

Die dargestellte Situation erklärt Arbeitslosigkeit aus einem Mangel an gesamtwirtschaftlicher Nachfrage: Am Güter- und Geldmarkt bestimmt letztlich die Höhe der gesamtwirtschaftlichen Nachfrage über die Lage der IS-Kurve im Diagramm und damit über den Schnittpunkt mit der LM-Kurve. Fällt das durch diesen Schnittpunkt bestimmte Gleichgewichtseinkommen zu niedrig aus, dann genügt die resultierende Arbeitsnachfrage am Arbeitsmarkt nicht, um das vorhandene Arbeitsangebot zu absorbieren. Der verbleibende Rest, der die Arbeitsnachfrage A* übersteigt, stellt das Volumen an unfreiwilliger Arbeitslosigkeit dar.

Läge der Schnittpunkt zwischen IS- und LM-Kurve weiter rechts, so würde sich die Arbeitslosigkeit reduzieren oder sogar ganz verschwinden:

EINBEZIEHUNG DES ARBEITSMARKTES UND KEYNESSCHES GESAMTMODELL 151

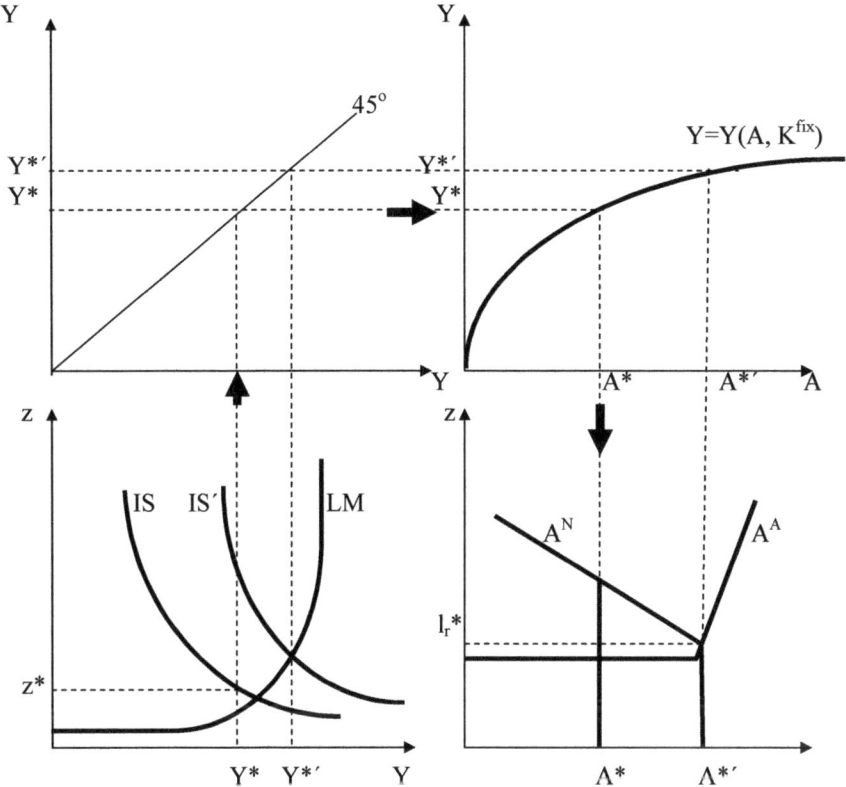

Abb. 8.5: Simultanes Gesamtgleichgewicht bei Unterbeschäftigung (2)

Durch die Rechtsverschiebung der IS-Kurve (IS') vergrößert sich zunächst das gleichgewichtige Volkseinkommen auf Y*'. Dadurch steigt gemäß der Produktionsfunktion das maximal benötigte Arbeitsvolumen auf A*. Dieses Arbeitsvolumen genügt, um am Arbeitsmarkt das vorhandene Arbeitsangebot zu absorbieren und die zuvor existierende unfreiwillige Arbeitslosigkeit zu beseitigen. Auf Grund der gestiegenen Arbeitsnachfrage verbleibt sogar noch ein Spielraum für moderate Steigerungen des Reallohnes über l_r^{Min} hinaus.

Mit diesen Überlegungen steht bereits fest, wie die Grundstrategie im Falle einer nachfragebedingten Arbeitslosigkeit nach Keynesianischem Muster aussehen wird. Es geht darum, das Gleichgewichts-Volkseinkommen zu erhöhen und dadurch das am Arbeitsmarkt benötigte Arbeitsvolumen zu steigern. Die Wirtschaftspolitik kann vor allem mit zwei Politikbereichen, der Fiskalpolitik und der Geldpolitik, einen Beitrag zu einer solchen Steigerung des Gleichgewichtseinkommens leisten. Beiden wenden wir uns im nächsten Abschnitt zu.

ii. Wirkungen und Probleme kombinierter Geld- und Fiskalpolitik

In einer Situation mangelnder gesamtwirtschaftlicher Nachfrage – wie es regelmäßig in einer Konjunkturkrise bzw. Rezession der Fall ist – stehen der Wirtschaftspolitik zwei grundsätzliche Wege offen, um das Gleichgewichtseinkommen zu erhöhen und damit der konjunkturell bedingten Arbeitslosigkeit entgegen zu wirken. Der erste Weg ist eine expansive Fiskalpolitik. Sie kann grundsätzlich in einer Erhöhung der Staatsausgaben für Güter und Dienst, einer Erhöhung der Transferzahlungen an private Haushalte oder in einer Steuersenkung bestehen. Die Erhöhung der Staatsausgaben hat dabei den Vorteil, direkt nachfragewirksam zu sein, während höhere Transferzahlungen und Steuersenkungen zunächst nur das verfügbare Einkommen der Haushalte erhöhen. Auf den Konsum und somit die gesamtwirtschaftliche Nachfrage wirken sich diese Maßnahmen in vermindertem Maße – bestimmt durch die marginale Konsumquote c' – aus.

Der zweite Weg zur Erhöhung des Gleichgewichtseinkommens besteht in einer expansiven Geldpolitik. Dabei führt die Zentralbank geeignete Maßnahmen durch, die sich auf eine Erhöhung der umlaufenden Geldmenge auswirken, beispielsweise eine Leitzinssenkung. Der wesentliche Unterschied zwischen beiden Wegen liegt darin, dass im ersten Fall die IS-Kurve nach rechts verschoben wird, im zweiten hingegen die LM-Kurve:

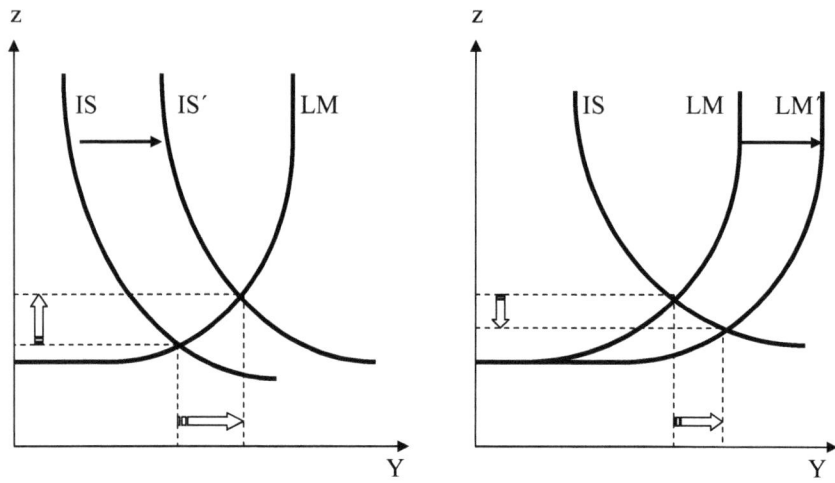

Abb. 8.6: Wirkungen expansiver Fiskal- und Geldpolitik

Während die Auswirkungen im Falle expansiver Geld- oder Fiskalpolitik als gleichwertig zu erachten sind, gibt es doch hinsichtlich der Auswirkungen auf andere Bereiche des ökonomischen Systems sowie mit Blick auf wirtschaftspolitische Anwendungen deutliche Unterschiede.

Im Falle der expansiven Fiskalpolitik liegt eine weitere Folgewirkung im Anstieg der Zinsen am Kapitalmarkt. Dies kann zu negativen Folgen für die private Investitionstätigkeit führen, die wegen der gestiegenen Kapitalkosten gekürzt werden und damit niedriger ausfallen als sie es ohne die Durchführung einer expansiven Fiskalpolitik gewesen wären. Dieser Effekt kann in gewissem Maße die expansive Fiskalpolitik konterkarieren. Weiter ist zu bedenken, dass eine expansive Fiskalpolitik auf die eine oder andere Weise finanziert werden muss. Auch hier stehen prinzipiell zwei Wege offen: Entweder der Staat erhöht seine Einnahmen – also letztlich die Steuern –, wodurch allerdings der Wirkung der expansiven Fiskalpolitik von vornherein sehr enge Grenzen gezogen sind. Bis auf die durch das Haavelmo-Theorem beschriebenen Effekte wäre mit keiner spürbaren Wirkung auf das Gleichgewichtseinkommen zu rechnen. Der zweite prinzipielle Weg (von nur einmalig durchführbaren Möglichkeiten wie etwa dem Verkauf von Staatsvermögen wird hier abgesehen) besteht in einer Erhöhung der Staatsverschuldung. Dies wird jedoch ebenso zu positiven Zinseffekten führen und damit die private Investitionstätigkeit negativ beeinflussen. Darüber hinaus stellt sich die Frage nach der Rückzahlung der aufgenommenen Schulden und der zukünftigen Belastung des Staatshaushalts. Gleichwohl wird der expansive Effekt – wie er ja in einer Rezession besonders dringlich gewünscht ist – bei dieser Variante erwartungsgemäß am größten ausfallen.

Dass derartige Konjunkturprogramme, die schon allzu häufig totgesagt wurden, auch in aktuellster Zeit einen gewissen wirtschaftspolitischen Charme entwickeln, beweisen die Beispiele der USA, wo die Regierung im Zuge der Hypothekenkrise ein Konjunkturprogramm in Höhe von 1% des US-amerikanischen BIP auflegte, sowie der deutschen Bundesregierung, die Anfang 2006 ein 25 Milliarden Euro-Konjunkturpaket auf den Weg brachte.

Abgesehen von der Frage, wie derartige Programme zu finanzieren sind und wie ihre Wirkungen einzuschätzen sind, stellen sich noch weitergehende Probleme beim Umgang mit dem Einsatz der Geld- und Fiskalpolitik im Rahmen des Keynesschen Gesamtmodells. Einige seien exemplarisch angesprochen:

Nur konjunkturell bedingte Arbeitslosigkeit kann mit expansiver Geld- und Fiskalpolitik bekämpft werden. Andere Erscheinungsformen, wie etwa strukturelle oder wachstumsdefizitäre Arbeitslosigkeit, erfordern andere wirtschaftspolitische Ansätze. Allerdings sollte dieses Argument nicht verabsolutiert werden, denn auch konjunkturell bedingte Arbeitslosigkeit kann nicht einfach hingenommen werden. Die vergangenen zwei Jahre, speziell der deutschen

Wirtschaftsentwicklung mit einem starken Rückgang zeigen, dass konjunkturelle Faktoren nach wie vor einen nicht zu unterschätzenden Einfluss auf die Arbeitsmarktlage – und in deren Folge die sozialen Sicherungssysteme, die Staatsfinanzen u.v.m. – haben.

Ein grundlegendes Problem besteht auf der diagnostischen Seite. Während wir im IS/LM-Diagramm genau nachvollziehen können, welche Maßnahmen sich wie auswirken, ist diese Möglichkeit in der Praxis der Wirtschaftspolitik wenig bis gar nicht gegeben. Gehen wir beispielsweise von folgendem makroökonomischen Krisenszenario aus: Aufgrund einer überdurchschnittlich guten Entwicklung des Arbeitsmarktes in der jüngsten Vergangenheit hegt die Zentralbank die Befürchtung einer beginnenden Lohn-Preis-Spirale. Um diese Entwicklung im Keim zu ersticken, betreibt sie eine restriktive Geldpolitik, was zu einer Linksverschiebung der LM-Kurve führt (1). Kurz darauf trifft ein Nachfrageschock – ausgelöst durch ein externes Ereignis –, die IS-Kurve und verschiebt diese nach links (2):

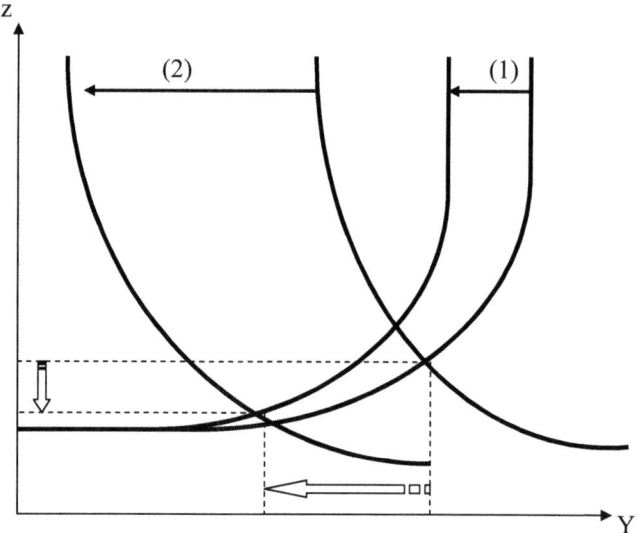

Abb. 8.7: Makroökonomisches Krisenszenario (Beginn)

Um eine Verschärfung der sich abzeichnenden Krise zu verhindern, wäre eine Änderung des geldpolitischen Kurses vonnöten, die Zentralbank müsste also von einer kontraktiven auf eine expansive Geldpolitik umschalten. Dies könnte gleich durch mehrere Schwierigkeiten behindert werden: Zunächst wird sich eine Zentralbank grundsätzlich schwer tun, innerhalb kürzester Zeit von einer kontraktiven auf eine expansive Geldpolitik umzuschwenken, denn dies würde die Frage provozieren, ob der unmittelbar zuvor praktizierte Kurs verfehlt war. Überdies setzt eine solch flexible Reaktion voraus, dass die Zentralbank über verlässliche Daten verfügt. Genau dies ist aber in der Realität schwieriger als es zunächst scheint, denn die statistischen Informationssysteme können fundierte Daten häufig erst mit einer signifikanten zeitlichen Verzögerung liefern.

Im Falle unseres Krisenszenarios kann dies die Diagnoseprobleme zusätzlich verschärfen und unter Umständen auch zu kontraproduktiv wirkenden Politikmaßnahmen führen. Die Zentralbank könnte die im oberen Diagramm zu beobachtende Zinssenkung, die auf die Linksverschiebung der IS-Kurve in Folge des Nachfrageschocks zurückzuführen ist, fälschlicherweise als ein Signal einer zu schnell steigenden Geldmenge interpretieren. Nimmt sie dies zum Anlass, ihren geldpolitischen Kurs noch restriktiver zu gestalten und die LM-Kurve nochmals nach links zu verschieben (3), so würde das Gleichgewichtseinkommen weiter sinken und die Krise sich dadurch verschärfen.

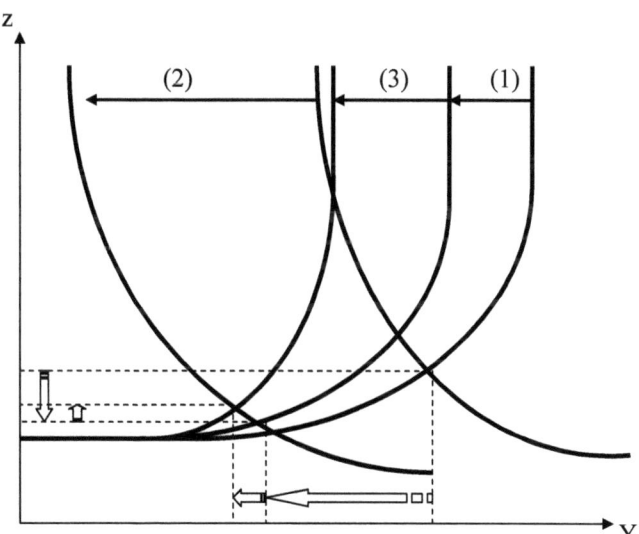

Abb. 8.8: Makroökonomisches Krisenszenario (Fortsetzung)

Dieses Krisenszenario ist übrigens keinesfalls fiktiv. Nach Mankiw (in früheren Auflagen seines Lehrbuches; siehe Literaturverzeichnis) spricht einiges dafür, dass sich ein solches Szenario zu Beginn der neunziger Jahre in den USA abspielte und eine weltweite Rezession auslöste.

Aus derartigen und weiteren Einwänden den Schluss zu ziehen, dass Geld- und Fiskalpolitik letztlich ungeeignet seien, um im Sinne eines Keynesianischen Politikansatzes zur Stabilisierung des gesamtwirtschaftliches Prozesses eingesetzt zu werden, erscheint dennoch überzogen. Letztlich ist es häufig die pure Faktizität einer schweren Rezession, welche die Wirtschaftspolitik dazu zwingt, alle Möglichkeiten – auch die durch das Keynesianische Gesamtmodell begründeten Möglichkeiten expansiver Geld- und Fiskalpolitik – zur Bewältigung derartiger Krisen zu nutzen. Gleichwohl besteht die Notwendigkeit, an der Diagnosegenauigkeit und der Zuverlässigkeit der Datenbasis zu arbeiten.

e. Neue Keynesianische Makroökonomik und Post-Keynesianische Makroökonomik

Das IS/LM-Diagramm ist eine Interpretation des Keynesschen Gedankengutes. Keynes selbst hat kein derart geschlossenes System ausgearbeitet; das heute als Keynessches Modell bezeichnete nachfrageorientierte Grundmodell basiert im Wesentlichen auf den Ausarbeitungen seiner Nachfolger und blieb auch nicht ohne Kritik in der makroökonomischen Fachwelt. Insbesondere wurde häufig seine fehlende mikroökonomische Fundierung bemängelt. Wir sind auf dieses Thema – die Mikrofundierung der Makroökonomik – bereits im ersten Kapitel (Punkt c) eingegangen. An dieser Stelle sei nochmals darauf hingewiesen, dass eine mikroökonomische Fundierung der auf Aggregation und Durchschnittsbetrachtung basierenden makroökonomischen Verhaltensgleichungen durchaus möglich ist, wie am Beispiel der Keynesschen Konsumfunktion demonstriert wurde.

Die **Neue Keynesianische Makroökonomik**, die hier als wichtige Weiterentwicklung des Keynesianischen Modells in der gebotenen Kürze angesprochen werden soll, knüpft an diese Mikrofundierung der Makroökonomik an. Kernpunkt sind zwei Vorstellungen:

1. Mengen reagieren schneller als Preise; im Extremfall können Preise fix sein und Anpassungen ausschließlich über Mengenänderungen erfolgen (**Fixpreismethode**).

2. Rationierungen auf einem Markt wirken sich auf anderen Märkten aus: Haushalte, die am Arbeitsmarkt einer Beschränkung unterliegen, können nicht ihr gewünschtes Arbeitsangebot realisieren und müssen deshalb ihre Konsumpläne revidieren (**Duale Entscheidungshypothese** nach Clower).

Da grundsätzlich immer die längere Marktseite einer Rationierung unterliegt, ergeben sich folgende Möglichkeiten für makroökonomische Regimes:

- Käufermarkt auf dem Arbeitsmarkt und auf dem Gütermarkt: Dies ist der Fall **Keynesianischer Arbeitslosigkeit**, die durch zu niedrige gesamtwirtschaftliche Nachfrage ausgelöst wird.
- Käufermarkt auf dem Arbeitsmarkt, Verkäufermarkt auf dem Gütermarkt: Hier liegt der Fall einer **Klassischen (Hochlohn-) Arbeitslosigkeit** vor. Da Nachfragemangel auf dem Gütermarkt nicht infrage kommt, muss die Ursache der Arbeitslosigkeit primär auf dem Arbeitsmarkt selbst zu suchen sein, z.B. in zu hohen Reallöhnen.
- Verkäufermarkt auf dem Arbeitsmarkt, Verkäufermarkt auf dem Gütermarkt: Auf beiden Märkten herrscht eine Überschussnachfrage, folglich tritt hier keine Arbeitslosigkeit auf. Stattdessen wird die überschüssige Nachfrage auf dem Gütermarkt zu Inflation führen. Man spricht deshalb von **zurückgestauter Inflation**.

Gemäß der Neuen Keynesianischen Makroökonomik liegt das Hauptproblem also darin, das jeweils herrschende makroökonomische Regime zutreffend zu bestimmen. Erst dann kann entschieden werden, welche stabilisierungspolitische Strategie angemessen ist.

Ein weiteres Problem für die wirtschaftspolitische Anwendbarkeit der Neuen Keynesianischen Makroökonomik liegt in der Instabilität der Regimegrenzen. Diese können sich verändern und werden auch durch das Verhalten der Geld- und Fiskalpolitik beeinflusst. So kann ein Zustand des Klassisch-Neoklassischen Gleichgewichts etwa durch einen negativen Nachfrageimpuls der Fiskalpolitik in eine Keynesianische Unterbeschäftigungssituation gewandelt werden. Ein Angebotsschock hingegen – denken wir an den zurückliegenden gravierenden Anstieg der Energiekosten und des Ölpreises (der sich zwischenzeitlich konjunkturell bedingt wieder abgemildert hat) überführen einen ursprünglichen Gleichgewichtszustand in den Fall der Klassischen Arbeitslosigkeit. Dementsprechend müssen wirtschaftspolitische Therapievorschläge natürlich unterschiedlich ausfallen. Bei Vorliegen eines Angebotsschocks ist die Ankurbelung der Nachfrage nicht sehr hilfreich und führt im Zweifelsfall eher zu einem Anheizen der Inflation als zu einem Rückgang der Arbeitslosigkeit. Und im Falle einer Keynesianischen Arbeitslosigkeit würden Lohnsenkungen das Problem noch verschärfen, weil dadurch die gesamtwirtschaftliche Nachfrage weiter geschwächt würde.

Selbst wenn man feststellen sollte, dass Reallohnsenkungen geeignet wären, um die Arbeitslosigkeit zu senken, so ist es nicht gleichgültig, auf welchem Weg sie herbeigeführt werden. Im Falle Keynesianischer Arbeitslosigkeit haben Senkungen der Nominallöhne (bei konstantem Preisniveau) keine Wirkung, Reallohnsenkungen durch einen Anstieg des Preisniveaus haben negative Wirkungen. Bei Klassischer Arbeitslosigkeit hingegen sind beide Formen der

Reallohnsenkung wirkungsvoll. Liegt zurückgestaute Inflation vor, führen sowohl Reallohnsenkungen durch sinkende Nominallöhne als auch Reallohnsenkungen durch steigendes Preisniveau zu negativen Effekten für die Beschäftigung.

Abschließend kann gesagt werden, dass die Neue Keynesianische Makroökonomik eine Bereicherung und wichtige Weiterentwicklung des Keynesianischen Gesamtmodells darstellt. Sie stellt die wirtschaftspolitische Diagnosefähigkeit jedoch vor große Herausforderungen.

Die **Post-Keynesianische Makroökonomik** legt den Fokus auf die Bedeutung der sogenannten **effektiven Nachfrage**. Dieser Zusatz soll betonen, dass die gesamtwirtschaftliche Nachfrage für die Post-Keynesianer nicht nur in kurzfristiger, sondern auch in langfristiger Betrachtung von entscheidender Bedeutung ist: „The key implicatioin of the principle of effective demand is that, contrary to what students are now taught, demand matters in the long run as well as the short. In particular, the level of employment and economic activity, both in the short and in the long run, is determined by demand, by the monetary configuration of our economic system." (*Hayes* 2010, S.1). Dies hat natürlich Konsequenzen für das Verständnis der zyklischen Schwankungen der ökonomischen Aktivität und insbesondere für die Vorstellung, es gäbe einen langfristigen Trend hin zum Gleichgewicht: "The economy is not like a life-boat, buffetted by the waves yet always righting itself. The very terms `business cycle´ and 'stabilisation' are loaded and imaginary trends are easily constructed. The Post Keynesian Perspective is that the long run is simply a series of short runs, certainly the economy fluctuates but there is no automatic tendency towards equilibrium, in level or trend." (*Hayes* 2010, S. 1).

9. Zur wirtschaftspolitischen Anwendbarkeit der Modelle

Abschließend sollen die beiden grundlegenden makroökonomischen Modelle – das Klassisch-Neoklassische und das Keynesianische Gesamtmodell hinsichtlich ihrer wirtschaftspolitischen Folgerungen verglichen werden. Zunächst muss jedoch nochmals nachdrücklich betont werden, dass beide Modelle aus unterschiedlichen Perspektiven argumentieren. Beim Klassisch-Neoklassischen Modell steht die Angebotsseite im Mittelpunkt. Dementsprechend sind auch die Handlungsempfehlungen, die sich aus dem Modell herleiten lassen, in allererster Linie auf die Angebotsseite der Volkswirtschaft ausgerichtet. Dem Keynesianischen Modell hingegen liegt eine nachfrageseitige Perspektive zugrunde. Dies lässt erwarten, dass sich die Folgerungen, die sich aus diesem Modell ableiten lassen, vor allem an der Nachfrageseite der Wirtschaft ausrichten.

a. Grundsätzliche Anmerkungen

In gewisser Weise prädestiniert also die bei der Grundlegung des Modells gewählte Perspektive bereits die später aus diesem Modell abgeleiteten wirtschaftspolitischen Handlungsempfehlungen. Bedeutet dies aber im Umkehrschluss, dass man nur das passende Modell vorzugeben braucht, um die subjektiv bevorzugten Folgerungen herleiten und begründen zu können? Ganz so einfach stellt sich die Situation der wissenschaftlichen Politikberatung nicht dar. Es gibt ja zweifelsohne beide Seiten der Volkswirtschaft, Nachfrage- und Angebotsseite. Beide Seiten existieren zeitgleich, und auf beiden Seiten kann es selbstverständlich Störungen und dementsprechenden wirtschaftspolitischen Handlungsbedarf geben. Es ist daher zunächst wichtig, zwischen nachfrage- und angebotsseitigen Störungen zu unterscheiden.

Eine wesentliche Schwierigkeit liegt hierbei jedoch in der empirischen **Diagnose**, mit welcher Art von gesamtwirtschaftlicher Störung man es zu tun hat – oder, allgemeiner formuliert, in welcher gesamtwirtschaftlichen Situation sich eine Volkswirtschaft aktuelle befindet. Der bloße Hinweis auf reichlich vorhandene Daten von Seiten der amtlichen Statistik sowie der Wirtschaftsforschungsinstitute und diverser nationaler und internationaler Organisationen genügt hierbei nicht. Denn zum einen zeigen Daten, und mögen sie auch noch so genau und aktuell sein, nicht immer ein zuverlässiges Bild der Situation. Es gibt Interpretationsspielräume und manchmal können aus denselben Daten unterschiedliche Rückschlüsse gezogen werden. Zum anderen zeichnen empirische Daten nicht notwendigerweise ein Bild dessen, was man mit theoretisch fundierten Begriffen wie Konjunkturlage, Aufschwung/Abschwung oder gesamtwirtschaftliches Gleichgewicht im Sinn hat. Solche Begriffe müssen erst operationalisert werden; dies bedeutet, dass sie einer empirischen Messung zugänglich gemacht werden müssen, indem die eigentlich (konzeptionell) gemeinten Phänomene mit dem verfügbaren Datenmaterial abgeglichen und diesem unter Umständen angepasst werden müssen. Hieraus resultiert eine prinzipielle Diskrepanz zwischen dem theoretischen Konstrukt und seinem empirischen Korrelat, also den gemessenen Daten. Diese Diskrepanz ist als **Adäquationsproblem** bekannt.

b. Nachfrage- versus angebotsseitige Störungen

Im Falle einer nachfrageseitigen Störung (Nachfrageschock) ist das vordringliche volkswirtschaftliche Problem in einer zu geringen gesamtwirtschaftlichen Nachfrage zu suchen. Dabei kann es sich um die Konsumnachfrage, die Investitionen, den Staatsverbrauch oder auch den Außenbeitrag sowie um eine Kombination mehrerer Komponenten handeln. Auslöser einer nachfrageseitigen Störung können wiederum sehr unterschiedlicher Natur sein. So könnte etwa eine Aufwertung der heimischen Währung an den Devisenmärkten dafür verantwortlich sein, dass der Export einbricht, eine Leitzinsanhebung durch die Zentralbank könnte einen Rückgang der Investitionsnachfrage seitens der Unternehmen auslösen, oder der Staat könnte im Rahmen eines Sparprogramms seine Ausgaben für Güter und Dienste reduzieren.

Eine nachfrageseitige Störung lässt sich im Rahmen des Keynesschen Gesamtmodells verdeutlichen:

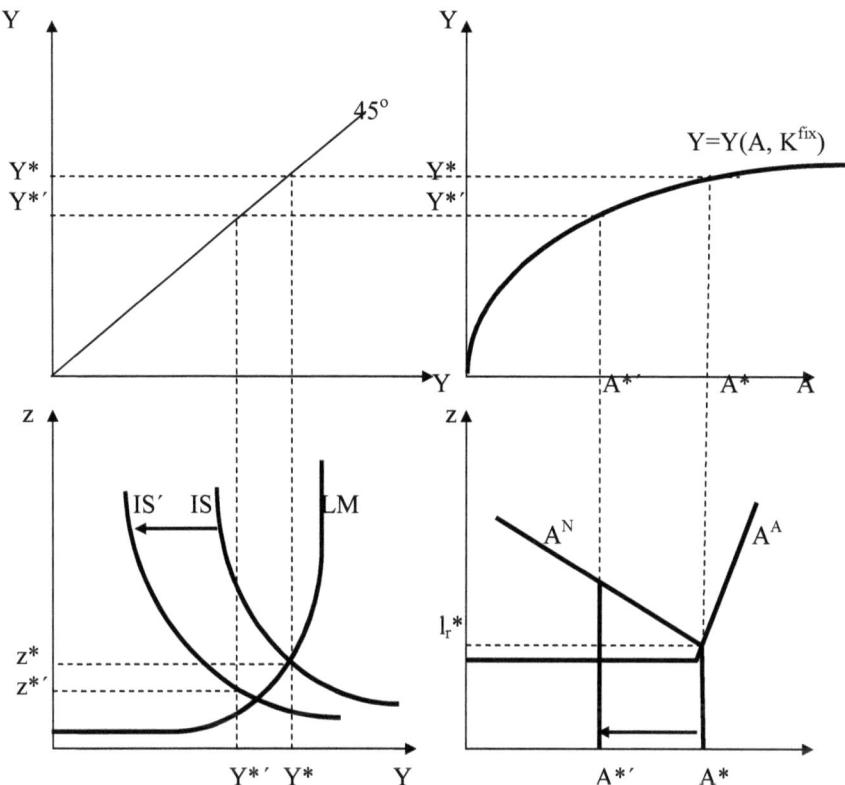

Abb. 9.1: Nachfragestörung im Keynesschen Gesamtmodell

Durch den Rückgang der gesamtwirtschaftlichen Nachfrage verschiebt sich zunächst die IS-Kurve nach links, wodurch das Gleichgewichtseinkommen sinkt und auch der Zins am Kapitalmarkt zurückgeht. Wegen des niedrigeren Gleichgewichtseinkommens sinkt der notwendige Faktoreinsatz an Arbeit und die Nachfrage der Unternehmen am Arbeitsmarkt verringert sich (die Arbeitsnachfragefunktion knickt bereits bei einem geringeren Arbeitsvolumen ab). Die Folge ist eine Zunahme der Arbeitslosigkeit. Die geeignete Therapie in diesem Falle wäre in einer Steigerung der gesamtwirtschaftlichen Nachfrage am Gütermarkt zu sehen.

Worin liegt nun der wesentliche Unterschied im Vergleich zu einer angebotsseitigen Störung? Eine angebotsseitige Störung würde beispielsweise durch einen drastischen Anstieg der Rohstoffkosten der Unternehmen (etwa für Erdöl) ausgelöst. Dies führt zunächst nicht zu einem Nachfragerückgang, insofern würde das Keynessche Gesamtmodell hier keinen geeigneten Modellrahmen für die Problemanalyse darstellen. Im Zusammenspiel zwischen gesamtwirtschaftlicher Angebots- und Nachfragefunktion zeigt sich ein wesentliches Kennzeichen angebotsseitiger Störungen:

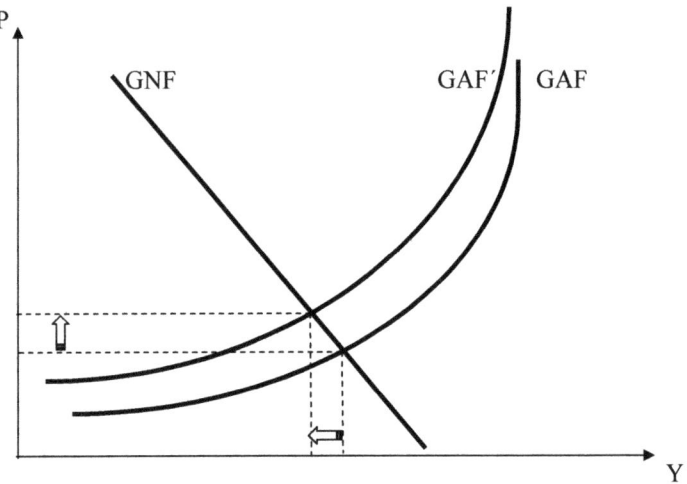

Abb. 9.2: Angebotsseitige Störung

Die Unternehmen versuchen die Kostensteigerung an die Verbraucher weiterzugeben. Sie werden also für dieselbe Produktionsmenge wie bisher ein höheres Preisniveau verlangen, die gesamtwirtschaftliche Angebotsfunktion verschiebt sich somit nach oben. Der Schnittpunkt mit der gesamtwirtschaftlichen Nachfragefunktion liegt nun bei einem geringeren Einkommen und einem höheren Preisniveau. Hierin liegt das grundsätzliche Problem einer angebotsseitigen Störung, die durch Kostensteigerungen verursacht wird: Der Rückgang des Einkommens wird begleitet durch einen Anstieg des Preisniveaus. Eine derartige Konstellation zwischen wirtschaftlichem Abschwung (Stagnation) und Anstieg des Preisniveaus (Inflation) bezeichnet man als **Stagflation**. Die Keynesianische Rezeptur der Nachfragesteigerung wäre hier nicht angebracht, denn durch die damit ausgelöste Rechtsverschiebung der gesamtwirtschaftlichen Nachfragefunktion würde das Preisniveau weiter nach oben getrieben. Das würde früher oder später die Zentralbank auf den Plan rufen, die mit einer restriktiven Geldpolitik eingreifen müsste. Darüber hinaus würde die Gefahr einer Lohn-Preis-Spirale drohen, nämlich dann, wenn die steigenden Inflationsraten in anstehenden Tarifverhandlungen als Rechtfertigung für höhere Lohnsteigerungen dienen. Steigende Löhne würden die Unternehmen dann mit zusätzlichen

Kostensteigerungen belasten, was wiederum zu weiteren Preissteigerungen führen könnte, usw.

Im Falle einer nachfrageseitigen Störung hingegen droht eine solche Aufwärtsspirale nicht, denn der ursächliche Nachfrageschock entspricht einer Linksverschiebung der gesamtwirtschaftlichen Nachfragefunktion und bewirkt einen Rückgang der Inflationsrate:

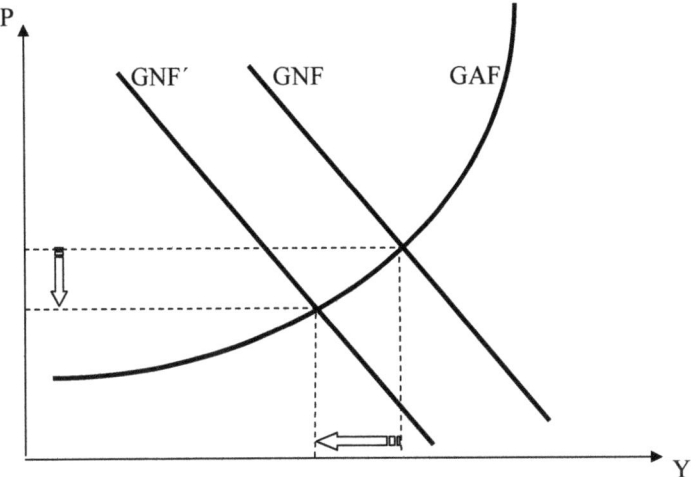

Abb. 9.3: Nachfrageseitige Störung

Hier ist es durchaus gerechtfertigt, eine Erhöhung der gesamtwirtschaftlichen Nachfrage anzustreben, denn man wird dadurch vorerst keine größeren Probleme mit der Inflationsrate riskieren, die durch den Nachfragerückgang zunächst deutlich gesunken ist.

Die obigen Ausführungen verdeutlichen, wie wichtig eine zutreffende Diagnose der Ursachen gesamtwirtschaftlicher Störungen ist. Ferner ist es von entscheidender Bedeutung für eine ursachengerechte wirtschaftspolitische Therapie, zwischen Störungen auf der Angebots- und der Nachfrageseite der Volkswirtschaft zu unterscheiden. Im folgenden Schlussabschnitt sollen die wesentlichen Politikempfehlungen der beiden makroökonomischen Grundmodelle zusammengefasst werden.

c. Wirtschaftspolitische Handlungsempfehlungen

Die behandelten makroökonomischen Grundmodelle – das Klassisch-Neoklassische und das Keynesianische Gesamtmodell – stellen die unverzichtbare Grundlage für die wirtschaftspolitische Stabilisierung des gesamtwirtschaftlichen Prozessablaufs dar. Die Ziele, die der Staat als wirtschaftspolitischer Hauptakteur im Auge behalten muss, ergeben sich aus dem Stabilitäts- und Wachstumsgesetz:

- Hohes Beschäftigungsniveau
- Preisniveaustabilität
- Stetiges und angemessenes Wirtschaftswachstum
- Außenwirtschaftliches Gleichgewicht

Da es auf Grund von Zielrivalitäten selten gelingen wird, alle vier Ziele gleichzeitig zu erreichen, müssen in der politischen Praxis Prioritäten gesetzt werden. Je nachdem, welches Ziel am stärksten verfehlt wird und welche Zeitperspektive als die momentan angemessene erscheint, werden die Präferenzen mehr bei der Keynesianischen oder bei der Klassisch-Neoklassischen Analyse zu liegen haben.

Die zentralen Folgerungen und Handlungsempfehlungen der Klassisch-Neoklassischen Analyse lassen sich sie folgt zusammenfassen:

1. Wegen der vorausgesetzten systemimmanenten Stabilität der Marktwirtschaft sind staatliche Eingriffe oft eher schädlich als nützlich und sollten weitestgehend unterbleiben. Der Staat sollte sich darauf konzentrieren, die Rahmenbedingungen für das Funktionieren der marktwirtschaftlichen Selbststeuerungsmechanismen zu gestalten.

2. Entscheidende Voraussetzung für das Erreichen der stabilisierungspolitischen Ziele ist die Verbesserung der Angebotsbedingungen in der Volkswirtschaft. Wirtschaftspolitische Kernbereiche, in denen ein ordnendes Handeln des Staates unerlässlich ist, sind daher die Ordnungspolitik und die Wettbewerbspolitik. Die Steuerpolitik sollte sich darauf konzentrieren, die Finanzierung der unverzichtbaren öffentlichen Güter sicherzustellen und insbesondere die Unternehmen (aber auch die privaten Haushalte) von vermeidbarer Steuerbelastung zu befreien.

3. Die Geldpolitik hat die Kernaufgabe, für die Sicherung der Preisniveaustabilität zu sorgen. Sie sollte ein verstetigtes Wachstum der Geldmenge anstreben, das sich am Wachstum des Produktionspotenzials orientiert.

4. Da Sparen positive Wirkungen hat und eine zentrale Voraussetzung für die Finanzierung von Investitionen darstellt, ist es positiv zu beurteilen und zu fördern. Die Finanzmärkte müssen funktionsfähig erhalten werden,

damit sie ihre Aufgabe des Ausgleichs zwischen Sparen und Investition – die Grundlage für das Saysche Theorem – erfüllen können.

5. Insgesamt steht für die Wirtschaftspolitik die Angebotsseite im Mittelpunkt des Interesses. Deswegen spricht man auch von **angebotsorientierter Wirtschaftspolitik**.

Anders sehen die Folgerungen aus der Keynesianischen Analyse aus:

1. Zunächst sind staatliche Eingriffe in den gesamtwirtschaftlichen Prozessablaufs wegen der angenommen Instabilität der Marktwirtschaft unvermeidbar. Überlässt man eine Marktwirtschaft ausschließlich sich selbst, so wird sie eine immer stärkere Tendenz zur Entstehung deflatorischer Lücken und in der Folge zur Erlahmung der wirtschaftlichen Aktivität an den Tag legen.

2. Die entscheidende Voraussetzung für das Erreichen der stabilisierungspolitischen Ziele (insbesondere für das Ziel eines hohen Beschäftigungsstandes) ist eine ausreichende Höhe der gesamtwirtschaftlichen Nachfrage. Wegen der mit steigendem Wohlstandsniveau zunehmenden Sparneigung der Bevölkerung reicht die private Konsum- und Investitionsnachfrage nicht aus, dies zu gewährleisten. Das Sparen selbst wird vorwiegend als Nachfrageausfall betrachtet.

3. Die wirtschaftspolitischen Kernbereiche sind daher die Fiskalpolitik und die Geldpolitik. Ziel der Fiskalpolitik sollte es sein, über eine antizyklische Variation von Steuern und Staatsausgaben die gesamtwirtschaftliche Nachfrage entgegen dem Konjunkturverkauf zu beeinflussen. Im Konjunkturabschwung und in der Rezession sollten Steuern gesenkt und Staatsausgaben erhöht werden, um die Konjunktur anzukurbeln (expansive Fiskalpolitik). In der Hochkonjunktur sollten die Steuern erhöht und die Staatsausgaben gesenkt werden, um die Nachfrage zu dämpfen und somit der Inflation entgegen zu wirken.

4. Die Geldpolitik sollte ebenfalls antizyklisch ausgerichtet sein und die Fiskalpolitik unterstützen. Im Abschwung und in der Rezession sollten die Leitzinsen gesenkt und die Geldmenge erhöht werden, um Kredite zu verbilligen und somit die Investitionen und die langlebigen Konsumausgaben anzukurbeln. In der Hochkonjunktur sollten die Leitzinsen erhöht und die Geldmenge reduziert werden. Damit wird die Inflation bekämpft.

5. Im Zentrum des Interesses der Wirtschaftspolitik steht die Nachfrageseite. Man spricht daher auch von **nachfrageorientierter Wirtschaftspolitik**.

Man sollte angebots- oder nachfrageorientierte Wirtschaftspolitik nicht als widersprüchliche und unversöhnliche Konzepte auffassen, sondern sie vielmehr als entgegengesetzte Enden eines wirtschaftspolitischen Kontinuums begreifen. Fundamentalistische Glaubensbekenntnisse für die eine oder die andere Sichtweise helfen nicht weiter. Die Welt ist zu komplex und die Vielfalt der ökonomischen Probleme zu heterogen, um stets auf einer vorgefassten Position zu beharren. Die Schwierigkeit einer adäquaten wirtschaftspolitischen Strategie besteht zunächst in einer zutreffenden und umfassenden Problemdiagnose und danach in der Zusammenstellung eines Maßnahmenpakets, das für das jeweilige makroökonomische Problem am besten geeignet erscheint. Dabei sollte auf das gesamte zur Verfügung stehende makroökonomische Wissen zurückgegriffen werden.

10. Der plurale Ansatz in der Makroökonomik

In den vergangenen Jahren hat sich ein verstärktes Bedürfnis nach mehr Vielfalt und frischen Perspektiven innerhalb der Makroökonomik entwickelt. Insbesondere die nach wie vor häufig festzustellende Dominanz des Klassisch-neoklassischen Ansatzes in der praktizierten Wirtschaftspolitik und die anfängliche Unsicherheit über die Ursachen und den Umgang mit der globalen Banken- und Finanzkrise sowie der daraus folgenden Wirtschaftskrise ab 2007/2008 führte zunächst auf studentischer Ebene und sehr schnell auch in der akademischen Welt und in vielen Institutionen der Wirtschafts- und Sozialpolitik zu starken Bestrebungen, die ökonomische Theorie wieder verstärkt in den Dienst der Gesellschaft zu stellen und sie so weiter zu entwickeln, dass sie wieder einen stärkeren Beitrag zu Lösung ganz handfester und drängender gesellschaftlicher Probleme leisten kann. Insbesondere die **„International Student Initiative for Pluralism in Economics"** (die ich selbst mit meiner Unterschrift unterstütze) sei hier erwähnt, da sie auch über Ländergrenzen hinweg für große Aufmerksamkeit gesorgt hat. Unter dem Link http://www.isipe.net/supportus/ ist diese Initiative auch weiterhin zu finden.

a. Kennzeichen eines pluralen Ansatzes

Was kennzeichnet nun den pluralen Ansatz in der ökonomischen Theorie, speziell in der Makroökonomik? Zunächst wird man sicher festhalten, dass „Pluralismus" schon aus der Bedeutung des Wortes heraus beinhaltet, dass es keinen Alleinherrschaftsanspruch eines theoretischen Ansatzes innerhalb der Makroökonomik geben kann. Kein Modell, weder das Klassisch-Neoklassische noch das Keynesianische oder irgendein anderes Modell kann von sich behaupten, alle relevanten Aspekte der Realität in einer Weise abzubilden und wiederzugeben, die es rechtfertigen würde, auf den Erklärungsbeitrag anderer Modellansätze zu verzichten. Es muss vielmehr so sein, dass verschiedene Modelle besser oder eben weniger gut in der Lage sind, ganz bestimmte Aspekte der Realität einzufangen. Dementsprechend dürfen unterschiedliche theoretische Erklärungsansätze nicht unverbunden nebeneinander stehen oder sich gar unversöhnbar gegenüber stehen; sie müssen vielmehr als wertvolle und sich ergänzende optische Linsen betrachtet werden, die einen jeweils anderen, aber gleichwohl sehenswerten und diskussionswürdigen Blick auf ein und dieselbe komplexe Welt ermöglichen.

Der plurale Ansatz ist somit kein eigenständiger theoretischer Ansatz innerhalb der Makroökonomik, sondern es handelt sich vielmehr um eine bestimmte Einstellung, die verschiedenen, mitunter konkurrierenden Ansätzen der Makroökonomik entgegen gebracht wird. Diese Einstellung setzt allerdings voraus, dass eine gewisse Offenheit gegenüber unterschiedlichen Erklärungsansätzen innerhalb der makroökonomischen Theorie gegeben ist. Eine plurale Einstellung beinhaltet somit implizit den Verzicht auf die Vorstellung einer alle anderen Erklärungsansätze dominierenden, allein gültigen theoretischen Sichtweise – zumindest auf kollektiver Ebene. Auf individueller Ebene mag der einzelne Wissenschaftler natürlich auch weiterhin einer bestimmten theoretischen Ebene den Vorzug vor anderen geben.

Dies bedeutet insbesondere, dass die von vielen pluralistisch orientierten Ökonomen beklagte Vorherrschaft des „neoklassischen Mainstreams" abgelehnt wird. In Bezug auf diese Vorherrschaft des Mainstream schreibt etwa *Heise*: „Hier zeigt sich ..., dass die Wirtschaftswissenschaften durch einen ontologischen und Paradigmenmonismus gekennzeichnet sind, der mit der Neoklassischen Ökonomik eine Normalwissenschaft ausgeprägt hat, die zwar Methoden- und Theoriepluralismus zulässt und von als ‚Dissenter' bezeichneten Denkschulen bzw. Paradigmen wie der Informations-, Komplexitäts-, Verhaltens- oder Evolutionsökonomik zum ‚Mainstream' ergänzt werden – also einen epistemologischen Pluralismus und Paradigmenvariation ermöglicht –, aber heterodoxe Paradigmen wie den Postkeynesianismus, den Neoricardianismus oder den Marxismus aufgrund heuristischer Abweichungen ausgrenzt." (*Heise* 2016, S. 31).

Keinen Zweifel lässt *Heise* im weiteren Verlauf seiner Argumentation daran, dass diese vom neoklassischen Mainstream praktizierte Ausgrenzung heterodoxer (also der orthodoxen Mehrheitsmeinung widersprechender) Ansätze zu einer Verarmung und letztlich Marginalisierung der Wirtschaftswissenschaft führen muss: „Die Deutungshoheit des Mainstreams ist so groß, dass selbst Mainstream-Paradigmen wie die Ordnungsökonomik und die ‚österreichische Schule', die sich dem Methodenabsolutismus einer formal-mathematischen Deduktion verschließen, diskriminiert werden. Die Folgen für die Wirtschaftswissenschaften sind nicht nur ein Verlust an Legitimation, sondern auch an Wissenschaftsfreiheit und Kritikfähigkeit – jenen Ressourcen, die die Progressivität einer Wissenschaft bestimmen." (*Heise* 2016, S. 31).

b. Vorteile eines pluralen Anatzes

Um die Vorteile eines pluralen Ansatzes in der Makroökonomik (und generell in der Volkswirtschaftslehre) darzulegen, muss zunächst geklärt werden, wie die ähnlich lautenden Begriffe „Pluralität", „Pluralismus" und „Pluralisierung" gegeneinander abzugrenzen sind. Die Dimensionen, die durch die Pluralismus-Debatte angesprochen sind, betreffen dabei nach *Heise* zum einen die praktische Verwertbarkeit als Legitimationsressource, des Weiteren die Verantwortlichkeit der Wirtschaftswissenschaft gegenüber der Gesellschaft, sowie nicht zuletzt die wissenschaftliche Unabhängigkeit und Lauterbarkeit sowie das grundgesetzlich geschützte Recht auf Wissenschaftsfreiheit (vgl. *Heise* 2016, S.2).

So verstanden, gibt es nicht nur ein Recht auf Pluralismus, sondern geradezu eine **Pflicht zum Pluralismus** in der Wirtschaftswissenschaft. Plurale Ansätze, so könnte man es ausdrücken, werden vom eher schmückenden Beiwerk zum unverzichtbaren Kern des Wissenschaftsverständnisses in der Volkswirtschaftslehre. Meines Erachtens besteht hier auch ein enger Zusammenhang zwischen dem nahezu vollständigen Verschwinden eines pluralistischen Grundverständnisses in der ökonomischen Theorie und der Verdrängung des Menschen als geistbegabtes, zu autonomem Handeln fähiges Wesen durch die Kunstfigur des Homo Oeconomicus, die an anderer Stelle eingehender thematisiert wurde (vgl. *Güntzel* 2015).

Während nun „**Pluralität**" lediglich einen Zustand beschreibt, der unabhängig von seiner Wünschbarkeit als faktisch gegeben betrachtet werden kann, bezeichnet „**Pluralisierung**" einen Übergangsprozess von einem Zustand der Singularität hin zu einem Zustand der Pluralität (vgl. *Heise* 2016, S. 17). Der Begriff „**Pluralismus**" hingegen umfasst deutlich mehr; er bezeichnet eine philosophische Lehre, „die eine Norm angibt, die über die reine Verteidigung einer Vielzahl von Möglichkeiten – also einer Multitude – hinausgeht", so Heise (2016, S. 17). Und weiter: „'Pluralismus' umfasst also nicht nur quantitativ eine Vielzahl von Elementen, sondern diese Elemente müssen qualitativ auch die Möglichkeit der Opposition (Inkompatibilität) oder Unvergleichbarkeit (Inkommensurabilität) zu einander beibehalten" (*Heise* 2016, S. 18).

Mit anderen Worten: Pluralismus verträgt sich nicht mit der allzu dominanten Vorherrschaft eines alles beherrschenden Paradigmas. Es genügt nicht, abweichende paradigmatische Ansätze unter dem Deckmantel eines vorgeblichen Pluralismus lediglich zu erwähnen, sie anschließend jedoch beiseite zu schieben und „business as usual" im Sinne des vorherrschenden Paradigmas zu betreiben. Vielmehr erfordert wirklicher Pluralismus die – nicht nur theoretisch gegebene, jedoch faktisch nicht realisierte – Möglichkeit, dass alternative Ansätze dem vorherrschenden Paradigma widersprechen und mit ihm ernsthaft konkurrieren können, ohne dass dies in einer windstillen und weithin unbeachteten Ecke abseits des akademischen Mainstreams geschieht. Pluralismus muss gewollt sein und als ein notwendiges und unabdingbares Kennzeichen wissenschaftlichen Erkenntnisfortschritts begriffen werden.

Worin bestehen nun der wichtigste Vorteil eines pluralen Ansatzes in der Makroökonomik und darüber hinaus in der Volkswirtschaftslehre bzw. den Wirtschaftswissenschaften allgemein? Zunächst muss man feststellen, dass die Wirtschaftswissenschaften – und speziell die Volkswirtschaftslehre – seit der Finanz- und Wirtschaftskrise, die im Herbst 2008 ihren Ausgang nahm, an gesellschaftlicher Wertschätzung und Akzeptanz eingebüßt hat. Die Unfähigkeit, die heraufziehende Krise rechtzeitig zu erkennen und deren Ausbrechen aktiv zu bekämpfen bzw. zu behindern, hat Zweifel an der wissenschaftlichen

Substanzhaltigkeit der Disziplin und speziell an deren vorherrschenden neoklassischen Paradigma genährt. Ein pluraler Ansatz bietet hier die Chance, verloren gegangenes Ansehen wieder zurück zu gewinnen und im Kreis der Sozialwissenschaften wieder den Platz einzunehmen, der durch die Hegonomie des neoklassischen Paradigmas verloren gegangen zu sein scheint.

Des Weiteren sollte betont werden, dass ein verstärkt plurales Selbstverständnis der Volkswirtschaftslehre keineswegs einen Verzicht auf wissenschaftliche Präzision und/oder Eindeutigkeit beinhalten muss. Ganz im Gegenteil liegt hierin die Chance auf größeren wissenschaftlichen Erkenntnisgewinn – vorausgesetzt man ist bereit, dem zugrundeliegenden Untersuchungsgegenstand einen höheren Komplexitätsgrad zuzugestehen, als es dem neoklassischen Paradigma entspricht: „Pluralismus impliziert weder einen Relativismus oder Nihilismus, noch die Notwendigkeit einer ekklektischen Herangehensweise oder die Ausbildung eines ‚pluralistischen Paradigmas', sondern lediglich die Diskriminierungsfreiheit gegenüber Ontologien, Paradigmen und Methoden, die sich der wissenschaftlichen Kritik stellen und die Akzeptanz der Beschränkungen, der die Wirtschaftswissenschaften wie alle anderen Sozialwissenschaften unterliegen: Es gibt kein gesichertes, allgemein akzeptiertes (und zu akzeptierendes) Wissen (‚Wahrheit'), sondern lediglich ein ‚Vermutungs-Wissen', das jederzeit falsifiziert werden kann" (Heise 2016, S. 32).

c. Die Marxsche Kapitalismuskritik als Beispiel

Die behandelten makroökonomischen Grundmodelle – das Klassisch-Neoklassische und das Keynesianische Gesamtmodell – stellen die unverzichtbare Grundlage einer makroökonomischen Analyse dar, welche auf wirtschaftspolitische Gestaltung des volkswirtschaftlichen Prozessablaufs ausgerichtet ist.

Im Sinne einer pluralen Ausrichtung der Makroökonomik müssen jedoch auch andere, alternative und zum Teil völlig konträre theoretische Erklärungsansätze Berücksichtigung finden, um das volle explikative Potential der Makroökonomik ausschöpfen zu können. Selbstverständlich kann dies an dieser Stelle nur in einer rudimentären Weise geschehen, doch sollte dies als Anregung genügen, um sich mit Hilfe der gegebenen Literaturhinweise eingehender mit diesem und weiteren, nicht dem Mainstream folgenden Ansätzen zu beschäftigen.

Im zweihundertsten Geburtsjahr von Karl Marx (1818-1883) hat auch die Marxsche Theorie, die er in seinem epochalen Werk „Das Kapital" ausbreitete, neues und teilweise sehr reges Interesse erfahren. Man kann diesem grundlegenden und hinsichtlich seiner politischen Wirkungen kaum zu überschätzenden Werk auf wenigen Seiten unmöglich gerecht werden. Dies ist auch gar nicht der Anspruch der folgenden knappen Ausführungen.

Andererseits sollten gerade in einem Abschnitt, der sich dem pluralen Ansatz in der Makroökonomik widmet, zumindest einige grundlegende Bemerkungen über Marx und einige seiner grundlegenden Gedanken über die Wirkungsmechanismen eines marktwirtschaftlich-kapitalistischen Wirtschaftssystems nicht fehlen. Ich beschränke mich hierbei insbesondere auf einige Kernaspekte seiner Krisentheorie.

Die Marxsche Theorie stellt eine **Fundamentalkritik** am kapitalistischen Wirtschaftssystem dar, wahrscheinlich kann man von *der* Fundamentalkritik schlechthin reden. Die Marxsche Kritik ist nicht auf eine partiell ausgerichtete Aufdeckung von einzelnen Funktionsmängeln und deren Behebung ausgerichtet; sie hat kein Interesse daran, den Kapitalismus zu verbessern, indem seine negativen Auswüchse beseitigt oder zumindest korrigiert werden. Es handelt sich um keine „Reparaturanweisung" (was von Seiten marxistisch ausgerichteter Theoretiker insbesondere dem Keynesschen Modell vorgeworfen wurde, welches von ihnen sarkastisch als „Reparaturbetrieb des Kapitalismus" etikettiert wurde).

Marxistische Wirtschaftstheorie soll vor allem eines zeigen: Der Kapitalismus ist aus Marxscher Sicht unmenschlich, er entfremdet die Menschen vom Produkt ihrer Arbeit und macht sie zu Sklaven des Systems. Er führt zu immer größerem Reichtum für immer weniger Menschen und zu zunehmender Verarmung – letztendlich Verelendung – von immer mehr Menschen. Um überleben zu können, muss der Kapitalismus permanent und aggressiv expandieren und zerstört dabei sowohl gewachsene soziale Strukturen, als auch die Umwelt und ihre natürlichen Ressourcen. Letztlich zerstört er in diesem aggressiven Expansionsprozess auch sich selbst, da die Menschen früher oder später ihre Fesseln in einem eruptiven Prozess (Revolution der „Proletarier") abstreifen und das System hinwegfegen werden und stattdessen ein anderes, sozialistisches bzw. kommunistisches System begründen.

Das Marxsche „System" – wenn man es denn als geschlossenes System betrachten kann – sieht den marktwirtschaftlich-kapitalistischen Prozess als deterministisch vorherbestimmt und unausweichlich auf den endgültigen Zusammenbruch des Systems ausgerichtet. Der Schwerpunkt der Betrachtung liegt auf diesen dynamischen Entwicklungstendenzen sowie den ihnen zugrundeliegenden ökonomischen und sozialen Spannungen und Widersprüchen, die nach Marx´ Überzeugung letztendlich zum Zusammenbruch des Systems führen müssen. Gleichgewichtsüberlegungen, wie die für die klassisch-neoklassische Theorie der marktwirtschaftlichen Selbststeuerung über wettbewerblich strukturierte Märkte so kennzeichnend sind, spielen bei Marx hingegen eine vernachlässigbare Rolle.

Hieraus resultiert ein grundlegendes Kommunikationsproblem. Es besteht die Gefahr, dass Vertreter bzw. Anhänger der Marxschen Theorie und Vertreter anderer makroökonomischer Erklärungsansätze – etwa des klassisch-neo-klassischen Modells – aneinander vorbei reden. Reden zum Beispiel die einen von „optimaler Allokation der Ressourcen" geht es den anderen möglicherweise um die „Verelendung der Massen"; interessieren sich die einen für den Markt als dezentralen „Ausgleichs- und Informationsmechanismus zwischen Anbietern und Nachfragern", geht es den anderen eher um den „tendenziellen Fall der Profitrate". Und wo die einen „dynamische Pionierunternehmer" sehen, die mit ihrer Innovationstätigkeit für dynamisches Wachstum, neue Märkte und neue Arbeitsplätze sorgen, wähnen die anderen wohl eher aggressive Expansionsbestrebungen des Kapitalismus am Werk, die seinen eigenen Untergang weiter hinausschieben sollen. Erschwert wurden dieses Kommunikationshürden auch dadurch, dass – zumindest in den Jahrzehnten, in denen die Marxsche Theorie das herrschende Dogma der kommunistischen Staaten des sogenannten „Ostblocks" darstellte, den westlichen Ökonomen die Legitimation abgesprochen wurde, die Marxsche Theorie überhaupt verstehen und beurteilen zu können. Sie (also die westlichen Ökonomen) seien quasi in ihrer „bürgerlichen" Rolle und der sich daraus ergebenden Sichtweise befangen und somit nicht in der Lage, den Kern der Marxschen Argumentation zu erfassen und zu würdigen (vgl. hierzu insbes. *Ott/Winkel* 1985, S. 154 ff.). Dem entgegen steht der Anspruch, dass grundsätzlich jede Theorie einer neutralen und unabhängigen wissenschaftlichen Überprüfung zugänglich sein muss und dass der gesellschaftliche Hintergrund des jeweiligen Wissenschaftlers dabei keine Rolle spielen darf. Ansonsten muss sich die betreffende Theorie den Vorwurf der prinzipiellen Immunisierung gefallen lassen: „Trotz des Vorwurfs von marxistischer Seite, wonach ein `bürgerlicher´ Nationalökonom niemals das Marxsche System richtig verstehen könne, kann dieses System in einer Geschichte der Wirtschaftstheorie nicht als Forschungsgegenstand ausgeklammert werden. Es ist möglichst frei von Werturteilen – die möglicherweise aus der Herkunft des einzelnen Forschers herrühren können – auf seine Widerspruchsfreiheit und Übereinstimmung mit der Wirklichkeit zu untersuchen" (*Ott/Winkel* 1985, S. 156).

Die Marxsche Krisentheorie besteht im Wesentlichen aus fünf Gesetzen, die auch jeweils als eigenständige Theorien betrachtet und gedeutet werden können, die allerdings in einem engen Gesamtzusammenhang stehen. Es handelt sich um die Gesetze (1) vom tendenziellen Fall der Profitrate, (2) von der Zunahme der industriellen Reservearmee, (3) von der Verelendung der Arbeiterklasse, (4) von der Konzentration des Kapitals und um (5) die Zusammenbruchtheorie; vgl. hierzu etwa Ott (1989), S. 32 ff. Für Details und eine genauere Darstellung ziehe man die genannte sowie ggf. weitere Literatur zu Rate.

d. Abschließende Bemerkungen

Die Makroökonomik ist kein in sich geschlossenes und homogenes Theoriegebilde. Sie befindet sich in Bewegung, in einer fortlaufenden dynamischen Entwicklung. Dabei beschreitet sie auch Seitenwege und manchmal nur schwer erkennbare Pfade, welche jedoch zu potenziell neuen Einsichten führen können und deshalb durchaus Beachtung finden sollten.

Die beiden großen Grundmodelle der Makroökonomik – das Klassisch-Neoklassische sowie das Keynessche Model – stellen in diesem Sinne einen Orientierungsrahmen zur Verfügung, innerhalb dessen sich eine jeweils aktuelle Analyse der makroökonomischen Situation zu positionieren hat. Ein breiterer Blickwinkel, der über die beiden Grundpositionen der Makroökonomik hinausgeht, ist wünschenswert und kann zum besseren Verständnis aktueller und zukünftiger Entwicklungen beitragen.

Literaturhinweise

Arestis, P., Skouras, T., Post Keynesian Economic Theory. A Challenge to Neo Classical Economics, Brighton 1985.

Berlemann, M., Makroökonomik. Modellierung, Paradigmen und Politik, Berlin 2005.

Blanchard, O., Illing, G., Makroökonomie, 7., akt. und erw. Aufl., München 2017.

Brümmerhoff, D., Volkswirtschaftliche Gesamtrechnungen, 9. Aufl., München 2011.

Burda, M.C., Wyplosz, Ch., Makroökonomik. Eine europäische Perspektive, 2. Aufl., München 2003.

Chick, V., Macroeconomics after Keynes: a reconsideration of the General Theory, Oxford 1983.

Clement, R., Terlau, W., Kiy, M., Grundlagen der Angewandten Makroökonomie, München 2006.

Dejuán, O. (ed.), Post-keynesian views of the crisis and its remedies, London 2014.

Dornbusch, R., Fischer, S., Starz, R., Makroökonomik, 8. Aufl., München und Wien 2003.

Felderer, B., Homburg, S., Makroökonomik und Neue Makroökonomik, 9. Aufl., Berlin 2005.

Gärtner, M., Macroeconomics, Harlow UK u.a.O. 2003.

Güntzel, J., Towards a Theoretical Foundation of Animal Spirits: Probability, Uncertainty and Intentionality. In: M.O. Madsen, F. Olesen (eds.), Macroeconomics after the Financial Crisis. A Post Keynesian perspective, London and New York 2016, pp. 159-170.

Güntzel, J., Am Anfang war der Mensch. Die Entmenschlichung der ökonomischen Theorie und ihre dramatischen Folgen, Marburg 2015.

Güntzel, J., Indikatoren des wirtschaftlichen „Klimas". Eine Untersuchung aus der Perspektive der Adäquationsproblematik, Tübinger Volkswirtschaftliche Schriften Bd. 9, Tübingen und Basel 1994.

Haslinger, F., Volkswirtschaftliche Gesamtrechnung, 8. Aufl., München und Wien 2004.

Hayes, M.G., The Post Keynesian Difference, Dowload von der Wesite der Post Keynesian Economic Study Group (heute Post Keynesian Economic Society), vom 20. Oktober 2010. Aktuell: http://community.dur.ac.uk/m.g.hayes/Hayes191010.pdf

Hein E., Verteilung und Wachstum. Eine paradigmenorientierte Einführung unter besonderer Berücksichtigung der post-keynesianischen Theorie, Marburg 2004.

Heise, A., Pluralismus in den Wirtschaftswissenschaften – Klärungen eines umstrittenen Konzepts, Expertise für die Hans Böckler Stiftung, Study Nr.47, Juni 2016, Institut für Makroökonomie und Konjunkturforschung, Düsseldorf 2016.

Mankiw, N.G., Makroökonomik, 5. Aufl., Stuttgart 2003.

Mehrhoff, J., Gefühlte und gemessene Inflation. Wahrnehmung und Wirklichkeit, Vortrag im Rahmen der Veranstaltungsreihe „Forum Bundesbank" Frankfurt a.M. 2015.

Mussel, G., Einführung in die Makroökonomik, 9. Aufl., München 2007.

Ott, A.E., Karl Marx, in: J. Starbatty (Hrsg.), Klassiker des ökonomischen Denkens II. Von Karl Marx bis John Maynard Keynes, München 1989.

Ott, A.E., Winkel, H., Geschichte der theoretischen Volkswirtschaftslehre, Göttingen 1985.

Palley, T.I., Post Keynesian economics: Debt, distribution and the macroeconomy, Basingstoke, New York u.a.O. 1996.

Rittenbruch, K., Makroökonomie, 11. Aufl., München und Wien 2000.

Wagner, A., Makroökonomik. Volkswirtschaftliche Strukturen II, 3., durchges. u. erg. Aufl., Marburg 2009.

Printed by Libri Plureos GmbH
in Hamburg, Germany